INTRODUÇÃO À
LOGÍSTICA

gen
Grupo
Editorial
Nacional

Marco Aurélio Dias

INTRODUÇÃO À LOGÍSTICA

FUNDAMENTOS, PRÁTICAS E INTEGRAÇÃO

gen | atlas

- **Atendimento ao cliente: (11) 5080-0751 | faleconosco@grupogen.com.br**

- Travessa do Ouvidor, 11
Rio de Janeiro – RJ – 20040-040
www.grupogen.com.br

- Capa: MSDE | MANU SANTOS Design
- Imagem de capa: seamartini | iStockphoto
- Editoração eletrônica: Formato Editora e Serviços
- Ficha catalográfica

DADOS INTERNACIONAIS DE CATALOGAÇÃO NA PUBLICAÇÃO (CIP).
SINDICATO NACIONAL DOS EDITORES DE LIVROS, RJ

D533i

Dias, Marco Aurélio
Introdução à logística: fundamentos, práticas e integração / Marco Aurélio Dias. 1. ed. [3ª Reimp.] - São Paulo: Atlas, 2025.

Inclui índice
ISBN 978-85-97-00915-6

1. Administração. 2. Logística empresarial. I. Título.

16-37149 CDD: 658
CDU: 658

Material Suplementar

Este livro conta com o seguinte material suplementar:

- Resolução das questões e dos exercícios em (.pdf) (exclusivo para professores)

O acesso ao material suplementar é gratuito. Basta que o leitor se cadastre, faça seu *login* em nosso *site* (www.grupogen.com.br) e, após, clique em Ambiente de aprendizagem.

O acesso ao material suplementar online fica disponível até seis meses após a edição do livro ser retirada do mercado.

Caso haja alguma mudança no sistema ou dificuldade de acesso, entre em contato conosco (gendigital@grupogen.com.br).

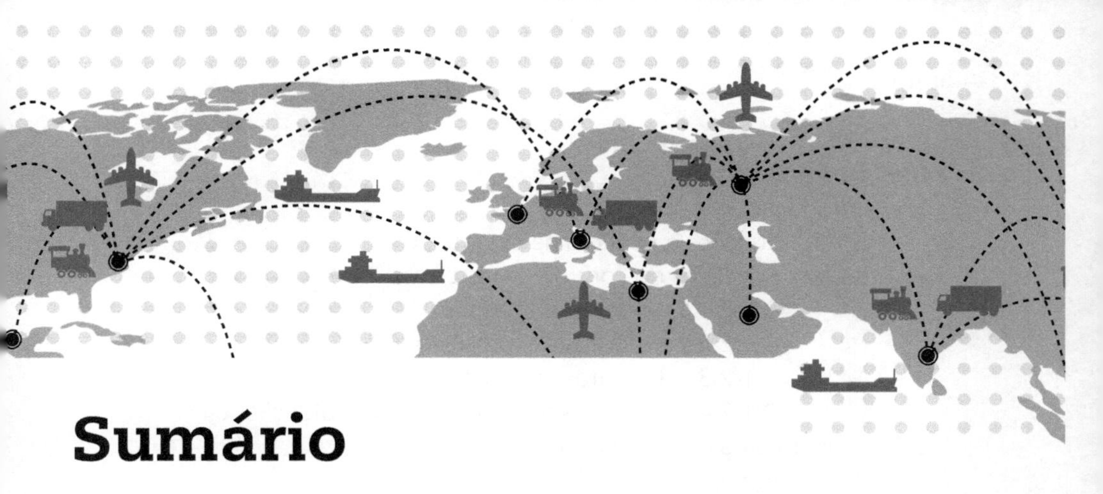

Sumário

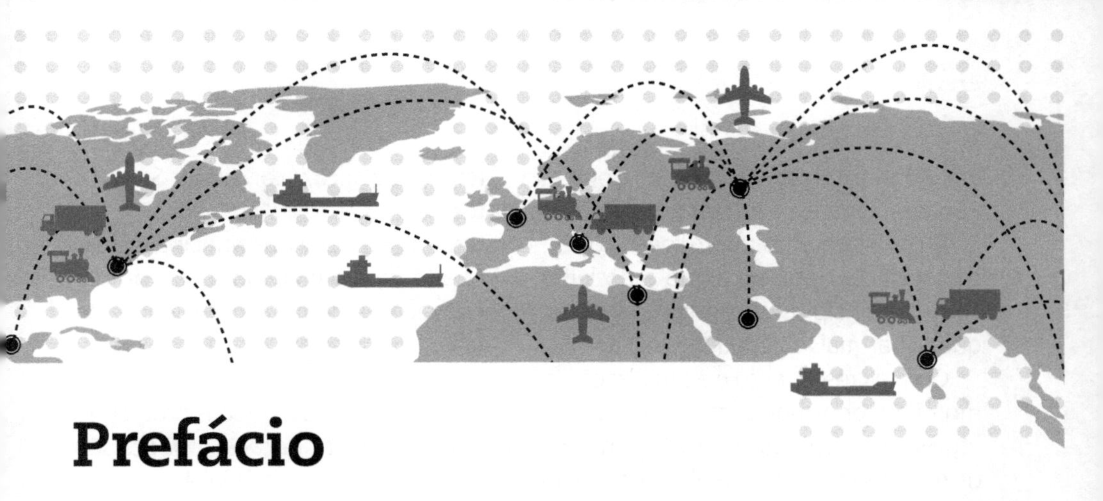

Prefácio

A logística está universalizada e é fundamental para os negócios e as atividades de qualquer empresa. A extrema competitividade entre empresas e a exigência de clientes e compradores quanto a prazos de entrega, redução de custos e informações tornaram a logística fator primordial de eficiência para os negócios. Nenhum outro setor da área de administração de empresas teve tamanha evolução e de forma tão generalizada.

A evolução do pequeno almoxarifado, do depósito, do armazém, atualmente transformados em grandes CD's (Centros de Distribuição), foi de difícil acompanhamento para profissionais da área. No início, esse profissional de logística deveria ter preferencialmente uma formação superior em engenharia. Nos anos 1970, foi desenvolvido o curso de Engenharia de Produção, do qual muitos recém-formados foram dirigidos para atuar em logística.

Agora, devido ao crescimento, à diversificação e à abrangência dessa área, existem no Brasil inúmeros cursos com formação bem específica. Há cursos técnicos, graduação tecnológica, bacharelado e pós-graduação em logística, abrangendo ainda vários setores.

Percebemos, ao longo dos anos, que para os cursos técnicos de nível médio e para os cursos de tecnólogos em logística falta livro-texto de apoio ao aluno e ao professor. O aprendizado da logística, como qualquer outro, precisa de uma abordagem diferenciada e gradual. Deve-se oferecer aos alunos ferramentas para iniciação na área, apresentando uma visão geral e mais ampla de todo o setor. É preciso fornecer conhecimento para que esses estudantes possam crescer e desenvolver-se no segmento de sua escolha, mas também é necessária uma visão básica de todo o contexto logístico.

Introdução à logística tem o objetivo de cobrir essa lacuna. Em conformidade com o Catálogo Nacional de Cursos Técnicos (CNCT), está indicado no Eixo Tecnológico de Gestão e Negócios do PRONATEC e é indicado para os cursos técnicos em Administração, Comércio, Comércio Exterior, Logística, Marketing, Serviços Públicos, Finanças, Infraestrutura, Suprimentos.

A obra tem uma abordagem básica, com uma visão geral das principais áreas da logística. Cabe ao aluno e ao leitor já iniciado na área, após tomar contato com os princípios elementares, buscar especialização e dedicação ao segmento que achar mais adequado.

Com o crescimento e a atualização da logística de maneira acelerada, este é um momento oportuno para avaliação da infraestrutura brasileira e de seus problemas atuais. Os conceitos, a abordagem e os fundamentos de *Introdução à logística* são os mais modernos e atualizados e podem contribuir para essa avaliação.

A formatação do livro foi elaborada como ferramenta de auxílio e apoio ao aprendizado. Mas a participação efetiva do aluno/leitor no estudo e na pesquisa paralela é fundamental para o crescimento e a consolidação do conhecimento. Por isso, ao final de cada capítulo, sugerimos leituras e pesquisas complementares, apresentando vários *links* e *sites* de bom conteúdo para capacitação, revisão e ampliação do conhecimento.

O Autor

Princípios e Conceitos de Logística

1

Síntese do Capítulo

Neste capítulo, vamos abordar as definições de logística, como sua utilização foi aplicada desde o início do comércio entre países; como o crescimento do comércio entre os povos tornou importante a consolidação e o desenvolvimento da logística, sempre dentro do fundamento inicial e primário de comprar × trazer × vender.

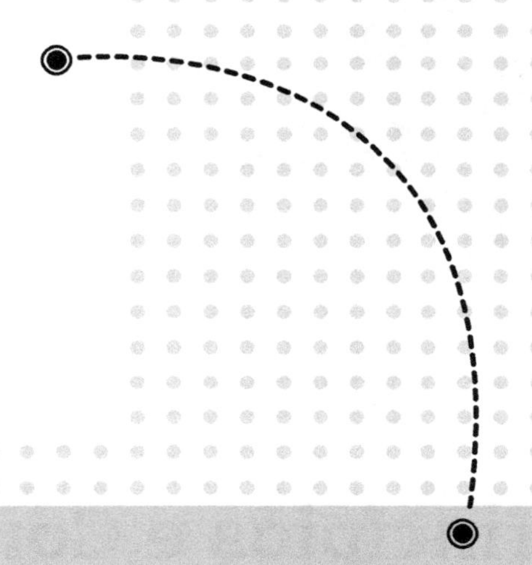

Objetivos

- Entender como a logística passou a atender à necessidade dos povos na troca de mercadorias.
- Compreender a necessidade de criação de meios de transporte para alcançar o mercado comprador, assim como a forma bem rudimentar como surgiu um tipo de logística integrada e como o início da navegação e o descobrimento dos caminhos marítimos impulsionaram o crescimento e a consolidação da logística no comércio entre países.

1.1 Introdução – O que é logística

A palavra "logística" tornou-se atualmente um termo cabalístico, utilizado para várias situações do dia a dia, e está servindo para definir e explicar quase tudo. É muito divulgado por diversas empresas, principalmente pelo segmento dos transportadores rodoviários.

Quase diariamente cruzamos nas ruas e nas rodovias com caminhões de diversos tamanhos e padrões, e na sua carroceria está sempre escrito qualquer nome. Esse nome pode ser: **XXXX logística** ou **logística XXXX**, ou seja, é sempre seguido por qualquer nome ou qualquer outra coisa escrita para ser usada como referência.

Muitos ainda continuam com uma visão de sobreposição entre a logística e o transporte rodoviário. Encontramos também empresas de motoboy e entregas expressas que colocam no baú de suas motos a inscrição "Logística". Não há dúvida de que esse é um serviço de entregas muito necessário, útil e importante, mas a possibilidade de eles não saberem e não terem conhecimento do que é logística, efetivamente, é muito provável.

Existe nos Estados Unidos, em Illinois, uma associação, a **Council of Supply Chain Management Professionals**, na qual se reúnem os profissionais de logística e da cadeia de abastecimento (**Supply Chain**)[1] de todo o mundo. Ela define logística como:

> "A logística planeja, executa, coordena e controla a movimentação e o armazenamento eficiente e econômico de matérias-primas, materiais semiacabados e produtos acabados, desde sua origem até o local de consumo, com o propósito de atender às exigências do cliente final."

A logística administra os recursos de toda movimentação de recursos materiais e equipamentos da empresa, coordenando a compra, a movimentação, a armazenagem, o transporte e a distribuição física, assim como gerenciando todas as informações de cada fase do processo.

No Brasil, temos a **Associação Brasileira de Logística (ABRALOG)** e a **Associação Brasileira de Logística e Transporte de Carga (ABTC)**. Elas apoiam e têm essa mesma definição de logística:

> "Logística é uma parte da cadeia de abastecimento que planeja, implementa e controla com eficácia o fluxo e a armazenagem dos bens, dos serviços e das informações entre o ponto da origem e o ponto de consumo destes itens, a fim de satisfazer todas as exigências dos consumidores em geral."

[1] É a cadeia de suprimentos que engloba todo o processo de produção, compras, controle de estoque, previsões de vendas, armazenagem, transporte e distribuição física.

O nome "logística" tem como origem o termo grego "logos", que significa razão, racionalidade, e também o grego "logistiki", que significa "administração financeira".

Conforme o *Dicionário Houaiss* (Editora Objetiva, 2014), "logística" vem do francês "logistique", que é o nome dado à parte especulativa da ciência das armas e da arte da guerra.

As atividades da logística têm como objetivos:

- Planejamento;
- Desenvolvimento;
- Aquisição;
- Armazenagem;
- Transporte;
- Distribuição;
- Manutenção;
- Expedição de material.

Todos os generais da antiguidade já davam extrema importância à logística. As guerras duravam muito tempo, e as distâncias entre os territórios e os reinos eram longas. Não que as distâncias tenham encurtado, mas, para os tipos de equipamentos disponíveis na época, tornava-se mais dificultosa a movimentação de pessoal e de cargas, e para tudo era utilizada a tração animal ou mesmo humana.

Imagem: Nihat Dursun | iStockphoto

Figura 1.1 *Tração humana.*

Imagem: Roberto A Sanchez | iStockphoto

Figura 1.2 *Transporte de carga por humanos.*

Necessitava-se de enormes e constantes deslocamentos de recursos materiais e de pessoas, assim como deslocar tropas, armamentos, alimentos, armas e equipamentos de guerra para os locais de batalha. Para que isso ocorresse de forma eficiente, e pelo enorme número de soldados, era necessário um planejamento bem-feito, que possibilitasse organizar e executar as atividades logísticas para garantir todos os suprimentos de que os soldados precisariam nos vários flancos.

O almirante americano Henry Eccles, Chefe da Divisão de Logística do Almirante Nimitz na Campanha do Pacífico, foi um dos primeiros estudiosos da logística militar e é considerado o pai da logística moderna.

Até o fim da Segunda Guerra, a logística sempre esteve associada apenas às atividades militares. Após esse período, com a necessidade de suprir e reconstruir as cidades e os países destruídos pela guerra, a logística passou também a ser adotada por organizações e empresas civis.

Para facilitar a compreensão, voltemos a um passado distante. Assim, entenderemos melhor como a logística funcionava naquela época.

Há milênios, a logística já era conhecida e realizada por diversos povos, não com esse nome, não com essa abordagem e visão atual, mas ela já existia. Desde os primórdios, os negócios, a comercialização e as trocas sempre foram feitos entre os povos, entre as tribos ou mesmo entre os vários grupos, diferentes entre si. Antes da invenção da moeda, o comércio ocorria somente pelas trocas. E isso desde os tempos mais antigos, mesmo na época das cavernas.

A partir da invenção da moeda, o comércio começou a se expandir; os comerciantes, os mascates, os ambulantes sempre levavam produtos de um lugar para outro para revenderem.

Em toda e qualquer comercialização, em todo processo de compra e venda de produtos, mercadorias e serviços, a logística atuava; sem ela, seria improvável que o comércio prosperasse ou se consolidasse.

Duas atividades fundamentais da logística são o transporte e a armazenagem, e isso também desde os mais antigos tempos. Alguém sempre tinha que levar ou entregar alguma coisa, ou alguém precisava buscar alguma coisa em algum lugar. Levar, buscar, trazer e guardar sempre fizeram parte da sobrevivência do homem.

O homem sempre teve, até como por instinto, a necessidade de acumular mercadorias. No princípio, guardavam em suas cavernas utensílios, armas, lenha e comida. Para poder acumular, tinham que estabelecer formas para transportar suas coisas até um lugar predeterminado. A primeira delas foi a utilização de seus próprios membros, usando apenas a força: os braços para apanhar e as pernas para transportar.

Com o passar do tempo, o homem foi aprendendo a usar e aplicar os princípios da alavanca, da roda, das polias e dos planos inclinados, facilitando cada vez mais o transporte de materiais.

Um exemplo desse avanço pode ser constatado no livro *De Re Metallica*, de Georgius Agricola, editado em 1556, no qual são descritos vários métodos de produção e sistemas de manuseio de materiais utilizados, como carrinhos de mão, veículos de mineração correndo sobre trilhos fixos, talhas, moinhos de vento, elevadores de baldes, rodas d'água etc. Tudo isso aconteceu durante um período denominado pré-evolução industrial. No entanto, foi durante a Revolução Industrial que os métodos de produção, manuseio, transportes e armazenagem tiveram seu primeiro e grande impulso.

Em 1876, houve a invenção do motor a combustão, considerada marco divisório fundamental na história dos equipamentos de transporte, movimentação e armazenagem.

A modernização dos sistemas de transportes permitiu diminuir a relação distância × tempo.

Por volta de 200 a.C., existia a **Rota da Seda**. Era o caminho da dinastia Han, na China, para levar seus produtos para o Ocidente, que possibilitou e desenvolveu a troca e o comércio de seda, especiarias e outros bens preciosos.

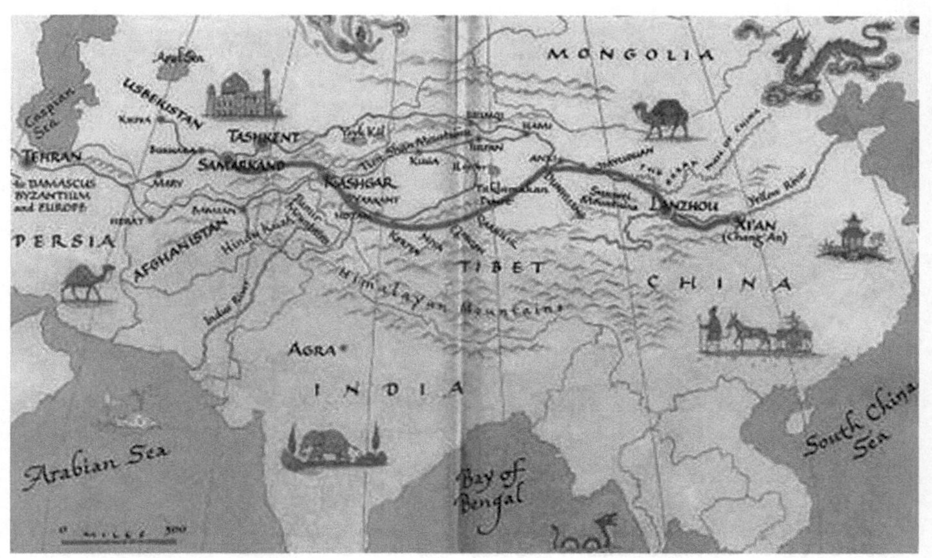

Fonte: <http://coliseutur.com.br/?url=rota_seda>.

Figura 1.3 *Rota da seda.*

Em 500 a.C., os mensageiros reais persas de Dario mantinham cavalos e cavaleiros descansados em cada estação de troca, o que permitia levar mensagens de Persépolis para Izmir em dez dias. Esse serviço nada mais era que uma operação logística, com entreposto, abastecimento e apoio de infraestrutura.

A rota da seda tinha um trajeto de cerca de sete mil quilômetros, e já era usada há mais de dez mil anos. Vários aventureiros, peregrinos, comerciantes, religiosos, reis, imperadores e soldados cortavam esse extenso conjunto de estrada a pé, a cavalo ou burros de carga, partindo do lado sírio do mar Mediterrâneo até os territórios chineses de Xiang.

Para compararmos a distância da Rota da Seda, façamos um paralelo com outros trajetos: do Oiapoque ao Chuí, atravessando o Brasil inteiro, são 4.200 km em linha reta, e 5.600 km de rodovia; e de Nova York a São Francisco são 4.600 km. A rota da seda, como já mencionado, tinha um trajeto de cerca de 7.000 quilômetros. No século VI a.C., a centralização territorial implantada pelo Império Persa foi o primeiro passo para que diversas atividades comerciais fossem organizadas pelos povos vizinhos e por participantes dessas civilizações.

Os comerciantes que saíam do Oeste levavam marfim, ouro, peles de animais, vinhos e animais de montaria. Em contrapartida, os distantes territórios chineses ofereciam ervas aromáticas, perfumes, pimenta, especiarias e os famosos tecidos de seda.

Foto: Randy Romano | iStockphoto

Figura 1.4 *Transporte com animais de carga.*

Esses comerciantes já faziam sua logística. Eles compravam, transportavam e tinham que vender suas mercadorias. Não havia uma transportadora para coletar seus produtos e entregá-los aos seus clientes. Esses comerciantes usavam um só modal de transporte, os escravos; alguns mais modernizados e com mais recursos financeiros possuíam os animais de carga.

Na realidade, as grandes caravanas dos comerciantes não percorriam toda a extensão da Rota da Seda. Algumas cidades passaram a ser responsáveis por agregar esses comerciantes, e os concentravam em apenas alguns trechos do percurso. Isso já pode ser caracterizado como nosso atual entreposto, nosso terminal, nosso centro de distribuição.

Desse modo, o comércio se transformou em uma atividade que organizou o cenário social, econômico e político de diferentes pontos desse território. Entre os séculos III e IV, a invasão dos hunos trouxe instabilidade às movimentações dos comerciantes.

No início do século VIII, a parte oeste da rota começou a ser dominada pelos árabes, que conquistaram as terras da Pérsia. Mais tarde, no século XII, os soldados de Gengis Khan conquistaram a Ásia Central, o Norte da China e os territórios tibetanos. O domínio militar mongol foi de grande ajuda para que a economia comercial da Rota da Seda se mantivesse viva ao longo das décadas. Com um pagamento de taxas, os mercadores tinham direito de trafegar e de comercializar com vários povos e países; percebemos, então, a existência das taxas aduaneiras e os impostos de importação e exportação.

A rota da seda continental dividia-se em rotas do norte e do sul, devido à presença de centros comerciais no norte e no sul da China. A rota norte atravessava o Leste

Europeu, a península da Crimeia, o mar Negro, o mar de Mármara, chegando aos Bálcãs e, por fim, a Veneza; a rota sul percorria o Turcomenistão, a Mesopotâmia e a Anatólia. Chegando a esse ponto, dividia-se em rotas que levam à Antioquia, ao Egito e ao Norte da África.

Muitas caravanas já seguiam essa rota antiga desde 200 a.C. Os chineses aprenderam a fabricar seda a partir da fibra branca dos casulos dos bichos-da-seda. Só os chineses sabiam como fabricá-la e mantinham esse segredo muito bem guardado. Quando fizeram contato com as cidades do Ocidente, encontraram comerciantes dispostos a pagar muito caro por essa seda. Entrava em ação a logística desses mercadores, que buscavam esses tecidos para revender a seus clientes do Ocidente.

O famoso comerciante veneziano Marco Polo, o seu pai Nicolau e seu tio Matteo percorreram a Rota da Seda no século XIII. Eles montaram um sistema logístico integrado e importante para trazer esses produtos para Veneza e revendê-los. Eles desenvolveram os fornecedores locais, estabelecendo parcerias e dando exclusividade a alguns. Criaram, ao longo da estrada, depósitos intermediários de abastecimento e armazenagem de suas mercadorias. Desenvolveram aliados para lhes emprestar soldados para protegerem suas mercadorias contra a concorrência e contra saqueadores e assaltantes, e por fim criaram sua transportadora para levar todas as mercadorias compradas e armazenadas para Veneza, e lá, vendê-las.

O aprendizado e o domínio das técnicas da navegação e da domesticação de animais como camelo, burros e cavalos para o transporte de carga foram bem assimilados pelo mundo antigo. A capacidade de transporte e movimentação de grandes cargas e em grandes volumes por longas distâncias foi muito melhorada, possibilitando o intercâmbio de culturas e uma maior rapidez no comércio.

A navegação marítima ofereceu um meio bem mais fácil e menos custoso de transporte para longas distâncias. Desse modo, como as grandes áreas do interior, as planícies, ficam longe do litoral, elas não se desenvolveram tanto como as rotas costeiras abastecidas pelos navios. Porém, as planícies dispunham de terreno fértil para pastos e água em abundância para suprir as caravanas. Esses terrenos permitiam a passagem de mercadores e exércitos, sem precisar envolver-se com outros povos, além de fornecer amplas terras para a agricultura. Os nômades também preferiam não ter que atravessar longos percursos descampados, por isso criaram seus centros comerciais, seus centros de distribuição, seus armazéns e seus entrepostos.

Enquanto isso, mercadorias diversas, cargas e especiarias eram comercializadas por todos os cantos, contrapondo a ideia antiga da troca, que, provavelmente, conduzia-se somente por uma rota predeterminada.

Sob essas fortes dinâmicas de integração, houve o impacto de uma mudança a ser transmitida para os outros povos. Os povos que viviam na área de atuação da rota da seda e os pastores que se desenvolveram enriqueceram e criaram negócios e oportunidades nas áreas de influência, o que abrangeu as civilizações conectadas pela rota.

Essas conexões também ajudaram as mais variadas classes bandoleiras, como os saqueadores, ladrões e mercenários. Muitas tribos bárbaras começaram a treinar guerreiros aptos a conquistar cidades ricas e terras férteis e a criar grandes impérios militares.

Muitas inovações do oriente foram levadas para a Europa. O período da Idade Média europeia teve grandes avanços tecnológicos, incluindo a utilização direta de grandes invenções, como a impressão, a pólvora, o astrolábio e o compasso, que sustentou e ajudou de muitas maneiras o desenvolvimento do Renascimento europeu.

A rota da seda parou de servir como rota de transporte e comércio de vários outros tipos de produtos por volta de 1400.

O desaparecimento dessa rota, seguido do fim do império Mongol, foi um dos principais fatores que estimularam os europeus, principalmente os portugueses e espanhóis, a alcançar a Índia e a China através de alguma outra rota, especialmente pelo mar.

Enormes lucros seriam obtidos pelos comerciantes que conseguissem implantar uma nova rota comercial direta com a Ásia.

Na realidade, havia grande necessidade de uma nova operação logística, de uma nova modelagem, até de um novo modal.

Sem um novo modelo logístico, os comerciantes teriam grande prejuízo.

Quando Cristóvão Colombo alcançou o Novo Mundo em 1492, e existem vários historiadores com essa opinião, ele desejava na verdade criar outra rota logística da seda, o Caminho Marítimo para as Índias e também para a China.

O desejo do comércio direto com a China foi também a principal razão da expansão dos portugueses, que deram a volta na África em 1480, seguidos da Holanda e da Inglaterra, no século XVII. De fato, o espírito da rota da seda resume-se ao desejo de nutrir um intercâmbio entre Oriente e Ocidente, somado com a grande cobiça por altos lucros, e que afetou muito a história do mundo durante os últimos três milênios.

Avancemos um pouco mais, para o período moderno. O que realmente era a **Companhia das Índias Orientais**, fundada em 1621? Nada mais do que uma operação logística, nos moldes atuais. A navegação já estava nessa época em pleno crescimento, mas as distâncias entre os mercados ainda eram muito grandes.

Não existiam ainda o operador logístico para atendê-la, os serviços de transporte nem a figura do transportador, independentemente do modal. A Companhia precisava comprar as mercadorias que lhe interessavam, assim como precisava ter seus navios para o transporte, seus portos, seus *piers* e seus berços de atracação; tinha que ter o seu próprio operador portuário para realizar a sua estiva, com seus próprios estivadores, em todos os portos de origem e destino; tinha que ter seus próprios armazéns e depósitos, já que também não existia uma seguradora nem escolta e tampouco rastreadores; e precisava ter seus exércitos para proteção de suas mercadorias contra os inúmeros piratas que ficavam atentos às suas valiosas cargas e de seus variados navios.

Portanto, eles já faziam naquela época a nossa famosa e atual logística integrada. Não por opção, mas por total necessidade de sobrevivência de seu negócio.

Essa breve explanação de história antiga objetivou consolidar e compreender de vez a importância da logística até para a criação de grandes estados e de vários outros povos. Demonstra também que logística está totalmente atrelada ao comércio, e o comércio está intrinsecamente relacionado ao crescimento da humanidade. Todo o desenvolvimento dos povos sempre teve profunda relação com o comércio, inclusive as novas descobertas e as novas conquistas, e a logística é de total importância para esse crescimento.

Desde a antiguidade, a logística já era necessária para os comerciantes irem até ao interior da China, para trazer produtos e levar produtos. Hoje em dia, dispomos de novas técnicas, novos sistemas de informação, novos equipamentos, novas infraestruturas e uma nova modelagem para a comercialização.

Os fundamentos eram e ainda continuam os mesmos: temos que retirar uma mercadoria de algum lugar e levá-la a outro lugar, com baixo custo e com bom retorno financeiro depois de sua venda. Qualquer leigo em história sabe que o mundo sempre foi movido e desenvolvido pelo comércio; por isso, pode-se afirmar que comprar e vender, sem logística, é impossível.

Como podemos já observar, o "mundo está plano". Isso significa que a movimentação de cargas e mercadorias entre países circulando pelo mundo cresceu. Todos os países já estão inseridos no processo de internacionalização de suas economias, todos ávidos em vender cada vez mais para todo mundo.

O Brasil, há alguns anos, iniciando com *commodities* (soja, minérios ou milho) e depois com produtos de maior valor agregado e produtos manufaturados, começou de forma tímida a sua inserção no comércio internacional. Mesmo sujeito a várias idas e vindas, o Brasil já tem participação relativa nesse total de trocas, e esse volume deverá se acentuar de forma significativa e crescente nos próximos anos.

Para esse processo de internacionalização, a logística é de fundamental importância, e lentamente vai ganhando maior espaço. Para os negócios de comércio exterior, são vitais o crédito e a criatividade da logística bem coordenada e desenvolvida.

Vejamos como é possível desenvolver inicialmente um cenário simples e, a partir dele, aumentar o panorama de visão e conceito logístico.

Para ocorrer um carregamento e um transporte, temos que saber o que vamos carregar, qual é a mercadoria, ou seja, precisamos conhecer:

- Qual é a quantidade?
- Qual é o peso e o volume?
- Como está embalado?
- Onde é o local de carregamento?
- Onde é o local de descarga?
- Quais são os tipos de acessos ao local de carga e ao local de descarga.

Pelo tipo de acesso, precisamos optar pelo transporte mais competitivo e mais rápido em função das necessidades dos clientes.

1.2 Conceitos da logística

Abordamos a questão histórica no item anterior apenas para ficar claro como a logística sempre foi de grande importância no mundo, e que ela sempre foi praticada desde 200 a.C.

Os comerciantes daquela época logicamente não usavam essa denominação, não sabiam nem o que era, mas compravam e negociavam, transportavam, armazenavam e distribuíam todas as suas mercadorias para serem vendidas em diversas localidades, nas mais longínquas regiões e em vários mercados. Dedicavam a isso com empenho, e tinham que gerar lucro em todas essas operações. O mercantilismo só existiu e se consolidou, em grande parte, por causa da logística.

Podemos entender que para todos os segmentos de mercado, e para qualquer tipo de produto, são necessários:

Uma compra, uma movimentação, um carregamento, um transporte, um descarregamento e uma entrega.

Nesse ponto, estamos olhando a logística apenas como um segmento, uma parte, que é o transporte. Veremos mais para frente que atualmente a logística é muito mais abrangente e tem variações e objetivos bem mais amplos do que somente o transporte.

Os tempos mudaram muito, e as negociações estão bem mais dinâmicas. A competitividade e a concorrência entre produtos e mercadorias de qualquer tipo e modelo também sofreram grandes alterações, cada vez mais crescentes e instáveis.

O custo logístico pode chegar a 12% do faturamento de uma empresa. Mas, em vez de serem vistos como despesas, os gastos com controle de estoques, armazenagem e gestão de transportes representam um importante investimento.

Investir em logística é uma forma de conciliar maior eficiência, produtividade e rentabilidade.

A necessidade de adaptação a essa nova realidade é cada vez mais importante. Existe também um grande diferencial nisso: essa realidade está sendo modificada sem nenhum padrão de tempo e sem sinal aparente ou sem qualquer aviso prévio.

Os produtores, os fabricantes, os fornecedores de serviços, os distribuidores ou representantes precisam conquistar, aumentar e/ou, no mínimo, manter seus clientes. Com a globalização mais intensa, e com o curto ciclo de troca de produtos, as empresas estão sendo obrigadas a mudar, também rapidamente, suas técnicas de gestão. A globalização nada mais é do que uma eliminação de quase todas as fronteiras comerciais entre os países, abrindo vários espaços para a integração do comércio internacional. A consequência são mais ofertas de mais produtos, com mais competidores e com diversas fontes de suprimento.

Cada vez mais, essa diferenciação deve passar pela otimização dos serviços e pelo atendimento de seus clientes com entregas rápidas, eficazes e ao menor custo. O período em que as empresas apenas se programavam para vender suas mercadorias, sem preocupação com as necessidades e satisfação dos clientes, terminou há muito tempo. Existe uma grande pressão e cada vez maior e de ordem global no trinômio:

Preço × Qualidade × Atendimento

Hoje, como é mencionado por muitos, já não basta satisfazer, é necessário encantar o cliente. Os consumidores estão mais exigentes em qualidade, em rapidez de entrega e em preços, o que obriga as empresas a uma eficiente e eficaz gestão de compras, gestão de produção, gestão logística e gestão comercial.

Para se diferenciar e atrair o consumidor, é preciso fazer o produto chegar na hora certa com o custo mais competitivo possível.

Quando bem planejada e executada, a logística garante a redução de custos de transporte, de distribuição, de estoques, a otimização do tempo da operação, além de reduzir os erros e as perdas consequentes de um processo que pode ser falho.

Estamos vivendo em um mundo sem fronteiras, ligado na internet, viciado em informação e velocidade. Todos estão no "já, agora, ao mesmo tempo e junto".

Entregar o produto certo, na hora certa e com o menor custo é fundamental para a sobrevivência de qualquer negócio.

Imagem: OnBlast | iStockphoto

Figura 1.5 *Globalização da logística.*

Sabemos, pelas lições de história, que os antigos diziam que o mundo era plano. Atualmente, para as operações logísticas, o mundo está plano. Qualquer empresa, em qualquer lugar do mundo, pode entregar seus produtos e vendê-los também em qualquer lugar do mundo. Para isso, basta ter uma operação logística eficiente e competitiva. Para exemplificar, e em termos bem atuais, em sua casa, você entra no site *Ali Express*, que quase todos devem conhecer, compra qualquer produto exposto, que é entregue na sua casa ou em qualquer outro lugar determinado por você. Sem uma correta logística, isso não seria possível.

Nos últimos anos, a globalização colocou a logística em um novo patamar. Com o aumento da circulação de mercadorias, com a pressão para reduzir custos e aumentar vendas, as empresas voltaram os olhos para a importância de desenvolver uma cadeia logística eficiente.

Para isso, é necessário ter a coordenação de diversas e diferentes partes envolvidas no processo produtivo. Do fornecedor de matérias-primas e componentes a empresas responsáveis pelo beneficiamento de produtos, passando pela operação de frotas, das coletas e das entregas e ao transporte por diversos meios de modais.

Encontramos também outro fator de avaliação, que são as legislações de cada setor, tanto no âmbito estadual como no federal, municipal e até mesmo as legislações específicas para cada modal. Essa situação estende-se também, e com maior amplitude, ao comércio exterior, que é altamente influenciado pela logística e suas ramificações.

As empresas têm de oferecer ao mercado bons produtos e a um preço acessível. Para se diferenciar e atrair o consumidor, é preciso fazer o produto chegar na hora certa com o custo mais competitivo possível. Quando bem planejada e executada, a logística garante a redução de custos e a otimização do tempo, além de reduzir os erros e as perdas consequentes de um processo falho.

Do recebimento da matéria-prima à finalização do produto acabado, é preciso analisar atentamente toda a cadeia de produção. É necessário buscar, e não apenas aperfeiçoar, o fluxo de cada etapa. É preciso também estudar os impactos ambientais de cada fase do ciclo de vida do produto para que eles possam ser resolvidos e/ou reduzidos.

Para contribuir com esses vários conceitos e cenários, surgiu também uma nova discussão conceitual, chamada de logística de mercado, marketing logístico, logística e *supply chain mangement*. Isso ocorreu porque se percebeu facilmente que as atividades englobadas pela logística representavam uma grande parcela do valor agregado dos produtos, e que ainda assim poderia ser mais incrementado.

Podemos identificar entre essas principais atividades:

- Compras, negociação, aquisição de bens, serviços e insumos;
- Manuseio, recebimento e armazenagem dos insumos de produção;
- Embalagem, acondicionamento e armazenagem de produtos acabados;
- Gestão de transportes e distribuição física;
- Previsão dos recursos financeiros relativos à movimentação;
- Controle e gestão da informação de todo o processo em tempo real.

Os necessários e futuros investimentos sem dúvida ocorrerão no Brasil, e devem ampliar a rede e a infraestrutura rodoviária, ferroviária, aquaviária e aérea, melhorando bastante a matriz de transportes brasileira, hoje estruturada basicamente nas rodovias.

Buscar entender a competitividade de cada modal de transporte, suas características, suas aplicações e eventual utilização na sua empresa pode aumentar as opções de distribuição do seu produto e reduzir os custos do transporte até o destino final.

O Brasil ainda está engatinhando em seu processo logístico. É uma atividade nova para muitas empresas, por isso enfrenta a carência de profissionais na área.

No entanto, nosso grande problema também reside na infraestrutura disponível para fazer uma logística a contento. Podemos até saber como fazer, mas esbarramos muitas vezes na falta de ferramentas adequadas ou até mesmo encontramos ferramentas quebradas ou ferramentas adaptadas para o uso não adequado e correto.

Encontramos um sem-número de situações esdrúxulas, que a logística precisa resolver ou para a qual deve propor uma solução; esbarra, contudo, em estrutura, em legislação governamental ou na incompetência de setores envolvidos no processo.

Ficamos assustados ao verificar que um importador localizado em São Paulo, capital, compra de um fornecedor da China um contêiner de 20' de qualquer mercadoria via o Porto de Santos. Pode ser de qualquer porto da China. Vamos supor Xangai. Esse contêiner vai percorrer 17.000 km, num trajeto que pode durar, com até um transbordo, 35 dias. Para fazer a liberação no porto e pagar todos os impostos e taxas, esse importador leva dez dias, isso se não ultrapassar o primeiro período de armazenagem no terminal.

O preço médio atual desse frete para contêiner de 20', com 20 toneladas de carga, Xangai × Santos, é de US$ 200,00 ou cerca de R$ 800,00. Dependendo de suas negociações com os armadores ou do tipo de navio, o valor desse frete pode até ser reduzido.

Para retirar esse contêiner do terminal de Santos e subir a serra para São Paulo, ele custa de R$ 1.800,00 a R$ 2.000,00, e são 77 km de rodovia, quase o dobro do custo de Xangai a Santos.

Temos também nessa situação um agravante, que explica o alto valor do frete interno. Para retirar o contêiner cheio em Santos, descarregar em São Paulo/Grande São Paulo e devolvê-lo vazio a Santos, devem ser considerados dois dias de trânsito, às vezes três para essa operação.

Mesmo comparando modais diferentes, equipamentos diferentes e rotas diferentes, a discrepância é grande para a simples troca de modal. Isso tira a competitividade e reduz o espaço das empresas brasileiras no mercado internacional.

Modal de transporte é o tipo de transporte que será utilizado na movimentação de uma carga.

A infraestrutura precária tem provocado uma expansão sem limites nos custos logísticos. A grande maioria das empresas brasileiras, da porta da fábrica para dentro, não perde para nenhuma outra em termos de custos de fabricação. Mas, ao atravessar rodovias, ferrovias ou portos, o produto nacional perde competitividade e, muitas vezes, não consegue disputar nem com seu concorrente estrangeiro no mercado interno. Em decorrência disso e de outros problemas de infraestrutura e de alta competitividade empresarial, é cada vez mais necessário formar bons profissionais e introduzi-los no mercado em busca de soluções e de melhoras de eficiência.

Um dos produtos que está na pauta de exportações brasileira, e com grandes volumes, é o açúcar. Já está registrado e documentado que uma carreta de três eixos normal, com 30 toneladas de açúcar em sacos de 50 kgs, carregada em Araraquara-SP para descarga no Porto de Santos em trajeto de 380 km, leva sete horas para cumprir a viagem.

Segundo informações e números divulgados pela **Agência Nacional de Transportes Terrestres (ANTT)**, entre 2001 e 2011, a rede de estradas asfaltadas aumentou 18%, e as ferrovias aumentaram apenas 500 km.

De acordo com um relatório de competitividade do Fórum Econômico Mundial, realizado em 2010, os portos brasileiros estão na lamentável 123ª posição entre os 139 países avaliados. Nossas rodovias estão em 105º lugar e as ferrovias em 87º. Esses números só comprovam o que todos já sabem: a infraestrutura no Brasil é péssima e em nada se revela com o anseio e o discurso oficial de potência econômica.

Ganha muita importância em todo esse cenário a logística de transportes, fundamental para a competitividade da economia brasileira.

Sem a ampliação dos investimentos e da participação da iniciativa privada, os gargalos das rodovias, ferrovias, portos e aeroportos poderão aumentar ainda mais os custos de produção das indústrias e reduzir as exportações brasileiras, colocando em perigo o futuro crescimento, tão esperado e almejado.

Nos últimos anos, os investimentos no setor de infraestrutura de logística têm aumentado. Em 2003, foram aplicados cerca de 60 bilhões de reais em obras de transporte, energia, saneamento e telecomunicações. Seis anos depois, em 2009, esse valor aumentou para 120 bilhões. Pelas previsões da **Associação Brasileira de Infraestrutura e Indústrias de Base (ABIDIB)**, o Brasil precisa ainda de 160 bilhões de reais de investimento por ano. Em transportes, foram investidos 19,6 bilhões em 2010, abaixo ainda dos 24 bilhões de reais necessários.

Apesar dos avanços, há diversas deficiências estruturais na matriz de transporte de cargas no Brasil. As condições das estradas melhoraram, mas milhares de quilômetros ainda estão em condições precárias.

Desde 2003, o transporte aéreo de passageiros registrava um aumento médio anual de 10%, o que faz com que muitos aeroportos operem muito acima de sua capacidade em pistas, pátios e terminais. No sistema hidroviário, que contempla cerca de 27.000 quilômetros navegáveis, apenas 15.000 quilômetros estão em operação comercial, sendo que a hidrovia Tietê-Paraná opera com 25% de sua capacidade.

O crescimento da oferta e procura de vários cursos de logística, nos mais diferentes níveis, vem a cada ano despontando em alta velocidade. Hoje temos oferta de cursos livres de um ano, com aulas até em dois dias por semana, para formação de tecnólogos, cursos técnicos, especialização, MBA em Logística. Há diversas ofertas em revistas especializadas, seminários, associações e institutos, congressos e uma rede no LinkedIn cada vez mais visitada e com novos interessados cadastrados.

Esse crescimento de cursos e associações, com criação de diversas entidades, com estudantes e novos profissionais entrando na área, aliado à alta procura de profissionais no mercado, é um dado valioso e bem característico da importância que o estudo da logística vem ganhando no segmento empresarial brasileiro.

1.3 Canais de suprimento e canais de distribuição

O sistema de distribuição de produtos de uma empresa sempre foi fundamental. O transporte é um considerável elemento de custo em toda a atividade industrial e comercial. Em um país onde quase 60% das mercadorias são transportadas em via rodoviária, a racionalização dessa operação passou a ser vital para a estrutura econômico-financeira das empresas.

A decisão entre possuir a frota própria ou contratar uma transportadora é bem mais complexa do que parece. Cada situação tem características específicas e não existem regras gerais que garantam o acerto da escolha. O que para uma empresa é altamente rentável pode ser um fator de aumento de custos para outra.

A estrutura rodoviária brasileira, hoje, responde pelo transporte de 60% e às vezes 70% das cargas movimentadas no Brasil. Sem entrar no mérito dos erros e acertos da política brasileira de transportes, essa realidade não se modificará tanto nas próximas décadas. Por maiores que possam ser os esforços do Governo na modernização de rodovias, dos transportes marítimos e ferroviários, a mudança será lenta. O sistema rodoviário opera apoiado na infraestrutura das 489.387 empresas e autônomos existentes em todo o Brasil, com seus terminais de carga, frotas de apoio, equipamentos para carga e descarga e estrutura de comunicação e administrativa. Esses números são de 2012, informados pela ANTT.

Ainda de acordo com informações de 2012 da ANTT, o transporte, propriamente dito, ou seja, o deslocamento da carga é feito pela utilização de duas grandes frotas: os 708.405 veículos próprios das empresas de transporte e os 610.944 veículos carreteiros, ou seja, veículos com motoristas autônomos, proprietários de seus caminhões. Exceto em condições especiais, os carreteiros trabalham quase sempre como subcontratados das empresas.

Ao utilizar o transporte rodoviário, é necessário examinar e avaliar bem o material a ser transportado e adequá-lo aos equipamentos disponíveis para uso. Tal precaução é indispensável para atingir o melhor aproveitamento dos veículos em sua capacidade de peso ou de metro cúbico e reduzir o custo operacional, reduzindo também o custo do frete, consequentemente.

Sempre que um lote de carga permita o melhor aproveitamento dos veículos, os transportadores têm a possibilidade de evitar a aplicação de aumento no frete final.

As empresas transportadoras remuneram seus serviços com a cobrança do frete e seus adicionais. Cada uma, dentro de seu critério, necessita obter remuneração compatível com seus custos operacionais, que não são diferentes das outras atividades econômicas. Assim, ao estipular o frete por tonelada ou metro cúbico ou por viagem, a empresa tem de considerar todos os seus custos diretos e indiretos.

É fácil constatar a importância de um departamento de logística, centralizador dos serviços de transporte utilizados pela empresa. Basta verificarmos que, quanto mais bem estruturados, maiores serão as possibilidades de colocação de produto em diferentes mercados. Entretanto, a utilização de sistemas adequados de transporte e distribuição não representa somente um custo adicional para a empresa, mas também fator relevante na formação do preço final do produto.

Portanto, temos como premissa que os custos de distribuição, que são o transporte do produto acabado até a sua colocação no mercado e no cliente final, não são somente fatores de geração de custos, mas elementos na criação de mercados para novos produtos.

Existem três modalidades de fretes, e se caracterizam da seguinte forma:

- Fretes sobre as compras;
- Fretes de transferência entre estabelecimentos;
- Fretes sobre as vendas.

Esses três fatores deverão atender e se adequar às seguintes variáveis:

- Menores prazos de movimentação do produto;
- Qualidade do serviço prestado;
- Preço do frete.

A função primordial da logística é justamente aperfeiçoar os três itens: custos, prazo e qualidade de atendimento, já que com esses elementos poderão ser criadas possibilidades de maiores mercados e maiores vendas nas seguintes argumentações:

- **Custos:** tendo valores de custos de transporte superiores às médias de mercado, aumentarão as dificuldades com a concorrência.
- **Prazos:** para determinados produtos, os prazos de entrega são importantes; para produtos com validade curta, pode-se, ao estender seu prazo de

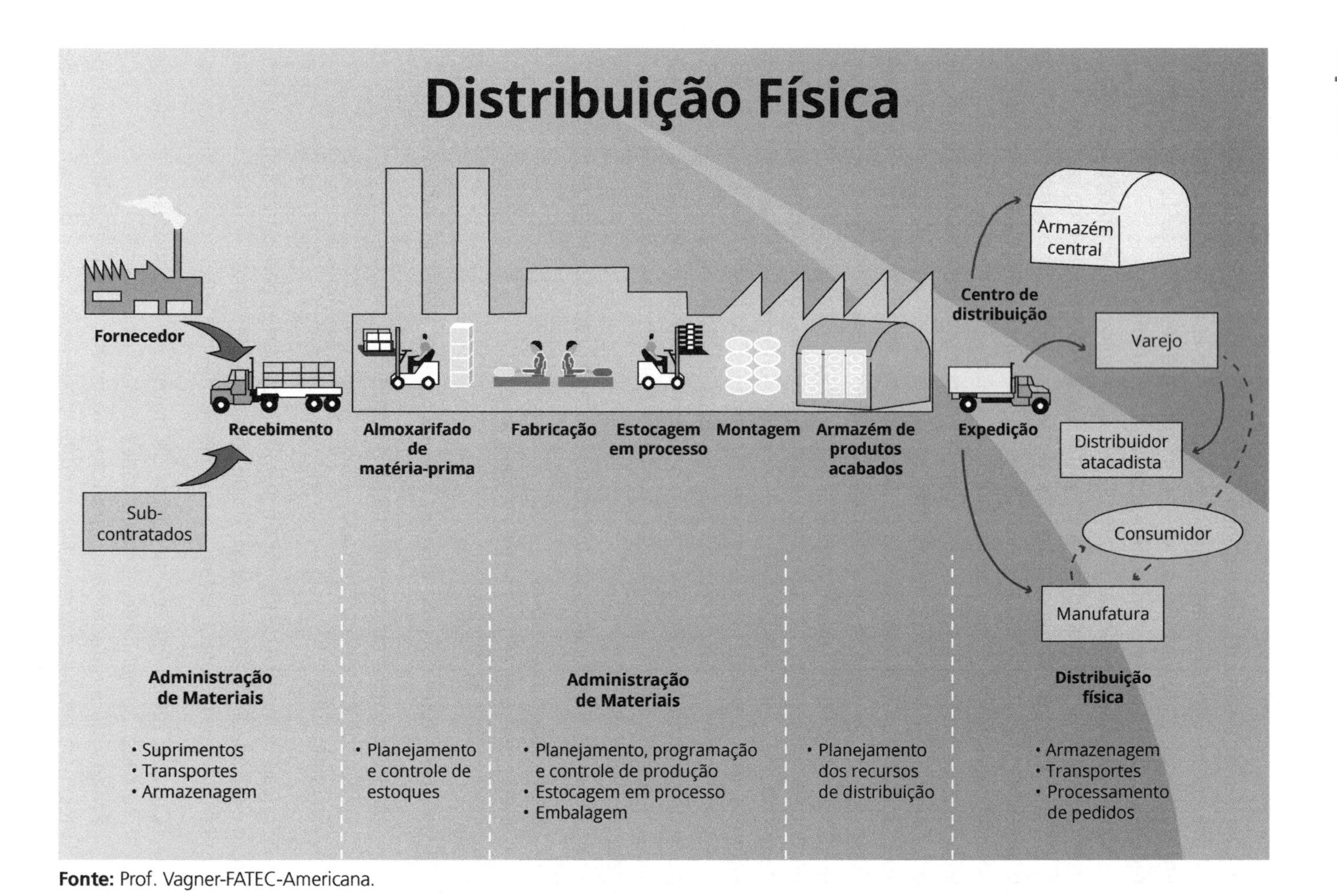

Fonte: Prof. Vagner-FATEC-Americana.

Figura 1.6 *Distribuição física.*

entrega, prejudicar as vendas. O consumidor não está disposto a "esperar" atrasos de entregas ou qualquer atraso até a regularização das entregas.

- **Qualidade:** no transporte de mercadorias sensíveis e sofisticadas, assim como as resfriadas e congeladas, a qualidade pode onerar os custos de transporte. Um dos fatores para a qualidade do transporte é a embalagem do produto transportado e o tipo de equipamento utilizado. Desde o carregamento, ele está sujeito a riscos de avarias devido à própria operação, e, se a embalagem não for correta para a modalidade de transporte a que estará sujeita, certamente o material será avariado.

Em função do tipo de transporte, há necessidade de avaliar os riscos possíveis:

- Na carga e descarga do material, quantidade de manuseios;
- No percurso da estrada e qualidade da estrada;
- No ferroviário – número de transbordo;
- No marítimo (movimentos, vertical, transversal e longitudinal).

Dependendo do tempo e do seu dinheiro disponível, da distância que terá que percorrer e da carga que precisa transportar, deve-se optar pelo meio de transporte mais adequado, mais seguro e mais econômico.

1.3.1 Organização para distribuição

Comprar bem, procurando os melhores preços e prazos de pagamento, estocar corretamente para evitar perdas e ao mínimo custo já não são os únicos fatores de lucratividade. Nos últimos anos, o transporte e a distribuição tornaram-se uma questão importante, e muitas empresas não hesitam em afirmar que são os custos que muitas vezes determinam a sua rentabilidade.

A entrega do produto ao cliente final, seja ele o consumidor, o varejista ou o atacadista, necessita de uma atenção especial. Quando um dos objetivos é minimizar os custos totais da empresa e ao mesmo tempo maximizar sua renda, a abordagem deverá ser feita de tal maneira que um aumento de custo em um setor seja no mínimo equivalente à redução de custo em outro setor.

Uma empresa pode optar pelo aumento de seu valor de frete de distribuição, em 10%, com o objetivo de reduzir o tempo de entrega, mas, em consequência, terá que obter um aumento das suas vendas. Esse aumento deve se dar em uma quantidade que absorva o custo do aumento de frete.

A Figura 1.7 mostra os aspectos das operações e os fluxos de material ou de informações, que são um dos objetivos centrais da logística. Vemos então que a distribuição se concentra nos fluxos a partir do depósito dos produtos acabados até o consumidor final.

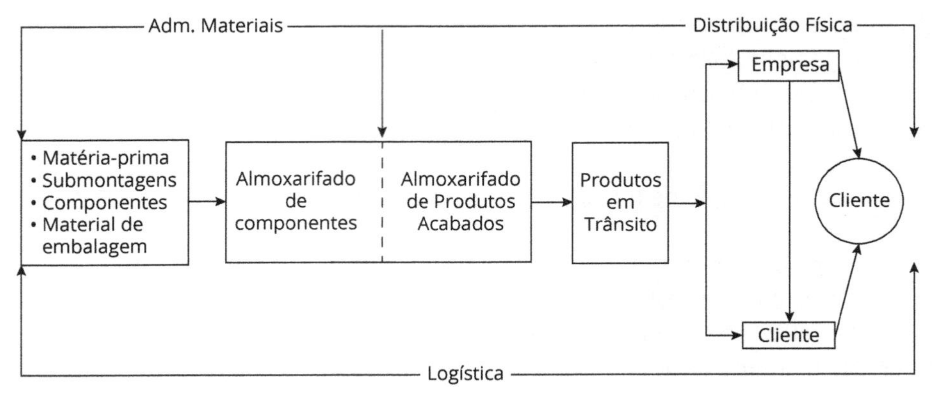

Figura 1.7 *Sistema logístico.*

Nesse contexto, um dos conceitos aplicados à distribuição é:

Precisamos do produto certo, no lugar certo, na quantidade correta, no tempo certo e no menor custo.

Para essa definição ser realidade, é necessário um planejamento da distribuição. Precisa-se de uma projeção do futuro das quantidades a serem vendidas e da área de extensão em que serão vendidos esses produtos. Após essas informações, desenvolve-se um sistema que satisfaça de forma adequada às demandas previstas.

O sistema de controle não deve de maneira alguma ser ignorado ou mal aplicado. É fundamental um exame periódico e contínuo, tendo informações que indiquem claramente quanto o sistema de distribuição está atendendo aos objetivos finais. Desse modo, o controle deverá fixar os critérios e a criação de modelos de determinação do custo e os objetivos da distribuição.

A logística está muito ligada à área comercial/marketing; algumas decisões deverão sempre ser tomadas consultando a área de vendas, porque são diretamente afetadas por ela. Por exemplo: o gerente de logística pode optar pelo transporte rodoviário para determinada região, em vez do transporte aéreo. O frete rodoviário tem um custo mais baixo. Em compensação, é mais lento, e, por isso, o faturamento demora mais e corre-se o risco de o cliente comprar de algum concorrente que oferece um tempo de entrega menor.

A decisão de redução de custos de estocagem pode resultar em atendimento lento de pedidos, em embarques urgentes com maior custo de frete e em horas extras de produção.

O meio de transporte escolhido sempre terá vantagens e desvantagens, e elas sempre deverão que ser avaliadas em relação ao tempo × custo × distância.

Conforme a natureza do negócio, das características do produto e do mercado, a distribuição toma formas diferentes e deve ser entendida com o objetivo de obter uma eficiente distribuição dos produtos acabados, com o menor custo operacional possível. De acordo com várias circunstâncias, a empresa pode escolher um desses quatro métodos de distribuição:

- Sistema de vendas próprio;
- Sistema de vendas de terceiros;
- Agentes e representantes comissionados;
- Distribuidores especializados.

Conforme a natureza do mercado, o tipo do produto e a capacidade de produção, cada um desses métodos necessita de um sistema mais apropriado e mais econômico para os resultados desejados. Por exemplo:

- **Distribuição pela própria organização de vendas:** indicada quando há produção em massa para distribuição em ritmo acelerado de bens de consumo. Também é empregada quando se trata de bens de produção, na forma de produtos especializados e técnicos, de venda mais difícil, tais como maquinarias para indústria, equipamentos etc.
- **Distribuição por meio da organização de vendas de terceiros:** é mais indicada para produtos conhecidos, de venda nos varejos, ou seja, de consumo popular e acelerado, desde que a taxa seja conveniente e o trabalho se apresente satisfatório. Muitas organizações de vendas, de cobertura nacional, tomam a seu encargo a distribuição de outros produtos.
- **Distribuição por meio de representantes comissionados (agentes):** são empresas que se dedicam ao trabalho de distribuição de produtos manufaturados, assumindo a venda de produtos diferentes. Sua eficiência é relativa e depende da margem que a mercadoria possa oferecer. Entretanto, a representada não poderá esperar deles relatório de vendas, informações sobre a concorrência etc., que somente sua própria organização poderá fornecer.

- **Distribuição por empresas distribuidoras especializadas:** são recomendados os produtos especializados para uso técnico, produtos de transformação destinados às indústrias, equipamentos técnicos etc. Tecnicamente, um distribuidor especializado deve trabalhar com exclusividade com determinada marca, adquirindo quantidades previamente fixadas por contrato para revenda às casas especializadas do ramo.

A distribuição é o elo entre a fábrica e o departamento de vendas, tendo uma importância muito grande no sucesso ou insucesso de ambas as funções e, consequentemente, influindo diretamente na rentabilidade das operações. Uma vez escolhido o canal ou os canais de distribuição, será necessário obter um correto relacionamento entre as necessidades de:

- Grau de atendimento aos clientes;
- Estoque de produtos acabados no(s) canal(is) de distribuição;
- Custo de distribuição do estoque entre o(s) canal(is) de distribuição.

O desenvolvimento das indústrias e as modificações nos canais de distribuição forçaram a criação de uma função que viesse a responder por uma série de atividades de produção, planejamento e coordenação. Portanto, a função da Logística = Suprimentos compreende a responsabilidade pelo planejamento e pelo controle do fluxo de estoques (matéria-prima, materiais em processo e produtos acabados).

Existem algumas funções da logística que poderão auxiliar a área de vendas; são elas:

- Minimizar a falta de matérias-primas através de definição de estoques mínimos;
- Reduzir o estoque do cliente;
- Solidificar as relações cliente-fornecedor;
- Aumentar os descontos;
- Provocar a expansão da distribuição;
- Permitir ao departamento comercial concentrar seus esforços em aumentar a demanda.

Em consequência, também ocorrem oportunidades para a redução de custos da distribuição:

- Simplificação do processo;
- Redução de inventários;

- Melhoria na embalagem de acondicionamento;
- Métodos e procedimentos mais eficientes;
- Utilização de inovações tecnológicas;
- Revisão dos canais de distribuição.

1.3.2 Características da distribuição

O gestor de logística tem como objetivo o atendimento de um número cada vez maior de consumidores, para volumes e velocidades de suprimento crescentes. Para isso, precisa definir o foco da distribuição, o que pode ser resumido nas respostas de quatro perguntas básicas:

1. Quanto distribuir?
2. Onde distribuir?
3. Quando distribuir?
4. A quem distribuir?

Em algumas empresas de pequeno e médio porte, a distribuição é função quase sempre absorvida por outra área, normalmente a de vendas. Em geral, o próprio almoxarife também cuida da expedição dos produtos acabados. Com o crescimento da empresa, surge a necessidade de separar o despacho de mercadorias, e cria-se um depósito no qual o encarregado coordenará os transportes; esse setor chama-se Expedição.

Em toda grande empresa, há o Gerente de Logística, que coordena os movimentos da frota de entregas e a expedição das mercadorias. Uma gerência de logística de alto nível tem grande importância para a maior produtividade nas operações de transportes e distribuição. As principais características podem ser definidas genericamente como:

- Entrada;
- Processo;
- Saída;
- Controle;
- Restrições.

A **entrada** é a forma física que toma o material quando entra no armazém (recepção).

O **processo** pode ser de transformação ou beneficiamento em que as entradas assumem uma forma física diferente. Dentro do armazém, consideraremos que o processo seja armazenagem, movimentação, operação de descarregamento.

A **saída** é o carregamento, o faturamento, ou seja, a troca de propriedade do produto, a transferência propriamente dita (expedição).

O **controle** é importante para o alcance dos objetivos da distribuição e para o ajustamento do sistema.

As **restrições** significam os limites de operação do sistema dentro da política de nível de atendimento e todos os equipamentos utilizados.

Necessita-se também conhecer as limitações impostas pelo produto, pelo mercado e pelas condições competitivas, tais como:

1. Perfil do produto
   - Características do produto que influenciam as necessidades de distribuição;
   - Embalagens e características físicas;
   - Métodos de manuseio;
   - Volume anual de vendas.
2. Perfil do mercado
   - Tipos de clientes;
   - Quantidade e tipos de produtos comprados;
   - Previsões das quantidades de vendas;
   - Necessidades especiais de atendimento;
   - Localização e tamanho do mercado.
3. Perfil competitivo
   - Tempo de entrega dos concorrentes;
   - Tipos de serviço dos concorrentes.

Qualquer sistema de distribuição deverá levar em consideração o tempo de atendimento e os custos envolvidos. Um transporte direto da fábrica aos clientes de uma região corre o risco de possuir um tempo de atendimento grande e um custo elevado. O tempo entre a emissão do pedido pelo cliente e o recebimento do produto comprado poderá ser maior do que se fosse atendido por um depósito regional. As quantidades pedidas seriam pequenas, não conseguindo formar cargas econômicas.

A escolha da utilização da remessa direta depende de algumas condições importantes, como:

- Natureza do produto (valor unitário, grau de deterioração);
- Tempo de atendimento exigido;

- Custo do transporte (entrega);
- Peso médio dos pedidos dos clientes;
- Distância a percorrer.

Essas análises deverão ser feitas também em função do custo total, que seria formado pelo custo das vendas perdidas e pelo custo do transporte. Podemos dizer que existe uma relação entre o custo do frete e o custo das vendas perdidas; quanto maior for o primeiro, menor será o segundo ou vice-versa.

O que é mais importante na distância a percorrer?

– Os quilômetros até o cliente?
– O tempo que vai levar?
– O custo da entrega?

Deverá existir um ponto de equilíbrio, que seria o *"atraso ótimo da entrega"*. Esse atraso teria a característica de que os lucros marginais do frete resultante de uma pequena demora equivaleriam ao custo marginal das vendas perdidas.

A decisão de montar um depósito regional requer uma análise bastante cuidadosa dos custos, do transporte da fábrica ou de um depósito central para o depósito regional, e o custo de entrega local, ou seja, do depósito regional aos clientes, custo de armazenagem dos produtos no depósito regional. Existe uma vantagem bastante atrativa, que é a possibilidade de as entregas serem executadas mais rapidamente, resultando daí um aumento de clientes. Como princípio, só se deve criar um depósito regional se as economias de frete e o crescimento dos clientes, resultante de uma entrega mais rápida, superarem os custos adicionais de operação do depósito.

Existem três tipos de distância, com essas avaliações:

- Distância-espaço;
- Distância-tempo;
- Distância-custo.

1.3.3 Canais de distribuição

A distribuição é, claramente, apenas mais um aspecto de prestação de serviços à área comercial/marketing. É o método pelo qual um produto é distribuído, e o grau de atendimento e confiabilidade apresentado é tão importante quanto o preço, a promoção e a qualidade do produto. Devido à natureza geral dos mercados, a empresa encontra não apenas um, mas vários tipos de mercado dentro do mercado ou, em outras palavras, vários tipos de clientes dentro de um só mercado. Um mesmo tipo de produto pode atender às necessidades de dois segmentos do mesmo mercado, porém com distintos métodos de distribuição.

Um exemplo disso é o grau de atendimento. Para determinados clientes, o produto colocado em 24 horas é o mais importante; para outro cliente, 72 horas é o suficiente; é óbvio que o atendimento em menor tempo deverá incorrer em maior custo. O sistema de distribuição deverá estar preparado para isso e ter flexibilidade suficiente para atender a um universo de clientes dentro de alguns parâmetros determinados.

A grande variação das necessidades do mercado afeta diretamente os canais de distribuição vistos na Figura 1.8; o aumento de produtos, a variação de embalagem, o aumento de pontos de venda e clientes causam grande impacto na estratégia de distribuição.

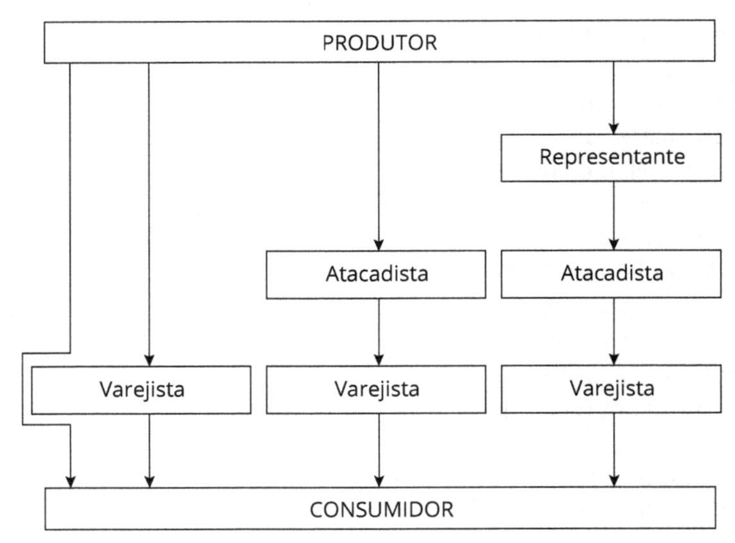

Figura 1.8 *Canais de distribuição.*

Um dos pontos de maior importância em um sistema de distribuição e para a estratégia comercial é a definição do canal de distribuição.

As características do mercado e do produto devem ser os principais fatores para a escolha do canal. De certa maneira, podem-se fazer comparações quanto ao efeito das características do produto e do mercado sobre o tipo de canal empregado.

As pequenas empresas ou as mais novas no mercado têm uma necessidade bem acentuada dos serviços dos atacadistas, distribuidores ou representantes, a fim de assegurar uma distribuição eficiente dos seus produtos, enquanto as empresas maiores ou mais tradicionais podem usar um contato mais direto com o consumidor. A eficácia e a estrutura da empresa são importantes para determinar até que nível se pode confiar na sua própria capacidade de operar um canal independente de distribuição.

Para determinar o canal de distribuição que melhor se adapta aos objetivos da empresa, é necessário analisar os seguintes parâmetros:

1. **Características dos clientes**
   Este é um dos elementos principais para a determinação do melhor canal; podemos até dizer que é o mais importante. Nesse caso, deveremos analisar os seguintes requisitos:
   - Número de clientes;
   - Dispersão desses clientes no mercado;
   - Padrões de compra dos clientes;
   - Reação a diferentes métodos de venda.

2. **Características do produto**
   - Tipo do produto;
   - Mercado consumidor do produto;
   - Tipos de clientes dentro desse mercado;
   - Volume de vendas;
   - Valor unitário de venda.

3. **Características dos intermediários**
   - Atacadista;
   - Representante;
   - Vendedor próprio.

4. **Características dos concorrentes**
   - Tipos de canais utilizados;
   - Características desses canais.

5. **Características da empresa**
   - Tamanho da empresa;
   - Posição financeira
   - Políticas da empresa.

Problemas referentes a seleção, avaliação e revisão dos canais de distribuição estão recebendo crescente atenção de interessados na mercadologia eficiente de produtos.

1.3.4 Grau de atendimento

Todo o planejamento para organizar um sistema de distribuição necessita da determinação de alguns parâmetros e critérios, e o principal deles é o grau ou nível de atendimento que se pretende oferecer ao cliente, que, em outras palavras, são os objetivos e as exigências relativos ao tempo. O fator tempo está interligado com os custos, sendo, assim, primordial o papel do grau de atendimento num sistema de distribuição. Na maioria dos casos, não se considera tanto o tempo de entrega dos produtos, mas sim a capacidade de entregá-los no tempo desejado pelo cliente.

Como conceito, o grau de atendimento é um percentual do número de produtos entregues que possam ser atendidos pelo estoque disponível dentro de um período de tempo. Que seria também:

$$GA = \frac{1 - \text{n}^{\underline{o}} \text{ de pedidos atendidos}}{\text{N}^{\underline{o}} \text{ total de pedidos}} \tag{1.1}$$

GA = Grau de Atendimento

Se determinado cliente colocou pedidos mensais de um produto no fornecedor e dentro de um período de 12 meses esse produto não foi entregue duas vezes, o grau de atendimento seria de:

$$GA = 1 - \frac{2}{12} = 0{,}83 \text{ ou } 83\% \tag{1.2}$$

O *GA* pode ser visto também da seguinte maneira:

$$GA = \frac{\text{total de produtos vendidos} - \text{n}^{\underline{o}} \text{ de produtos não entregues}}{\text{total de produtos vendidos}} \tag{1.3}$$

Supondo, então, que no período de 12 meses foram vendidos 1.200 unidades desse produto e o depósito não pôde atender 204 unidades, o *GA* seria calculado assim:

$$GA = \frac{1.200 - 204}{1.200} = 0,83 \text{ ou } 83\% \qquad \textbf{(1.4)}$$

O grau de atendimento está também diretamente ligado aos níveis de estoque. Usando o gráfico dente de serra (Figura 1.8), podemos representar dois fatores principais do grau de atendimento:

- Tempo de atendimento de um pedido;
- Atendimento do cliente.

1.3.4.1 *Tempo de atendimento de um pedido*

É o intervalo de tempo que leva desde a emissão de um pedido pelo cliente até ele receber os produtos desejados. Esse tempo pode ser desmembrado em três partes e pode ser visualizado na Figura 1.9.

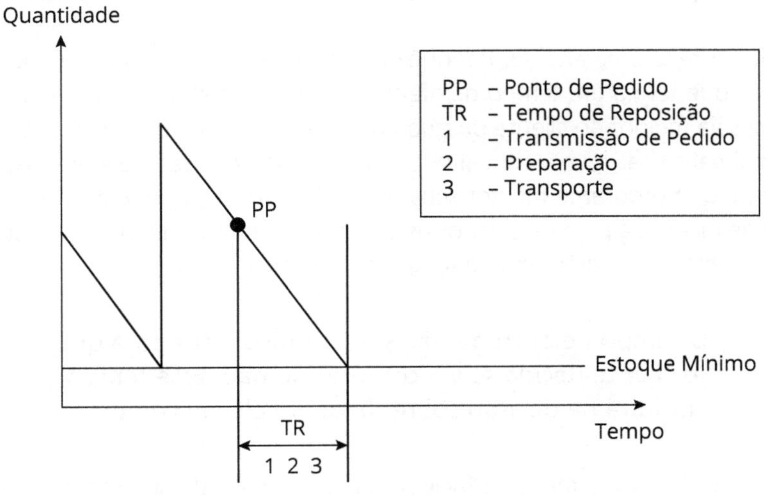

Figura 1.9 *Gráfico do tempo de reposição.*

a. *emissão do pedido* (1) – tempo que leva desde a emissão do pedido pelo cliente até chegar ao fornecedor;

b. *preparação do pedido* (2) – tempo que o fornecedor leva para emitir o faturamento, separar os produtos e deixá-los em condições de ser transportados;

c. *transporte* (3) – tempo que leva da saída do depósito do fornecedor até o recebimento pelo cliente dos produtos encomendados.

1.3.4.2 *Atendimento ao cliente*

O objetivo de vendas é a satisfação do cliente. A distribuição ocupa-se das necessidades do cliente, assegurando que o produto certo esteja no lugar certo e no tempo certo, garantindo que serão recebidas as quantidades exatas dos produtos corretos e também que o atendimento do pedido ocorrerá de modo que satisfaça tanto quanto possível as necessidades dos clientes.

O grau de atendimento tem um poder muito forte de atuação na demanda; para fazer uma avaliação dessa influência, é necessário distinguir dois aspectos:

- O grau de atendimento deve ser analisado para verificar o seu efeito sobre a demanda; e
- A uniformização do grau de atendimento deve ser analisada para verificar o efeito sobre o cliente em relação à empresa e aos seus produtos.

Deve ser feita uma análise. Por quê? Porque é possível que um sistema de distribuição que tenha um tempo de atendimento médio elevado, mas com baixos desvios, seja melhor ao cliente do que um sistema que ofereça um tempo médio de atendimento baixo, mas com altos desvios. No primeiro caso, a empresa permite ao cliente que programe melhor seus níveis de estoque, enquanto no segundo, o grau de incerteza para calcular os estoques é muito grande, ou seja, não existe para o cliente um padrão fixo de tempo de reposição.

O tempo de entrega não será o único fator para que o cliente decida se vai comprar ou não. Esse tempo influirá na decisão sobre de quem ele vai comprar.

Esse tipo de levantamento é fácil de ser feito, devendo simplesmente coletar os dados que demonstram o tempo entre a entrega do pedido e o recebimento efetivo dos produtos. Nesse caso, os dois fornecedores trabalharam com um tempo de atendimento médio igual, mas as diferenças estão na uniformidade dos desvios de tempo. A empresa "A" não apresenta um tempo de atendimento de menos de 10 dias com tanta frequência quanto a empresa "B", mas, por outro lado, não ultrapassa em geral 30 dias, enquanto a empresa "B" o faz com frequência. Veja o gráfico representativo desses dados na Figura 1.10.

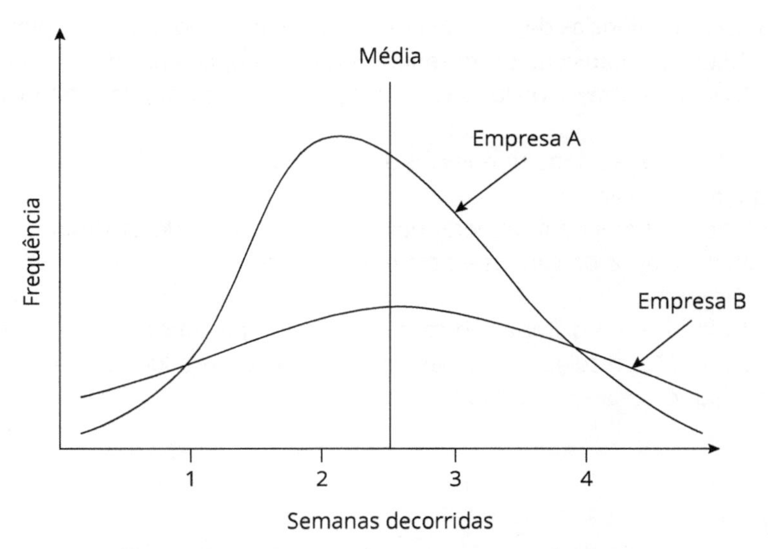

Figura 1.10 *Comparativo entre tempos de entrega.*

A gestão da logística tem procurado dar ênfase a sistemas de distribuição que têm o mais baixo custo possível; surge, então, uma dificuldade de que a minimização do custo não é necessariamente igual à maximização do lucro. De maneira inversa, a maximização do atendimento dificilmente levará a uma situação ótima de lucro. Um pequeno aumento nos altos graus de atendimento pode representar custos tão grandes que absorvem qualquer lucro extra, resultante daquele aumento.

1.3.5 Custo da distribuição

Os custos da distribuição têm merecido a atenção crescente pelas empresas. Para muitos produtos, os métodos mais custosos de distribuição são os que envolvem a venda direta ao consumidor. Isso não é difícil de entender quando se observa que a venda direta implica:

- Manutenção de um corpo de vendedores ou canal de vendas;
- Várias entregas, no tempo certo e no lugar certo;
- Grandes riscos de créditos;
- Necessidade adequada de capital de giro;
- Supervisão da organização de vendas.

No Brasil, experiências de sucesso em vendas diretas são, por exemplo: Avon, Natura, Yakult, que parecem ter conseguido equilibrar os critérios de volume, custo e lucro. As vendas através de lojas varejistas próprias implicam para o fabricante:

- Escolher, alugar, adquirir edifícios adequados;
- Equipar as lojas;
- Selecionar, treinar e remunerar balconistas e pessoal de escritório;
- Elaborar planos de vendas e sistemas de controle.

O método ideal de distribuição seria aquele que proporcionasse maior lucro ao fabricante. Mas a seleção das vias de distribuição mais lucrativa ainda é um problema que precisa ser resolvido.

QUESTÕES

1. Você concorda em como a logística foi importante para o crescimento comercial. Se sim, dê exemplos.
2. A logística é somente transportes?
3. Pesquise e elabore uma explicação de como a logística funcionava no período dos descobrimentos.
4. Se o mundo está plano, é verdade que podemos atingir e entregar mercadorias em qualquer lugar do mundo?
5. Quais as principais atividades componentes da logística?
6. O comércio pela internet exige uma logística mais eficiente. Como você explica essa necessidade atual?
7. O que ainda pode entravar o crescimento eficiente da logística no Brasil?
8. Como a globalização afetou o processo da logística?
9. O crescimento acelerado da logística no Brasil apresentou uma falta de profissionais na área. Como você explica esse fato?
10. Como podemos definir a distribuição física?
11. Quais as principais modalidades de frete?
12. Quais os principais fatores de avaliação de frete na distribuição?
13. Existem alguns riscos no transporte que precisam ser avaliados. Quais são esses riscos?
14. Quais os itens que precisam ser avaliados na decisão da escolha do frete a ser contratado?
15. Qual é o objetivo principal da distribuição física?

16. Como você avalia as principais variáveis de distância? Dê exemplos e as diferencie.

17. Qual é a influência do fator tempo de entrega na decisão de compra?

LEITURAS E PESQUISAS

ABTP – Associação Brasileira de Terminais Portuários – <www.abtp.org.br>

Administradores.com – <http://www.administradores.com.br/artigos/negocios/historia-da-logistica/50482/>

Agência Nacional de Transportes Aquaviários – <www.antaq.gov.br>

Agência Nacional de Transporte Terrestres – <www.antt.gov.br>

ALMEIDA, Márcio Vieira de. *A distribuição física como recurso estratégico na obtenção de vantagem competitiva no segmento de bens de consumo de massa no Brasil*. Dissertação de mestrado. Universidade Presbiteriana Mackenzie. 2012. Disponível em: <http://www.mackenzie.br/fileadmin/PUBLIC/UP_MACKENZIE/servicos_educacionais/stricto_sensu/Administracao_Empresas/Teses_e_Dissertacoes/Marcio_Vieira_de_Almeida.pdf>

Associação Brasileira de Logística – <www.abralog.org.br>

BERTAGLIA, Paulo Roberto. *Logística e gerenciamento da cadeia de suprimentos*. São Paulo: Saraiva, 2003.

FIGUEIREDO, Kleber; ARKADER, Rebecca. Da distribuição física ao *supply chain management*: o pensamento, o ensino e as necessidades de capacitação em logística. Universidade Federal do Rio de Janeiro. Disponível em: <http://www.rslima.unifei.edu.br/download1/Adm09/98_Ago_Kleber%20e%20Rebecca_Da%20Distribuicao%20Fisica%20ao%20Supply%20Chain%20Management.pdf>

HARRISON, Alan; VAN HOCK, Remko. *Estratégia e gerenciamento de logística*. São Paulo: Futura, 2002.

Laboratório da Consultoria – <http://laboratoriodaconsultoria.com.br/site/a-historia-e-evolucao-da-logistica-2/>

Vagner Siqueira.Log – <http://vagnersiqueiralog.blogspot.com.br/2010/03/logistica-historia-conceito-e-evolucao.html>

BIBLIOGRAFIA

ACKOFF, Russel; SASIENI. *Pesquisa operacional*. Rio de Janeiro: Livros Técnicos e Científicos, 1971.

ASBACHE, F. S. *Gestão de logística* e trade marketing. 3. ed. Rio de Janeiro: FGV, 2006.

BALLOU, Ronald. H. *Gerenciamento da cadeia de suprimentos*: logística empresarial. Porto Alegre: Bookman, 2006.

_____. *Logística empresarial*: transportes, administração de materiais, distribuição física. São Paulo: Atlas, 1993.

BARNEY, Jay; HESTERLY, William. *Administração estratégica e vantagem competitiva*. São Paulo: Pearson, 2007.

BOWERSOX, Donald J.; CLOSS, David J. *Logística empresarial*. São Paulo: Atlas, 2001.

BRAGA, Elói. *O livro das maravilhas*: a descrição do mundo. Porto Alegre: L&PM POCKET, 2006.

BRASIL. Marinha do Brasil – Estado-Maior da Armada. *Manual de Logística da Marinha* (EMA-400, 2ª revisão). Brasília, 2003.

BUENO, André. *Roma, China e o Sistema Mundial nos séculos I ao III D.C.* Impresso pela Universidade Federal Fluminense. Tese de Mestrado. 2004.

CHOPRA, S.; MEINDL, P. *Gerenciamento da cadeia de suprimentos*. São Paulo: Pearson, 2004.

CHRISTOPHER, Martin. *A logística do marketing*. 5. ed. São Paulo: Futura, 2003.

_____. *Logística e gerenciamento da cadeia de suprimentos*: estratégias para redução de custos e melhoria de serviços. São Paulo: Pioneira, 2002.

COSTA, José de Jesus da Serra. *Tópicos de pesquisa operacional*. Rio de Janeiro: Editora Rio, 1975.

DORNIER, Philippe-Pierre; ERNST, Ricardo; FENDER, Michel; KOUVELIS, Panos. *Logística e operações globais*: textos e casos. São Paulo: Atlas, 2000.

EHRLICH, Pierre Jacques. *Pesquisa operacional*. São Paulo: Atlas, 1980.

GEIGER, Ernesto. Localização de indústrias; o método gráfico na minimização dos custos de transportes. *Revista de Administração de Empresas*. Rio de Janeiro, 2 (26), 1962.

HOLLAENDER, Milton Perez. Centros de distribuição: funções, número e localização. *Revista Engenharia de Produção*. Fundação Carlos Alberto Vanzolini, *5*, 1979.

KOTLER, Philip. *Administração de marketing*. São Paulo: Atlas, 1980.

LAROUSSE. *História do Mundo*. Edição portuguesa pelas Seleções do Reader's Digest. No tempo das grandes invasões. Bernard Brossolet, 1997.

LEME, Rui A. da Silva. *Contribuição à teoria da localização industrial*. 2. ed. São Paulo, 1980.

MAGEE, John. *Logística industrial*. São Paulo: Pioneira, 1977.

MANUAL de Localização Industrial: escritório técnico do Nordeste. 2. ed. Rio de Janeiro, 1968.

NOVAES, Antônio Galvão. *Pesquisa operacional e transportes*: modelos probabilísticos. São Paulo: McGraw-Hill do Brasil, 1975.

PALAZZO, C. L. *Revista AEDOS*, v. 2, n. 2, 2009.

ROBINS, Nick. *A corporação que mudou o mundo*: como a Companhia das Índias Orientais moldou a Multinacional Moderna. Rio de Janeiro: DIFEL, 2012.

SELL Viagens e Turismo Ltda. Disponível em: <www.selltur.wordpress.com>.

Visão Sistêmica de
Transportes
2

Síntese do Capítulo

Neste capítulo, você vai conhecer os principais modais de transporte, os benefícios e as dificuldades operacionais de cada um, a realidade atual do sistema de transporte brasileiro e a importância e a concentração do transporte rodoviário na movimentação de cargas.

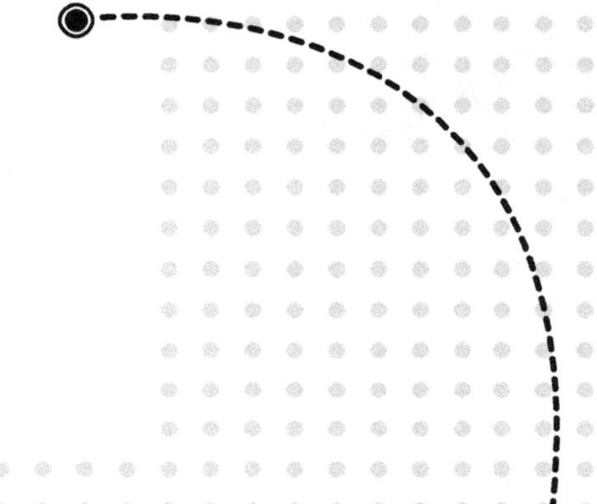

Objetivos

- Compreender a distribuição dos modais de transporte na estrutura logística brasileira. Como decidir pelo uso de cada modal de acordo com a necessidade de transporte de cada tipo de carga.
- Conhecer os princípios e a utilização dos transportes aquaviário, ferroviário, aéreo e rodoviário.

2.1 Introdução e modos de transporte

Anteriormente à Revolução Industrial, os transportes eram lentos e pouco seguros. Os fluxos comerciais, as trocas, a compra e venda de produtos eram muito limitados. A evolução dos transportes tem sido tão rápida que quase podemos afirmar que estamos vencendo distâncias, o que dá a impressão de que a distância física diminuiu ou que o mundo encolheu, ou que o mundo é plano.

No entanto, a **distância-quilômetro** entre Portugal e Brasil no tempo das caravelas não foi alterada. O que se mudou foi a **distância-tempo**, assim como o modo de percorrer essa distância desde 1500.

A modernização dos transportes trouxe uma modificação da abordagem de distância. Anteriormente, a distância física era somente medida em termos absolutos, ou seja, **distância × quilômetros**. Hoje, medimos também em termos relativos: **distância × tempo** e **distância × custo**. No caso da **distância × custo**, ela é totalmente relativa, porque é a consequência do tipo e do modelo de transporte utilizado.

A maior velocidade dos transportes permitiu diminuir a **distância × tempo**, que é o tempo utilizado para percorrer determinada distância. A maior capacidade de carga dos transportes e a redução dos custos permitiram reduzir a **distância × custo**, que é o custo relativo a percorrer uma **distância × quilômetro**.

A acessibilidade mais adequada, ou a maior dificuldade com que se atinge um local, depende do tipo de transporte, das condições da via, da intensidade do tráfego e dos custos desse transporte. Ela pode e deve ser medida utilizando os indicadores distância-tempo e distância-custo.

A avaliação da escolha do meio de transporte mais adequado está presente diariamente na realidade de todos os gestores de logística que lidam com transportes de pessoas e mercadorias. A decisão nem sempre é um processo simples, pois normalmente estão envolvidas diversas variáveis. A análise das vantagens e das desvantagens de cada meio de transporte permite tornar as decisões mais adequadas. Estas devem ter em conta as seguintes variáveis:

- **Distância × custo** – avaliar a disponibilidade financeira com o tipo de produto a transportar. Essa decisão pode condicionar os lucros ou o prejuízo de um produto, de um tipo de negócio ou de uma empresa. Para essa avaliação, é preciso, então, arranjar uma solução de compromisso entre a disponibilidade econômica e a distância até o destino final. Para os produtos, é sempre uma questão de competitividade, porque um transporte mais caro vai aumentar o preço final desse produto e, consequentemente, diminuir a sua competitividade. Mas sem dúvida vai deixar o seu cliente mais satisfeito;

a velocidade do tempo de entrega é um fator de satisfação e fidelização do cliente, sempre.

- **Distância × tempo** – avaliar a urgência do transporte e da velocidade de entrega e responder às questões sobre a necessidade urgente dessa entrega do produto ou os constrangimentos e a insatisfação do atraso refletido no cliente final.
- **Viabilidade e nível de segurança** – decidir por transportes especializados em função de necessidades específicas de alguns produtos. É preciso garantir condições de segurança no transporte de produtos perigosos, dos produtos perecíveis e frágeis, produtos com pouca validade, promessas de entregas especiais pela área de vendas etc.

Quanto ao transporte rodoviário, o Brasil teve, até 2013, 1,76 milhão de quilômetros de vias rodoviárias. Desse total, somente 212.000 quilômetros estavam pavimentados. As ferrovias tinham 29.000 quilômetros disponíveis; desse total, somente 10% estavam efetivamente utilizados.

Eram 46 portos e cerca de 120 terminais portuários. As hidrovias são bem pouco utilizadas, com 13.600 quilômetros; com novos e maiores investimentos no setor, poderiam ser 50.000 quilômetros. Eram 31 aeroportos e 19.200 quilômetros de dutovias, sendo que as dutovias são todas da Transpetro-Petrobras. Esses números são do **Instituto de Logística e Supply Chain-Ilos** e também de dados das agências do governo brasileiro.

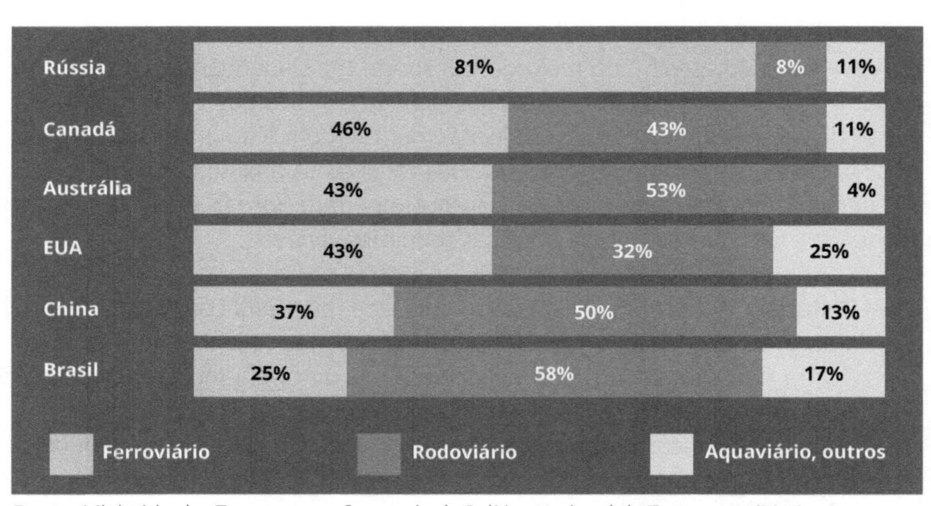

Fonte: Ministério dos Transportes – Secretaria de Política Nacional de Transportes/2013.

Figura 2.1 *Distribuição dos modais no Brasil e em outros países.*

Fazendo uma comparação com a Índia, os nossos 200.000 quilômetros de rodovias pavimentadas não competem com o 1,5 milhão de quilômetros da Índia, em uma área considerada 1/3 da brasileira. O transporte ferroviário tem uma participação de 60% do total e em rodovia de 25%, que é exatamente o contrário do Brasil.

Movimentamos em nossos portos uma média de cinco milhões de contêineres por ano, a metade do que movimenta o porto de Cingapura, Roterdã ou Hamburgo.

Quando se compara a distribuição dos modais do Brasil com os outros países de porte e tamanho equivalentes, verificamos claramente como estamos moldados no transporte rodoviário.

Existem claras vantagens e desvantagens nos diferentes tipos de modais de transportes, bem como possíveis melhorias de modo a torná-los mais competitivos. Apesar da dependência do transporte rodoviário, o Brasil é ainda muito carente de boas estradas. Apenas 11% da malha nacional é pavimentada, e, mesmo assim, a qualidade dela também está muito abaixo do razoável.

Foto: © Duncan Noakes | iStockphoto

Figura 2.2 *Estrada pavimentada em más condições.*

Hoje, é normal um caminhão percorrer mais de 3.000 quilômetros cortando o país de norte a sul, entre estradas asfaltadas e de terra, para coletar e entregar mercadorias. Do ponto de vista econômico, o mais vantajoso seria transferir a carga de longa distância para ferrovias, para o marítimo, assim como para as hidrovias, deixando o caminhão para as viagens curtas e para a interligação de carga e descarga entre esses modais.

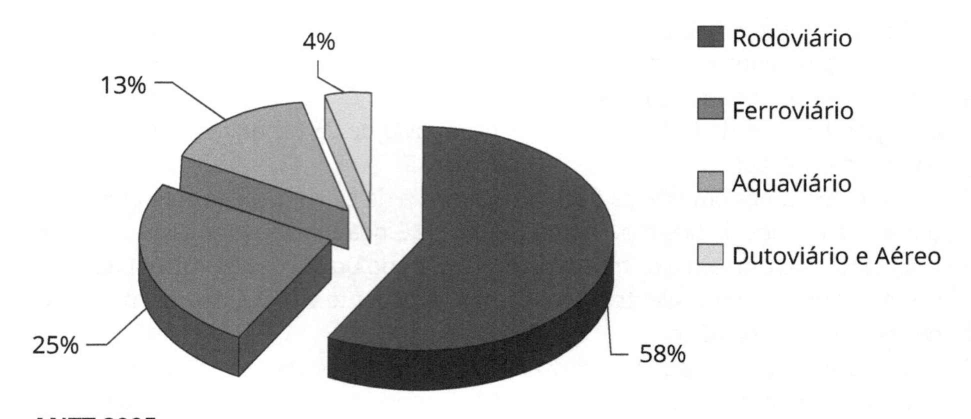

ANTT 2005

Fonte: Ministério dos Transportes – Secretaria de Política Nacional de Transportes-2013.

Figura 2.3 *Distribuição dos modais no Brasil.*

Os operadores e concessionários do segmento ferroviário, todos privados, respondem aos desafios que se impõem à movimentação dos produtos e das mercadorias produzidas. Uma justificativa do progresso lento da ferrovia foi a privatização, mas não é a única. Existe uma contradição do transporte rodoviário mais eficaz, apesar de as estradas e os acessos ferroviários e portuários continuarem em condições tão desfavoráveis.

Futuros e necessários investimentos devem ampliar a rede rodoviária, ferroviária e aquaviária, melhorando a matriz de transporte brasileira, hoje totalmente estruturada nas rodovias. Avaliar a competitividade de cada modal, a sua aplicação e eventual utilização na sua empresa podem aumentar as opções de distribuição de seu produto e reduzir custos de todo processo logístico.

Não parece sobrar dúvida de que a maior eficiência da coordenação e gestão logística reduziu, e em alguns casos cortou, vários custos e desperdícios. Mas não se deve esquecer também de que a grande representatividade e o grande crescimento da logística no Brasil se deram após a estabilidade da moeda e a redução do exponencial inflacionário.

O desnível da distribuição de cargas entre os modais não é fato novo. Já vem acontecendo há muito tempo, desde a década passada. Os indicadores da Tabela 2.1 estão em porcentagem de toneladas transportadas.

Para vencer todas as adversidades das grandes distâncias de um país de dimensões continentais e de precária infraestrutura, a logística de transporte tem de ser bem criativa.

Tabela 2.1 *Desnível entre os modais.*

MODAL	1996	2005	2025
Aéreo	0,33	0,4	**1,0**
Hidroviário	11,47	13,0	**29,0**
Dutoviário	3,78	3,6	**5,0**
Ferroviário	20,74	25,0	**35,0**
Rodoviário	63,68	58,0	**30,0**
Total	100,00	100,00	**100,00**

Fonte: Ministério dos Transportes – Secretaria de Política Nacional de Transportes.

Nos últimos anos, houve uma grande mudança no tipo e nos modelos de caminhão utilizados para transportar os mais variados tipos de mercadorias, principalmente as mercadorias agrícolas, como os grãos. De uma composição de transporte que trafegava anteriormente com capacidade de 25/30 toneladas, mudou-se para o chamado bitrem, que carrega acima de 40 toneladas. Depois de pouco tempo, migrou-se novamente para o rodotrem, que carrega acima de 50 toneladas. Os resultados são bem claros e evidentes: para transportar por 2/3.000 quilômetros, que são as distâncias médias para o caso da soja ou do milho, 1.000 toneladas de grãos, são necessários 25 bitrens ou 35 composições das anteriores e convencionais.

Existe uma expectativa do Governo Federal e da Secretaria de Política Nacional de Transportes de que em 20 anos será possível equilibrar e racionalizar a matriz de transportes no Brasil.

O fenômeno do bitrem e do rodotrem deu-se pela necessidade de reduzir custos logísticos principalmente das *commodities*[2] agrícolas. Mas um fato muito importante é que ele foi influenciado pelo surgimento da competição e grande concorrência ao transporte rodoviário, situação essa que nunca existiu anteriormente, até o renascimento das ferrovias. Então, o próprio modal ferroviário está criando lentamente uma concorrência, um aumento e a necessidade de criatividade no transporte rodoviário para que mantenha, no mínimo, sua fatia no negócio.

[2] **Commodities** (mercadorias, em inglês) são produtos de origem agrícola ou de extração mineral, que podem ser guardados por um longo tempo sem perda de suas qualidades, e são produzidos em larga escala e comercializados em nível mundial. Elas são negociadas em bolsas mercadorias, portanto seus preços são definidos em nível global, pelo mercado internacional.

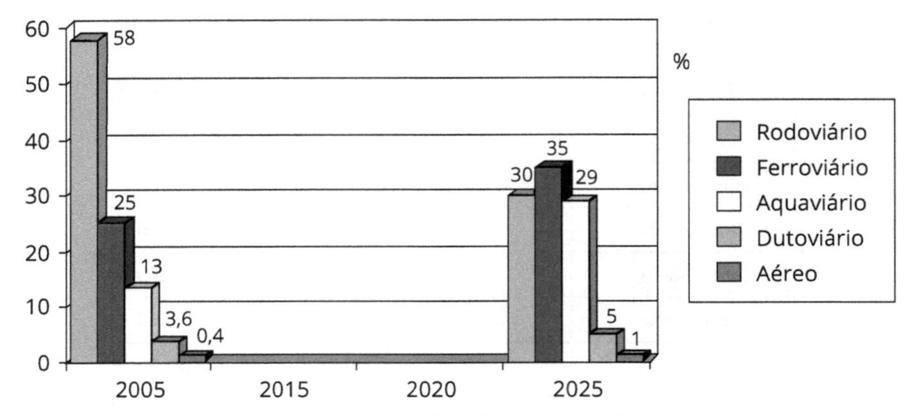

Fonte: Ministério dos Transportes – Secretaria de Política Nacional de Transportes.

Gráfico 2.1 *Matriz de transportes no Brasil.*

Os números em toneladas movimentadas do transporte ferroviário e do transporte marítimo são ascendentes, porém lentos, mas percebe-se um crescimento. Esses pequenos avanços têm sido conquistados com investimentos privados e com baixa participação do governo na implantação de sua infraestrutura.

Ainda assim, o segmento ferroviário está crescendo e se consolidando, mesmo após vários anos de estagnação. Podemos registrar que o crescimento no transporte de contêineres pelo modal ferroviário cresceu 71 vezes em 13 anos.

O mesmo está ocorrendo no segmento de transporte marítimo e nas operações portuárias, mesmo com os mares abertos à navegação, e sem necessidade de trilhos e asfalto, o nó que se apresenta é de igual ou de mais difícil solução. A operação é privada, mas a infraestrutura é estatal e as concessões e legislações são lentas e de difícil aplicação.

O aumento da qualidade dos transportes e a adequação dos seus preços, além de fortalecerem a competitividade da produção brasileira no mercado externo, criam elevação de renda e redução de custos em toda a cadeia logística.

O aumento da disponibilidade do transporte ferroviário, hidroviário e do transporte por cabotagem em bases mais competitivas vai contribuir fortemente para trazer equilíbrio à matriz de transporte brasileira. Esse aumento vai gerar, consequentemente, uma adequação dos preços e um aperfeiçoamento da qualidade dos serviços.

A implantação definitiva da operação de transporte multimodal possibilitará a racionalização da utilização dos meios de transporte em todo sistema produtivo brasileiro, com benefícios diretos e indiretos ao escoamento e à distribuição da nossa produção.

Os modais de transporte de cargas e mercadorias podem ser divididos da seguinte maneira:

- Rodoviário;
- Ferroviário;
- Aquaviário;
- Aéreo;
- Dutoviário.

Para a determinação do modal a utilizar, é necessário ter posse ou definir algumas informações, assim como estabelecer algumas premissas bem claras modeladas. É preciso definir o tipo de carga de acordo com as seguintes informações:

- Para algumas situações de limites e determinações de prazo de entrega;
- Limitações ou determinações da infraestrutura na origem do carregamento e no destino final;
- Peso, dimensões, valor, número de volumes.

Para cada resposta dessas três variáveis existe uma definição do modal para a realização do transporte.

A malha ferroviária está muito aquém das necessidades e principalmente da mudança geográfica do agronegócio. Até bem pouco tempo atrás, o Estado do Mato Grosso, que tem se destacado como um importante produtor de soja, não tinha nenhum quilômetro de trilho para escoar sua produção. A maioria da soja era transportada de caminhões para os portos de Santos-SP e/ou Paranaguá-PR. Uma pequena parte seguia pelos rios rumo aos terminais da região Sul.

O mapa ferroviário do Brasil ainda é bem restrito. Só tem cerca de 28.000 km, e existem pelo menos quatro empreendimentos que podem aliviar a matriz nacional de transporte. São as ferrovias Norte-Sul, Integração Oeste-Leste, Nova Transnordestina e Ferronorte.

Apesar das conhecidas mazelas da infraestrutura brasileira de transportes, sem qualquer fôlego financeiro para investimentos, o transporte de cargas de forma geral está mais eficiente. Porém, a distribuição do volume transportado entre os modais está muito desbalanceada, considerando as dimensões continentais do Brasil.

2.2 Transporte rodoviário

Em 2011, 59% das estradas administradas pelo governo foram consideradas deficientes, e em 2013 esse índice subiu para 83%. As consequências diretas dessa situação são:

- Baixa produtividade;
- Baixa confiabilidade;
- Baixa velocidade média;
- Elevado consumo de combustível;
- Desgaste acelerado da frota;
- Elevado índice de acidentes com mortes;
- Falta generalizada de oferta de transporte durante as safras agrícolas; e
- Elevado aumento de tarifas e de pedágios.

A **Confederação Nacional de Transporte (CNT)** estimou, em 2013, que o Governo Federal precisava investir algo em torno de 8,2 bilhões para recuperar a malha sob sua responsabilidade. Essa estimativa era somente para reconstruir trechos que estavam totalmente destruídos, ou seja, para tapar os buracos, corrigir ondulações e desgaste do asfalto e para efetuar a manutenção geral das vias permanentes.

Não estavam inclusas nessa previsão as necessidades envolvidas para novas construções, em que se enquadram também duplicações e adequações de trechos. Outra situação que afeta em demasia o transporte rodoviário são os pedágios e sua operacionalidade, assim como os valores cobrados.

O modelo de vale-pedágio precisa ser repensado; ele foi planejado sem levar em conta a principal particularidade de um setor com alta participação da economia brasileira, que é o agronegócio. Todo produtor e agricultor estão, na sua grande maioria, ou totalidade, em lugares remotos de carregamentos e embarques, sem qualquer infraestrutura. É grande também o nível de insegurança no transporte rodoviário, com elevado número de acidentes e com alta incidência de roubo de carga.

Foto: Apriori1 | iStockphoto

Figura 2.4 *Transporte rodoviário.*

Vantagens

- Manuseio mais simples (cargas menores);
- Grande competitividade em distâncias curtas e médias;
- Elevado grau de adaptação;
- Baixo investimento para o transportador;
- Rapidez e eficácia;
- Custos mais baixos de embalagem;
- Grande cobertura geográfica;
- Baixa necessidade de planejamento.

Desvantagens

- Aumento do preço com a distância percorrida;
- Espaço limitado em peso e cubagem;
- Sujeição a limites de regulamentação (circulação, horários).

Melhorias possíveis

- Melhoria nas carrocerias de modo a adaptarem-se a outros tipos de transporte (interface multimodal);
- Melhoria nos sistemas semiautomáticos de cargas e descarga;
- Aumento no uso de contentores e *pallets standard*;
- Implantação de sistemas de localização por GPS;
- Uso de sistemas de comunicação por rádio e satélite.

2.3 Transporte ferroviário

São graves, grandes e vários os problemas estruturais herdados desde a época pré-desestatização, como obsolescência e precariedade das vias permanentes, elevado número de pontos críticos das linhas (normalmente na transposição de centros urbanos) e invasão populacional da faixa de domínio e de uma interligação deficiente com as zonas portuárias. Isso tudo resulta em elevado tempo de trânsito e baixa capacidade transportada por eixo.

É evidente o total desequilíbrio entre a demanda e a oferta de transporte, principalmente na disponibilidade de vagões e locomotivas. Essa desarmonia fica mais acentuada no caso do agronegócio, principalmente na época das safras.

Existe ainda, mesmo depois de tanto tempo, uma indefinição quanto à responsabilidade sobre o investimento na via permanente concedida, ao mesmo tempo em que as metas de produção, que foram determinadas nos contratos de concessão, não têm sido eficientes como instrumento de interesse ao investimento em material rodante e em melhoria da via permanente.

A regulação deficiente e também a falta dela em vários casos transformaram o tráfego mútuo num instrumento totalmente distorcido, de gerador de custos e ineficiência, trazendo grandes prejuízos aos usuários.

Existe hoje um flagrante desequilíbrio no poder de negociação entre o embarcador/usuário e o concessionário da ferrovia; ele provoca cortes, sempre unilaterais, na disponibilidade do serviço em rotas de grande tráfego, principalmente do interior do Estado de São Paulo ao porto de Santos. Em algumas situações, operadores das ferrovias têm alegado falta de condições de trafegabilidade e escassez de material rodante ou elevado deliberadamente as tarifas para níveis altos, com o objetivo de inibir a utilização de determinados trechos, prejudicando os usuários.

A regulação ainda é deficiente no que se refere ao cumprimento dos compromissos assumidos pelos concessionários a respeito dos direitos dos usuários. O Brasil optou pela desestatização em consequência da total falta de administração, que acabou se instalando na exploração das ferrovias pelo poder público. Entretanto, as características de como ocorreram as concessões do negócio ferroviário podem levar a uma surpresa, que é o monopólio privado, e a resultados igualmente maléficos aos interesses da sociedade, caso não se implante uma regulação eficaz.

Foto: John Kirk | iStockphoto

Figura 2.5 *Transporte ferroviário.*

Vantagens

- Ideal para grandes quantidades de carga;
- Baixo custo para grandes distâncias;
- Bom para produtos de baixo valor e alta densidade;
- Pouco afetado pelo tráfego;
- Bons fatores ambientais.

Desvantagens

- Serviços e horários pouco flexíveis;
- Pouco competitivo para distâncias curtas e cargas pequenas;
- Grande dependência de outros transportes (rodoviário);
- Pouco flexível, só de terminal em terminal;
- Elevados custos de movimentação de carga e descarga.

Melhorias possíveis

- Aumento da velocidade de trajeto e das cargas/descargas;
- Comboios mais frequentes;
- Melhoria de equipamento dos terminais;
- Uso de sistemas de informação que permitam melhorar o controle das frotas ferroviárias e programação de rotas.

2.4 Transporte aéreo

Em uma primeira avaliação, o sistema aéreo não se apresenta como o ideal ao transporte de mercadorias de baixo valor, principalmente em virtude de seu baixo patamar da relação valor/peso.

O alto custo relativo desse modal de transporte aparentemente só pode ser compensado quando sua incomparável velocidade, entre origem e destino, trouxer vantagens na relação com outros sistemas.

É eminentemente um sistema competitivo em relação aos outros modais quando, através de fretamento, em operação *charter*,[3] possibilitar agregar valor ao cliente e à mercadoria.

O escoamento da produção tanto de matérias-primas como de produtos acabados, ou a sua distribuição ao consumidor final, participa com elevado custo no preço final dos produtos, e muitas vezes pode inviabilizar um negócio devido

[3] Avião alugado por contrato para fim específico de rota e/ou de carga.

Foto: pierivb | iStockphoto

Figura 2.6 *Transporte aéreo.*

aos problemas encontrados no dia a dia. Uma avaliação bem correta do custo do frete do transporte aéreo é importante na tomada de decisão.

Vantagens

- Bom para situações de prazos para longa distância;
- Bom para mercadoria de elevado valor a grandes distâncias;
- Boa flexibilidade e frequência entre cidades;
- Velocidade de transporte.

Desvantagens

- Pouco flexível, pois trabalha terminal a terminal;
- Mais lento do que rodoviário para pequenas distâncias;
- Elevado custo para grande parte das mercadorias.

Melhorias possíveis

- Melhor adaptação ao multimodal, transportando partes das cargas operadas pelos veículos rodoviários;
- Sistemas informatizados mais sofisticados para a gestão das capacidades de transporte;
- Melhoria de cargas e descargas em terminais.

2.5 Transporte aquaviário

Um transporte é classificado como aquaviário para todo e qualquer tipo de transporte e movimentação realizado em vias aquáticas. É dividido em:

- Transporte marítimo;
- Transporte fluvial;
- Transporte lacustre.

Essas movimentações são realizadas em mares, rios e lagos, respectivamente. Podemos subdividir o **transporte marítimo** e classificá-lo em:

- **Navegação de longo curso:** faz a ligação entre os portos entre países, que também é a navegação internacional de importação e exportação; e
- **Navegação de cabotagem:** faz a ligação entre os portos de um mesmo país, que é a navegação nacional.

O transporte marítimo teve grande influência no crescimento das trocas comerciais entre os países. A maior parte do comércio internacional de mercadorias é feita por via marítima. No Brasil, cerca de 70% do comércio internacional de mercadorias, de importação e exportação, chamado também de navegação de longo curso, é feito pelo modo marítimo. A grande utilização do transporte marítimo também é influenciada pela longa costa marítima brasileira. Esse meio de transporte revela-se vantajoso no tráfego de qualquer tipo de mercadoria em longas distâncias. Seus custos são bem competitivos, sendo muitas vezes o único possível quando se trata de trajetos intercontinentais.

O transporte marítimo tem sofrido grandes mudanças tecnológicas, que se traduziram no aumento da velocidade, comodidade, dimensão e capacidade dos navios e de uma maior especialização, o que permitiu diminuir os custos de transporte a grandes distâncias.

A intensificação das trocas levou a um aumento da capacidade dos navios e à sua especialização, com petroleiros, graneleiros, porta-contêineres, tornando-o cada vez mais atrativo, pois fornece a possibilidade de transportar várias mercadorias em boas condições de acondicionamento. Oferece maior segurança no transporte e maior rapidez nas operações de carga e descarga.

Todas essas transformações nos navios exigiram uma reestruturação dos portos, que tiveram de se modernizar e especializar portos, terminais, acessos, legislações etc.

Foto: TERADAT SANTIVIVUT | iStockphoto

Figura 2.7 *Transporte marítimo.*

Ocorreu ainda uma adaptação entre os vários modos de transporte, para tornar mais rápidas e eficazes as operações de transbordo do navio do porto para a ferrovia ou do navio para o transporte rodoviário.

O sistema portuário brasileiro comporta hoje duas realidades, a do terminal especializado e a do cais de uso público.

Os terminais especializados obtiveram ganhos de produtividade em consequência direta da entrega à iniciativa privada, o que possibilitou razoável modernização de equipamentos, métodos e processos de movimentação das cargas. Embora ainda estejam muito aquém do nível de desempenho dos melhores terminais do mundo, podemos afirmar que estão melhorando dia a dia para serem comparáveis em eficiência aos terminais estrangeiros do mesmo porte.

A situação no cais público é muito preocupante. Isso é devido à obsolescência e ao mau estado dos equipamentos e das suas instalações, havendo necessidade de grandes investimentos para reverter, em tempo hábil, esse quadro que se instalou e já está assim há vários anos.

Dragagem, infraestrutura viária, energia, saneamento básico, armazéns, segurança, equipamento de cais, enfim, existe uma lista importante de problemas que influenciam direta e indiretamente na produtividade dos terminais portuários.

Foto: shaunl | iStockphoto

Figura 2.8 *Movimentação de contêineres.*

Começa-se também a perceber a falta de capacidade de embarque. É necessária a implantação de novos *piers* e berços com profundidade adequada (calado), de novos equipamentos e máquinas transportadoras (carregadores de navio e esteiras) e armazéns portuários.

Os armadores (empresa de navegação) nacionais de cabotagem apontam como causa fundamental da baixa atratividade do "negócio de cabotagem" os elevados ônus dos tributos e encargos sociais. Mesmo no modelo de cabotagem, com todos os problemas estruturais envolvidos, também vem ocorrendo um crescimento. Em 11 anos, o movimento de contêineres na cabotagem cresceu 34 vezes.

Os elevados custos salariais das tripulações, que são visivelmente inchadas, o excesso de burocracia para o despacho e para o transbordo, a baixa produtividade no cais público e privativo e a retenção, em algumas rotas, dos recursos arrecadados pelo **Adicional de Frete para a Renovação da Marinha Mercante (AFRMM)** provocam um desinteresse em investir na cabotagem no Brasil.

Foto: nightman1965 | iStockphoto

Figura 2.9 *Cabotagem.*

Os custos portuários ainda prejudicam muito a competitividade da cabotagem, principalmente se comparada com o rodoviário. Pode-se considerar também que o custo portuário é maior na cabotagem do que na navegação de longo curso, na importação e exportação.

Vantagens

- Competitivo para produtos de muito baixo custo;
- Para longas distâncias;
- Para grandes volumes movimentados.

Desvantagens

- Velocidade reduzida;
- Pouco flexível;
- Limitado a zonas com orla marítima, lagoas ou rios navegáveis.

Melhorias possíveis

- Associação a sistemas de armazenagem em terminal;
- Melhor funcionamento sempre que inserido em plataformas multimodais.

Foto: Lalocracio | iStockphoto

Figura 2.10 *Transporte dutoviário.*

2.6 Transporte dutoviário

As principais e únicas tubovias do Brasil são da Transpetro, com quase 26.000 quilômetros de extensão e utilizadas pela Petrobras para o transporte de derivados de petróleo, gás, combustíveis e álcool. As dutovias têm elevados custos iniciais de instalação, mas seu custo operacional é baixo.

Vantagens

- Longa vida útil;
- Pouca manutenção;
- Baixa mão de obra;
- Rápido;
- Funciona ponto a ponto para líquidos ou gases.

Desvantagens

- Não se adapta a muitos tipos de produtos;
- Investimento inicial elevado.

Melhorias possíveis

- Sistemas de construção por módulos e mais rápidos;
- Sistemas de controle e observação de avarias e contaminações.

QUESTÕES

1. Com a modernização dos transportes, explique as diferenças, e dê exemplos, entre:
   a) Distância × quilômetros
   b) Distância × tempo
   c) Distância × custo
2. Qual modal de transporte de cargas é de maior concentração no Brasil? Explique por quê.
3. O que mudou nos equipamentos de transporte rodoviário?
4. Quais são os modais de transporte?
5. Qual é a melhor utilização do transporte rodoviário?
6. Por que o transporte ferroviário não tem um bom crescimento? Exemplifique.
7. Faça uma pesquisa do transporte marítimo de cabotagem em contêineres no Brasil e avalie seu crescimento nos últimos dez anos.
8. Quais os tipos de navegação no transporte marítimo? Descreva a utilização deles.
9. Quais os principais critérios de avaliação das vantagens e desvantagens de cada meio de transporte?

LEITURAS E PESQUISAS

ABTP – Associação Brasileira de Terminais Portuários – <http://www.abtp.org.br>.

Brasil Terminal Portuário – <http://www.btp.com.br>.

CNT – Confederação Nacional do Transporte – <http://www.cnt.org.br>.

Embraport – Empresa Brasileira de Terminais Portuários – <http://www.terminalembraport.com.br>.

Mercosul Line Cabotagem – <www.mercosul-line.com.br>.

SETCESP – Sindicato das Empresas de Transporte de Carga de São Paulo e Região – <http://www.setcesp.org.br>.

BIBLIOGRAFIA

ANTAQ – Agência Nacional de Transporte Aquaviário. Disponível em: <www.antaq.gov.br>.

ANTT – Agência Nacional de Transporte Terrestre. Palestras Diversas. Disponível em: <www.antt.gov.br>.

CARIDADE, José Carlos. ADM – Agência de Desenvolvimento da Multimodalidade – diversos. Disponível em: <www.brazilmodal.com.br>.

COSTA, Gustavo. Hamburg Süd – Multimodalismo, Disponível em: <www.hamburgsud.com>. Acesso em: maio 2009.

DIAS, Marco Aurélio. *Administração de materiais*: uma abordagem logística. São Paulo: Atlas, 2010.

MAMEDE, José Vitor. *Os caminhos da engenharia brasileira II* – Projetos Logísticos. Instituto de Engenharia, 2012.

Ministério dos Transportes. Disponível em: <www.transportes.gov.br>.

PNLT – Plano Nacional de Logística e Transportes – Ministério dos Transportes – Secretaria de Política Nacional de Transportes. Disponível em: <www.transportes.gov.br>.

SANTOS, dos Alysson Silva. *O multimodalismo no Brasil*: implicações jurídico-econômicas – SEDEP – Serviços de Entrega de Despachos e Publicações.2002.

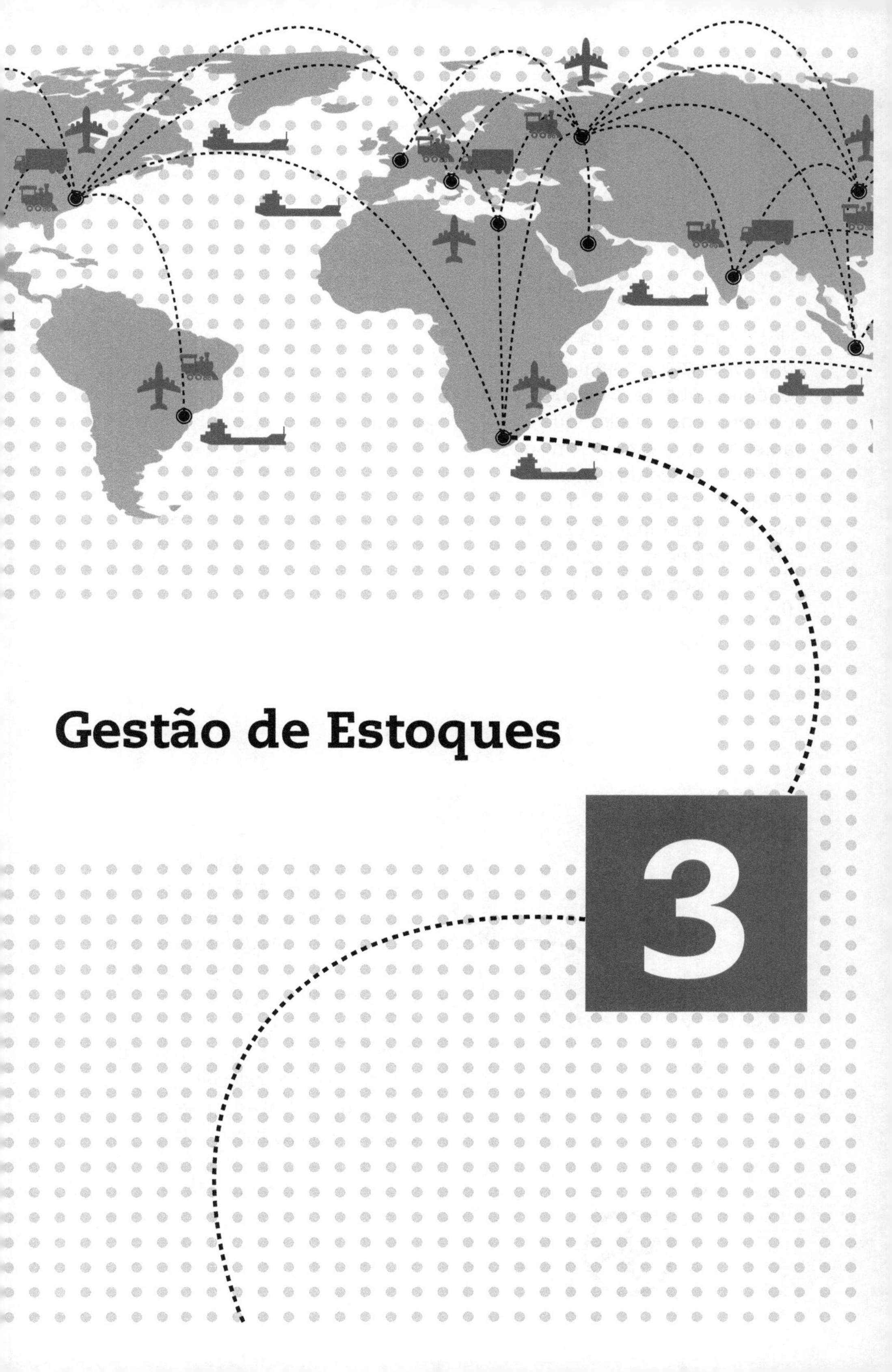

Gestão de Estoques

3

Síntese do Capítulo

Neste capítulo, você irá aprender um pouco mais sobre a gestão de estoques, que é um dos principais elementos da logística, que anteriormente estava bem ligada à administração de materiais. Dentro da cadeia de suprimentos, ela é um dos suportes para o bom funcionamento da logística e, por consequência, do bom fluxo operacional e financeiro de uma empresa.

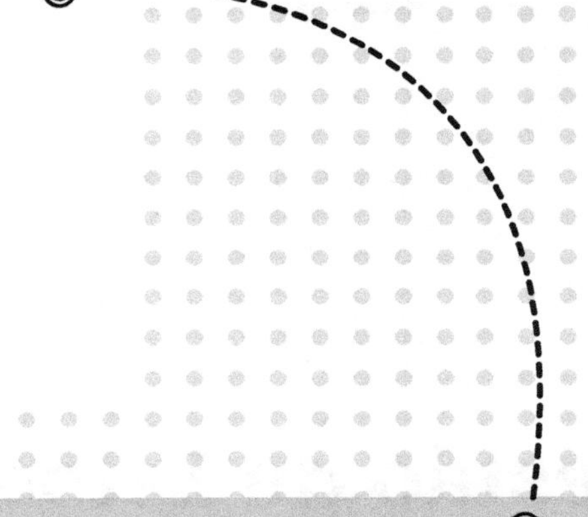

Objetivos

- Conhecer os principais tipos de estoque e a importância de cada um no processo empresarial.
- Saber diferenciar os tipos de custo que incidem nos estoques, tanto industrial quanto de comercialização.
- Definir os vários tipos de níveis de estoque e como calcular cada um, assim como o lote econômico de compra e classificação ABC.

3.1 Introdução

3.1.1 Funções e políticas de estoque

A função da gestão de estoques é maximizar o resultado de vendas e o ajuste da programação da produção. Ao mesmo tempo, deve minimizar o capital investido em estoques, já que ele é caro e aumenta continuamente. Sem estoque, é impossível uma empresa trabalhar, pois ele funciona como amortecedor entre os vários estágios da produção até a venda final do produto.

O objetivo, portanto, é otimizar o investimento, com o uso eficiente dos meios financeiros, reduzindo as necessidades de investir em estoques.

As deficiências da gestão de estoques normalmente são mostradas por reclamações contra alguns sintomas específicos, e não por críticas diretas a todo o sistema. Alguns desses sintomas normalmente encontrados são:

- Grandes e constantes atrasos dos prazos de entrega de produtos acabados, e dos tempos de reposição dos produtos;
- Maiores quantidades de estoque, enquanto a produção ou vendas permanecem constantes;
- Maiores cancelamentos de vendas ou devoluções de produtos acabados;
- Variação excessiva da quantidade a ser produzida ou vendida;
- Frequentes paradas de produção por falta de material;
- Falta de espaço para armazenamento;
- Baixa rotação dos estoques, grandes quantidades de obsolescência.

Dentro de uma conjuntura econômica instável, é fundamental que o gerente de logística tenha respostas às novas exigências de mercado, que são:

Variações dos preços de venda de seus produtos e dos preços das matérias-primas compradas.

Vamos sempre classificar como matéria-prima os materiais e as mercadorias para o processo da empresa. Se ela for industrial, serão as mercadorias para a fabricação de seu produto acabado. Se for um revendedor ou uma empresa de comercialização, a matéria-prima pode ser considerada a sua mercadoria comprada e depois para revenda não precisa sofrer nenhum beneficiamento ou reprocesso.

Um dos pontos importantes na política de estoques é o custo de reposição. Não se pode permitir a ocorrência de possíveis situações em que o lucro obtido sobre as vendas não supera a reposição do estoque vendido.

A administração deverá determinar ao departamento de logística o programa de objetivos a serem atingidos, isto é, estabelecer padrões que sirvam de guia aos programadores e controladores. Essas políticas são diretrizes que, de maneira geral, devem abranger:

- Metas quanto ao tempo de entrega dos produtos vendidos aos clientes;
- Definição do número de depósitos e de uma listagem de materiais a serem estocados neles;
- Até que nível deverão flutuar os estoques para atender a uma alta ou baixa das vendas ou a uma alteração de consumo;
- Limites na especulação com estoques, em compras antecipadas com preços mais baixos ou compras de quantidades maiores para obtenção de desconto;
- Definição da rotatividade dos estoques.

Existe um grau de atendimento que indica em porcentagem o quanto da parcela de previsão de consumo ou das vendas (matéria-prima e produto acabado) deverá ser fornecido pelo armazém. Por exemplo: se quisermos ter um grau de atendimento de 95% e prevemos um consumo ou venda mensal de 600 unidades, devemos ter disponíveis para fornecimento 570 unidades, isto é, 600 × 0,95.

A definição de um dimensionamento de estoques reside na relação entre:

- Capital investido;
- Disponibilidade de estoques;
- Custos incorridos;
- Consumo ou demanda.

3.1.2 Princípios do controle de estoques

Para organizar um setor de controle de estoques, inicialmente devemos descrever suas funções principais, que são:

- Determinar "o que" deve permanecer em estoque = número de itens;
- Determinar "quando" se devem reabastecer os estoques = periodicidade;
- Determinar "quanto" de estoque será necessário para um período predeterminado = quantidade de compra;
- Acionar o departamento de compras para aquisição de estoque = solicitação de compras;
- Receber, armazenar e guardar os materiais estocados de acordo com os padrões;

- Controlar os estoques em quantidade e valor;
- Fornecer informações sobre a posição de cada item em estoque;
- Manter inventários periódicos das quantidades e estado dos materiais estocados;
- Identificar e retirar do estoque os itens obsoletos e danificados.

Os principais tipos de estoque, encontrados em uma empresa, são:

Matérias-primas, produtos em processo, produtos acabados, peças de manutenção e materiais auxiliares.

3.1.2.1 *Matérias-primas*

São os materiais básicos e necessários para a produção do produto acabado; seu consumo deve ser proporcional ao volume da produção. Também podemos dizer que matérias-primas são todos os materiais agregados ao produto acabado. Em alguns casos, numa empresa que fabrica produtos complexos com inúmeros componentes, o estoque de matérias-primas pode consistir em itens já processados, que foram comprados de outras companhias ou transferidos de outra divisão da mesma empresa.

Todas as indústrias têm estoque de matérias-primas de algum tipo. O volume de cada matéria-prima depende do tempo de reposição que leva para receber os pedidos, da frequência do uso, do investimento exigido e das características físicas do material.

O consumo de matérias-primas pela produção precisa ser atendido, ao mesmo tempo que o investimento em estoques precisa ser mantido num nível mínimo.

3.1.2.2 *Produtos em processo*

O estoque de produtos em processo refere-se aos materiais que estão sendo usados no processo de produção. Eles são, em geral, produtos parcialmente acabados que estão em algum estágio intermediário da produção. É considerado produto em processo qualquer peça ou componente que já foi de alguma forma beneficiado, mas que adquire outras características no fim do processo produtivo. O ciclo total do estoque é o que vai desde a compra da matéria-prima até a venda do produto acabado, e ele deve ser minimizado, e ao mesmo tempo as faltas de estoque mantidas ao mínimo possível, tendendo a zero.

3.1.2.3 *Produtos acabados*

O estoque de produtos acabados são os itens que já foram produzidos, mas ainda não foram vendidos. As indústrias que produzem por encomenda mantêm estoque muito baixo de produtos acabados ou, podemos dizer, de quase zero, pois todos os itens já foram vendidos antes mesmo de serem produzidos. Para as que produzem para estoque, ocorre exatamente o contrário: os produtos são fabricados antes da venda. O nível dos produtos em estoque acaba sendo determinado pela previsão de vendas, pelo processo produtivo e pelo investimento exigido em matérias-primas e produtos acabados.

Um fator importante quanto aos produtos acabados é o seu grau de liquidez. Uma empresa que vende um produto de consumo popular pode estar mais segura se mantiver níveis elevados de estoque do que outra que produz produtos especializados.

3.1.2.4 *Materiais auxiliares e de manutenção*

A importância dada à matéria-prima também deve ser dada às peças de manutenção, bem como aos materiais auxiliares e de apoio. O custo de uma parada da produção é a soma das despesas correspondentes da mão de obra parada, do equipamento ocioso, do prazo de entrega adiado e da própria perda ocasional da encomenda, quando não, às vezes, do cliente. Soma-se a tudo isso o custo da oportunidade perdida de obter rendimento durante o tempo de parada, ou seja, lucro cessante. Podemos ver que o mesmo risco de falta de matéria-prima pode ocorrer com as peças de reposição.

3.2 Previsão para os estoques

3.2.1 Introdução

Toda a gestão de estoques tem como uma das suas bases a previsão do consumo do material. A previsão de consumo estabelece estimativas futuras dos produtos a serem vendidos. Estima-se, portanto, *quais* os produtos, *o quanto* desses produtos e *quando* serão comprados pelos clientes. A previsão possui algumas características básicas, que são:

- É o ponto de partida de todo planejamento;
- Não é uma meta de vendas;
- Sua precisão deve ser compatível com a realidade de vendas.

As formas de previsão de consumo podem ser representadas da seguinte maneira:

- **Modelo de evolução horizontal de consumo**

De tendência invariável ou constante (nenhuma influência conjuntural), é reconhecido pelo consumo médio horizontal, como mostramos na Figura 3.1.

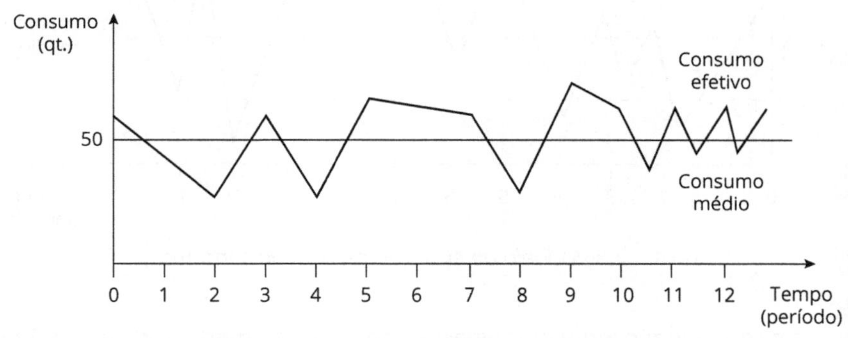

Figura 3.1 *Modelo de evolução horizontal do consumo.*

- **Modelo de evolução de consumo sujeito à tendência**

O consumo médio aumenta ou diminui com o decorrer do tempo. Na Figura 3.2, o modelo de consumo é ascendente.

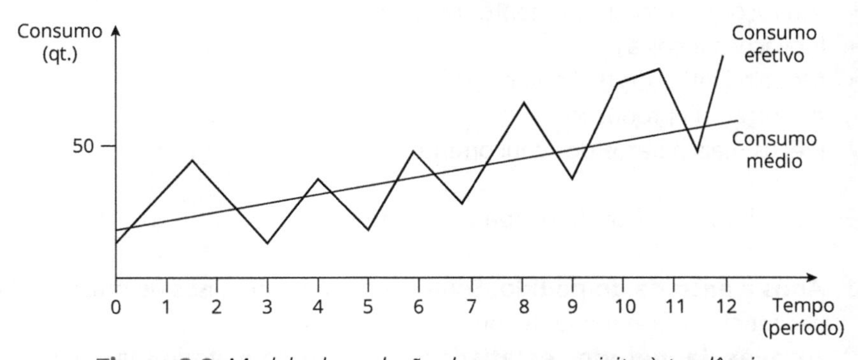

Figura 3.2 *Modelo de evolução de consumo sujeito à tendência.*

- **Modelo de evolução sazonal de consumo**

O consumo possui oscilações regulares, que tanto podem ser positivas quanto negativas; ele é sazonal quando o desvio é no mínimo de 25% do consumo médio e quando aparece condicionado a determinadas causas. Um exemplo encontra-se reproduzido na Figura 3.3.

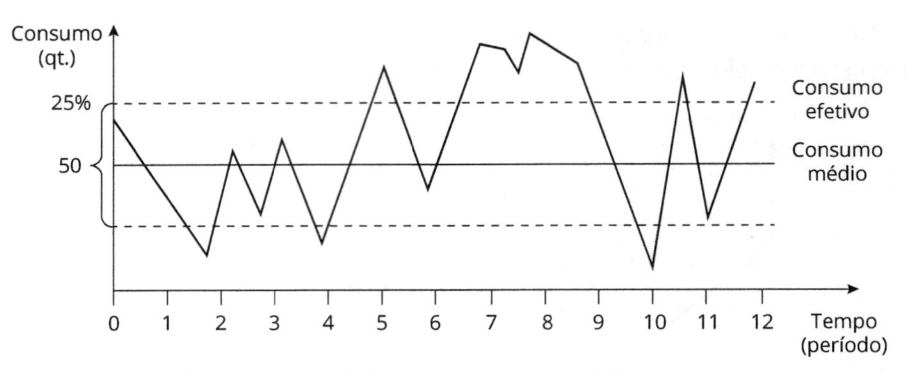

Figura 3.3 *Modelo de evolução sazonal de consumo.*

Na prática, podem ocorrer combinações dos diversos modelos de evolução de consumo. O conhecimento sobre a evolução do consumo ocorrida no passado possibilita uma previsão da sua evolução no futuro. Essa previsão somente estará correta se o comportamento do consumo permanecer inalterável. Os seguintes fatores podem alterar o comportamento do consumo:

- Influências políticas, conjunturais e sazonais;
- Alterações no comportamento dos clientes;
- Inovações técnicas;
- Modelos retirados da linha de produção;
- Alteração da produção;
- Preços mais baratos dos concorrentes.

Existem duas maneiras de se apurar o consumo:

1. **Após a entrada do pedido.** Somente possível nos casos de prazo de fornecimento suficientemente longo.
2. **Através de métodos estatísticos.** Trata-se do método mais utilizado. Calculam-se as previsões através dos valores do passado, ou seja, de dados obtidos anteriormente.

Apresentamos a seguir algumas técnicas usuais para calcular a previsão de consumo.

3.2.2 Método do último período

Este modelo, mais simples, consiste em utilizar como previsão para o período seguinte o valor ocorrido no período anterior. Se colocarmos em um gráfico os valores ocorridos e as previsões, obteremos duas curvas exatamente iguais, porém deslocadas de um período de tempo.

3.2.3 Método da média móvel

Este método é uma extensão do anterior, em que a previsão para o próximo período é obtida calculando-se a média dos valores de consumo nos *n* períodos anteriores.

Para melhor simplificar e entender, vejamos:

$$CM = \frac{C_1 + C_2 + C_3 + \ldots + C_n}{n}, \qquad \textbf{(3.1)}$$

onde:

CM = consumo médio previsto
C = consumo nos períodos anteriores
n = número de períodos

Por exemplo, para o cálculo do consumo médio anual, tomam-se por base os últimos 12 períodos:

$$CM = \frac{\text{consumo dos últimos 12 meses}}{12} \qquad \textbf{(3.2)}$$

A cada novo mês, adiciona-se o mesmo à soma do numerador e despreza-se o 1º mês utilizado.

EXEMPLO DE APLICAÇÃO I

O consumo entre janeiro e julho de um produto foi, respectivamente, 30, 70, 50, 60, 40, 20 e 30 unidades. Se utilizássemos o método da média móvel com n = 3, teríamos:

$$\text{Previsão de consumo para abril} = \frac{30+70+50}{3} = 50 \qquad \textbf{(3.3)}$$

$$\text{Previsão de consumo para maio} = \frac{70+50+60}{3} = 60 \quad \textbf{(3.4)}$$

$$\text{Previsão de consumo para junho} = \frac{50+60+40}{3} = 50 \quad \textbf{(3.5)}$$

$$\text{Previsão de consumo para julho} = \frac{60+40+20}{3} = 40 \quad \textbf{(3.6)}$$

$$\text{Previsão de consumo para agosto} = \frac{40+20+30}{3} = 30 \quad \textbf{(3.7)}$$

Média móvel: 50, 60, 50, 40, 30

EXEMPLO DE APLICAÇÃO II

O consumo em quatro anos de uma peça foi de:

2012 –72   2013 – 60   2014 – 63   2015 – 66

Qual deverá ser o consumo previsto para 2016, utilizando-se o método da média móvel, com $n = 3$?

$$CM = \frac{60+63+66}{3} = 63 \quad \textbf{(3.8)}$$

A previsão para 2016 é de 63 unidades.

EXERCÍCIOS

1. Um item teve um consumo, em 2015, de 200 unidades, com um ajustamento médio de tendência de 0,90 e tinha sido previsto um consumo de 220 unidades. Qual seria a previsão de consumo para 2016?
2. Uma loja tem a seguinte tabulação de vendas:

   2010 – 87   2013 – 107
   2011 – 90   2014 – 113
   2012 – 100   2015 – 123

   Estabeleça uma previsão para 2016, pelo método da média móvel, para n = 4.

3. Suponha que você está tentando estabelecer uma previsão de demanda para volantes de automóvel. Sua empresa vende volantes para veículos "zero km" (equipamento original) e também para o mercado de reposição. A tabela a seguir apresenta as quantidades vendidas de volantes para veículos "zero km" e para reposição, separadamente. Os valores referem-se a vendas trimestrais:

Trimestre	1	2	3	4	5	6	7	8
Volante p/ veículos "zero km"	2.400	2.350	2.300	2.170	2.310	2.010	2.150	2.390
Volante para reposição de "usados"	95	82	81	94	118	99	111	115

a) procure desenvolver um modelo simples para a previsão de demanda de volantes para a sua empresa;
b) efetue a previsão de demanda para os quatro trimestres seguintes. Examine a possível variação que se pode esperar na demanda futura;
c) o departamento comercial da sua empresa espera aumentar as vendas em 5%, nos dois primeiros trimestres, e em 10% nos dois trimestres seguintes, em relação às vendas previstas. Isso em virtude de agressiva campanha de vendas. Como deverá ser corrigida a previsão para levar em conta esse fato?

4. São apresentadas no quadro a seguir as vendas mensais de certo produto, durante seis anos consecutivos:

2010 – 87	2011 – 90	2012 – 100	2013 – 107	2014 – 113	2015 – 23

a) calcule a previsão para o ano de 2016 utilizando média móvel com $n = 3$;
b) calcule a previsão para 2016 utilizando média móvel com $n = 5$.

3.3 Custos de estoque

3.3.1 Introdução

Todo e qualquer armazenamento de material gera custos, que são:

- Juros do capital investido na compra do material;
- Depreciação da mercadoria;

- Aluguel do local para guarda do estoque;
- Equipamentos de movimentação;
- Deterioração e obsolescência;
- Seguros e conservação;
- Salários do pessoal.

Todos eles podem ser agrupados nas seguintes modalidades:

- Custos de capital (juros, depreciação);
- Custos com pessoal (salários, encargos sociais);
- Custos com edificação (aluguéis, impostos, luz, conservação);
- Custos de manutenção (deterioração, obsolescência, equipamento).

Existem duas variáveis que aumentam esses custos, que são *a quantidade em estoque e o tempo de permanência dessa quantidade em estoque*. Grandes quantidades em estoque somente poderão ser movimentadas com a utilização de mais pessoal ou, então, com o maior uso de equipamentos, tendo como consequência a elevação desses custos. No caso de um menor volume em estoque, o efeito é exatamente o contrário, com exceção de materiais de grandes dimensões.

Todos esses custos relacionados podem ser chamados de *custos de armazenagem*. São calculados com base no estoque médio e geralmente indicados em porcentagem do valor em estoque (fator de armazenagem); existem empresas que indicam um valor unitário em R$.

Os custos de armazenagem são proporcionais à quantidade e ao tempo que um item permanece em estoque.

Determinam-se esses custos por meio de fórmulas, e, uma vez calculado o seu valor, ele se transforma em percentual com relação ao estoque analisado. Esse passa a ser o *fator de armazenagem*, que veremos adiante.

3.3.2 Custo de armazenagem

Entre os tipos de custos que afetam de perto a rentabilidade, é o custo envolvido com a estocagem e o armazenamento dos materiais. A evolução do processo competitivo veio confirmar a importância da estocagem e a necessidade de reduzir seus custos.

Para calcular o custo de armazenagem de determinada mercadoria, podemos utilizar a seguinte expressão:

$$\text{custo de armazenagem} = \left(\frac{Q}{2}\right) T \cdot P \cdot I \quad \textbf{(3.9)}$$

onde:

Q = quantidade de material em estoque no tempo considerado
P = preço unitário de compra do material
I = taxa de armazenamento, expressa geralmente em termos de porcentagem do custo unitário[4]
T = tempo considerado de armazenagem

Para que essa expressão seja válida, torna-se necessária a verificação de duas hipóteses:

1. O custo de armazenagem é proporcional ao estoque médio. Na Figura 3.4, temos uma justificativa da hipótese tomada. No ponto X, ou seja, quando o estoque é máximo, o custo de armazenagem é também máximo.

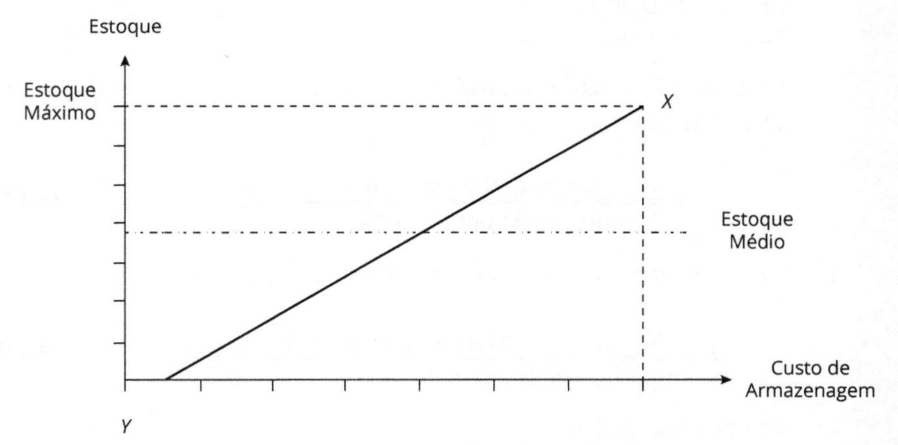

Figura 3.4 *Curva do custo de armazenagem.*

No ponto Y, quando o estoque é zero, o custo de armazenagem é mínimo (matematicamente, ele seria zero, mas, na realidade, existem despesas fixas que fazem com que ele seja diferente de zero).

[4] Não há impedimento para que I seja expresso em valor unitário.

2. O preço unitário de compra deve ser considerado constante no período analisado. Se não for, deve ser tomado um valor médio. O valor de *I* (taxa de armazenagem) é obtido através da soma de diversas parcelas. Assim, temos:

a) Taxa de retorno de capital

$$I_\alpha = \frac{\text{lucro}}{\text{valor dos estoques}} \times 100 \quad \textbf{(3.10)}$$

O capital investido na compra do material armazenado deixa de ter rendimento.

b) Taxa de armazenamento

$$I_b = \frac{S \cdot A}{C \cdot P} \times 100, \quad \textbf{(3.11)}$$

Onde

S = área ocupada pelo estoque
A = custo anual do m² de armazenamento
C = consumo anual
P = preço unitário

Portanto, CP = valor dos produtos estocados.

c) Taxa de seguro

$$I_c = \frac{\text{custo anual do seguro}}{\text{valor do estoque + edifícios}} \times 100 \quad \textbf{(3.12)}$$

d) Taxa de movimentação, manuseio e distribuição

$$I_d = \frac{\text{depreciação anual do equipamento}}{\text{valor do estoque}} \times 100 \quad \textbf{(3.13)}$$

e) Taxa de obsolescência

$$I_e = \frac{\text{perdas anuais por obsolescência}}{\text{valor do estoque}} \times 100 \quad \textbf{(3.14)}$$

f) Outras taxas
Taxas como: água, luz etc.

$$I_f = \frac{\text{despesas anuais}}{\text{valor do estoque}} \times 100 \quad \textbf{(3.15)}$$

Conclui-se, então, que a taxa de armazenagem é:

$$I = I_a + I_b + I_c + I_d + I_e + I_f \tag{3.16}$$

Para determinar o valor da taxa de armazenagem, deve-se levar em conta os tipos de materiais estocados. Em certas empresas, algumas parcelas de *I* têm um peso tão grande, que torna desnecessário o cálculo da outra. Assim, por exemplo:

1. Para algumas empresas a taxa de retorno de capital e a de seguro são as mais importantes, por serem materiais de grande valor; é o caso de joalherias, material eletroeletrônico etc.
2. Para outras, o espaço ocupado é o fator que pesa mais. Por exemplo, as que trabalham com espumas, móveis e eletrodomésticos, papel.
3. Para outras, ainda, é a segurança o mais importante, razão pela qual suas taxas de seguro são altas, caso de empresas que trabalham essencialmente com inflamáveis e explosivos, ou aquelas em que seus produtos estão sujeitos a altos níveis de roubo.

Enfim, é fundamental analisar as peculiaridades de cada empresa para não adotar indiscriminadamente as fórmulas citadas.

O valor da taxa de armazenagem deve ser obtido, para facilidade de cálculos, de maneira global e única para todos os materiais.

Para a determinação dos custos de armazenagem, o valor de *I* pode ser considerado constante para os diversos materiais. A exceção será para empresas que, eventualmente, utilizam materiais cujas taxas parciais são diferentes, como nos exemplos que acabamos de enunciar.

Analisando a fórmula do custo de armazenagem, deduzimos que esse custo nada mais é do que um somatório:

$$\text{custo de armazenagem} = \left(\frac{Q}{2}\right) \cdot T \cdot P \cdot I \tag{3.17}$$

Mas: $I = I_a + I_b + I_c + I_d + I_e + I_f$

Portanto, temos que:

$$\textbf{Custo de armazenagem} = \begin{array}{l} (Q/2 \times C \times I_a) \cdot T + (Q/2 \times C \times I_b) \cdot T + \\ (Q/2 \times C \times I_c) \cdot T + (Q/2 \times C \times I_d) \cdot T + \\ (Q/2 \times C \times I_e) \cdot T + (Q/2 \times C \times I_f) \cdot T \end{array} \tag{3.18}$$

ou seja, o custo de armazenagem é a soma de:

custos de capital + custos de armazenamento físico + custos de seguro + custos de transportes + custos de obsolescência + custos de despesas diversas.

Concluímos que o custo de armazenagem é composto de:

- Uma parte fixa, isto é, independe da quantidade de material em estoque;
- Outra variável, que depende da quantidade em estoque.

Podemos certificar que vários são os fatores que influem no custo de armazenagem, e não apenas o melhor aproveitamento da área ocupada pelos estoques. Eventualmente, esta poderá não ser nem mesmo a parcela que mais impacta sobre o custo de armazenagem.

Para as indústrias e as empresas de prestação de serviço, o fator tempo tornou-se muito importante. Entregar os materiais o mais rápido possível, com garantia de que cheguem à frente do concorrente, tornou-se fundamental. Para o fator tempo se voltaram todas as empresas que objetivam uma melhor organização, utilizando-se meios adequados de movimentação e ao menor custo.

3.3.3 Custo de pedido (B)

Chamemos de B o custo de um pedido de compra. Para calcularmos o custo anual de todos os pedidos colocados no período de um ano, é necessário multiplicar o custo de cada pedido pelo número de vezes que foi processado em um ano.

Se N for o número de pedidos efetuados durante um ano, o resultado será:

$$\text{Custo total anual de pedidos } (CTP) = B \times N$$

As despesas que compõem o CTP são:

a) **Mão de obra** – para emissão e processamento.
b) **Material** – utilizado na confecção do pedido (formulários, envelopes, impressora, *softwares*).
c) **Custos indiretos** – despesas ligadas indiretamente com o pedido (telefone, energia, departamento de compra etc.).

Com a apuração anual dessas despesas, temos o custo total anual dos pedidos. Para calcular o custo unitário, é só dividir o *CTP* pelo número total anual de pedidos.

$$B = \frac{\text{custo total anual dos pedidos}}{\text{número anual de pedidos}} = \text{custo unitário do pedido} \quad \textbf{(3.19)}$$

Para o número anual de pedidos deverá ser considerado um item de compra para cada pedido.

Método de cálculo do custo de pedido

I –	Mão de obra	R$/ANO
	Salários e encargos para:	_______
	Gerente de compras	_______
	Compradores	_______
	Diligenciadores	_______
	Assistentes e auxiliares	_______
	Motoristas	_______
	Boy	_______
	Total de mão de obra	_______

Ou seja, devemos relacionar todos os gastos em salários do pessoal do departamento de compras, sem exceção, para o período de um ano.

II –	Material	R$/ANO
	Formulários/*softwares*	_______
	Material auxiliar	_______
	Total de material	_______
III –	Custos indiretos	
	Telefone	_______
	Energia	_______
	Correios	_______
	Reprodução	_______
	Viagens	_______
	Custos da área ocupada	_______
	Total de custos indiretos	_______
TOTAL GERAL (I + II + III)		
	(CTP)	_______

Determinação do número de pedidos de compra emitidos em um ano (*N*).

Logo:

$$N = \frac{CTP}{B} \quad \textbf{(3.20)}$$

Como foi dito, temos de considerar um item de compra para cada pedido. Se normalmente a empresa utiliza um pedido de compra para vários itens, deve ser calculada a quantidade média de itens por pedido.

Mesmo quando não ocorram compras, o custo fixo do departamento é considerado, o que faz com que o *CTP* nunca seja zero. Percebe-se também que, quanto maior é a quantidade do item de compra, menor é o custo do pedido.

3.3.4 Custo total

Sendo considerado fixo o preço de determinado item, a equação de custo total é:

Custo total = custo total de armazenagem + custo total de pedido

Logo, o custo total é o somatório do custo de armazenagem e do custo de pedido.

A teoria de gestão de estoque baseia-se em minimizar o custo total dado por essa equação, que é a soma dos dois fatores de custo: custo de pedido (*B*) e custo de armazenagem (*I*). Esta equação tem um mínimo, isto é, o custo total é mínimo quando $Q = Q_0$.

Vamos agora detalhar a equação para o custo total:

1. O estoque médio em unidades de uma peça é *Q*/2, onde *Q* é a quantidade de peças compradas por pedido;
2. O valor do estoque médio é *P* . *Q*/2, onde *P* é o preço unitário da peça;
3. O custo total de armazenagem por ano é (*P* . *Q*/2) . *I*, onde *I* é a taxa de armazenagem anual;
4. A quantidade de pedidos colocados no fornecedor por ano é *C*/*Q*, onde *C* é o consumo total anual; e
5. O custo total de pedido por ano (*CTP*) é (*C*/*Q*)*B*, onde *B* é o custo unitário do pedido.

A fórmula do custo total é:

$$CT = \left(\frac{C}{Q}\right) \cdot B + \left(\frac{Q}{2}\right) \cdot P \cdot I \quad \textbf{(3.21)}$$

QUESTÕES

1. Que relação o gerente de logística precisa estabelecer entre o custo de estoque e a falta de estoque?
2. Quais os custos mais significativos no custo total de estoque?
3. Por que o custo de armazenagem é proporcional ao estoque médio?
4. Qual o significado para o custo unitário de pedido, entre a compra de um lote de 10 unidades e um lote de 1.000 unidades?
5. Quais as despesas que incorrem na determinação do custo de pedido?
6. Que custos estão incluídos nos custos de armazenagem de estoque?
7. Exemplifique três tipos de custo que seriam minimizados com estoques baixos.
8. Exemplifique três tipos de custo que seriam minimizados com estoques altos.
9. Quais seriam os motivos pelos quais uma empresa adotaria uma política de estoques acima das quantidades necessárias para um futuro de curto prazo?

EXERCÍCIOS

1. Serão compradas durante um ano 2.000 peças. O custo de pedido é de $ 50,00, o custo de armazenagem é de 10% e o preço de compra é de $ 3,00. Qual será o custo total se as compras forem em lotes de 200, 500, 1.000 e 2.000 unidades?
2. Uma empresa compra matéria-prima cinco vezes ao ano; o custo total anual de pedidos é de $ 6.250,00. Qual o custo de pedido?
3. Uma empresa compra *Q* unidades de uma peça cada vez que emite um pedido. O custo de pedido é *B*, as compras totais anuais são *C*. O custo de armazenagem de uma unidade por ano é de *I* para as primeiras 5.000 unidades. Para quantidades superiores a 5.000 unidades, o custo de armazenagem é de *I* + *i* por unidade:
   - **a)** Formule uma expressão algébrica para o custo total. Suponha que o estoque seja consumido durante um ano em quantidades mensais iguais e que *Q* seja superior a 5.000 unidades;
   - **b)** Indique dois tipos específicos de custos que estariam incluídos em *I*.
4. A matéria-prima para fabricação de um produto é comprada de um fornecedor que entrega rapidamente seus pedidos. Porém, sempre comprando lotes de 200 unidades. O custo de pedido é de $ 4.000,00 e o custo de estocagem é

de $ 5,00 por unidade, baseado no estoque médio. Se o consumo anual é de 30.000 peças com uma taxa constante, qual o custo total anual de estoque?

3.4 Níveis de estoque

3.4.1 Curva dente de serra

A representação da movimentação (entrada e saída) de um item em um sistema de estoque pode ser feita por um gráfico, em que a abscissa é o tempo decorrido (*T*). O consumo, representado em meses, a ordenada, é a quantidade em unidades dessa peça em estoque no intervalo do tempo *T*. Este gráfico é chamado dente de serra, conforme mostra a Figura 3.5.

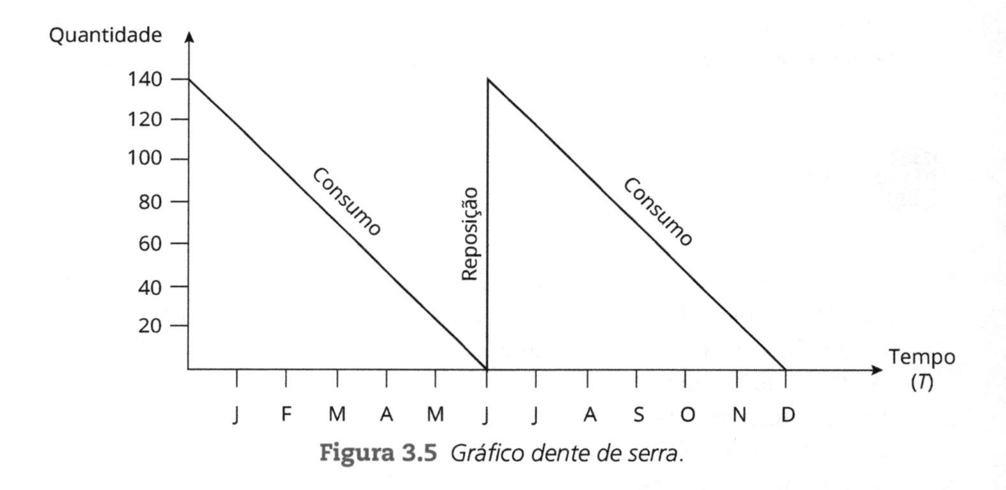

Figura 3.5 *Gráfico dente de serra.*

Como se vê, o estoque iniciou com 140 unidades, foi sendo consumido durante determinado tempo (janeiro a junho) até chegar a "zero" no mês de junho. Estamos supondo que esse consumo tenha sido uniforme. Imediatamente, quando esse estoque chegou a zero, deu entrada no armazém uma quantidade de 140 unidades, fazendo com que ele retornasse à posição anterior. Esse ciclo será sempre repetitivo e constante se:

- Não existir alteração de consumo durante o tempo *T*;
- Não ocorrerem falhas administrativas que provoquem um atraso ao solicitar a compra;

- O fornecedor da peça nunca atrasar sua entrega;
- Nenhuma entrega do fornecedor for rejeitada pelo controle de qualidade.

Como já sabemos, a prática nos mostra que essas quatro premissas não ocorrem com frequência. O consumo de matéria-prima, normalmente, é variável, e não podemos confiar demais nos prazos de entrega dos fornecedores, pois ocorrem falhas de operação, e sempre existirá o risco de alguma remessa de material ser rejeitada parcial ou totalmente, mas ambas são suficientes para alterar o ciclo. Se essas ocorrências são normais, deve-se criar um sistema que absorva essas eventualidades para diminuir o risco de ficarmos com o estoque a zero durante algum período. Na Figura 3.6 representamos uma situação desse tipo.

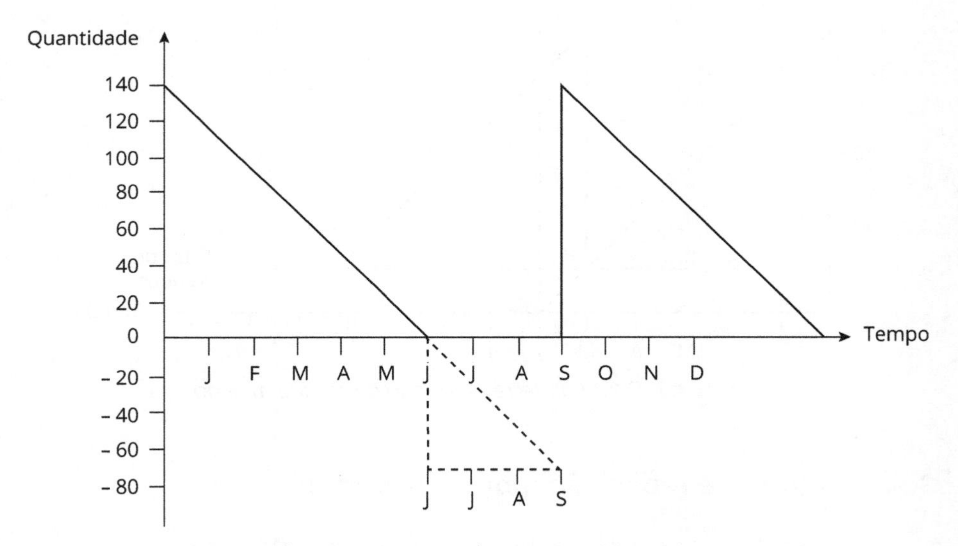

Figura 3.6 *Dente de serra com ruptura.*

Podemos verificar pela linha tracejada que, durante os meses de julho, agosto e setembro, o estoque esteve a zero e deixou de atender a uma quantidade de 80 peças que seria consumida durante esse período.

Um sistema de gestão de estoque deverá ter como objetivo impedir essa ocorrência com a solução mais econômica possível. Elevar, simplesmente, as quantidades em estoque não é solução adequada.

Voltando à Figura 3.5 (dente de serra), se determinássemos um ponto e, em consequência, uma quantidade que ficasse de reserva, para suportar os atrasos de entrega, as rejeições na qualidade e as alterações do consumo, a probabilidade de o estoque ir a zero, e assim não atender à produção ou ao requisitante, seria bem menor. Poderíamos representar esse ponto como se vê na Figura 3.7.

O estoque que se iniciaria com 140 unidades seria consumido e, quando chegasse a 20 unidades, seria reposto em 120 unidades, retornando assim às 140 unidades iniciais. A quantidade de 20 peças serviria como segurança para as eventualidades que porventura acontecessem durante o prazo de entrega do material.

É fácil verificar que esse estoque de 20 peças será um estoque morto; ele existirá simplesmente para enfrentar as eventualidades já relacionadas anteriormente. Deve-se ter bastante critério e bom senso ao dimensionar o estoque de segurança, pois nunca deve ser esquecido que ele representa capital empatado e inoperante.

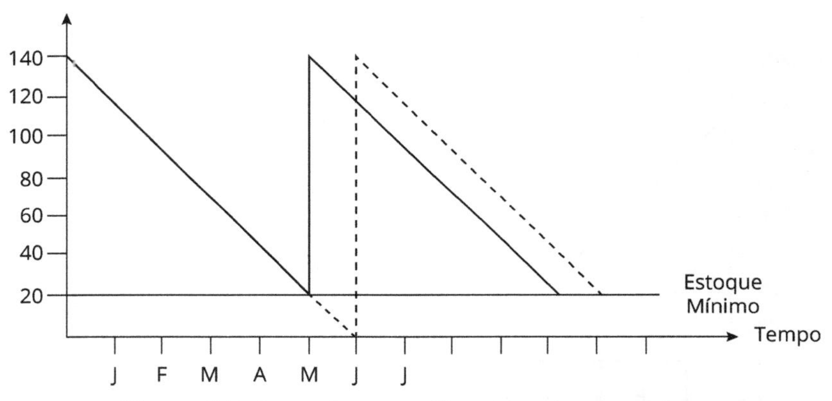

Figura 3.7 *Dente de serra utilizando o estoque mínimo.*

3.4.2 Tempo de reposição: ponto de pedido

Uma das informações básicas de que se necessita para calcular o estoque mínimo é o tempo de reposição, isto é, o tempo gasto desde a verificação de que o estoque precisa ser reposto até a chegada do material comprado no armazém da empresa. Esse tempo pode ser dividido em três partes:

- **Emissão do pedido:** tempo que leva desde a emissão do pedido de compra até ele chegar ao fornecedor;
- **Preparação do pedido:** tempo que o fornecedor leva para fabricar os produtos, separá-los, emitir faturamento e deixá-los em condições de serem transportados;
- **Transporte:** tempo que leva da saída do fornecedor até o recebimento na empresa dos materiais encomendados.

Graficamente, podemos representar o tempo de reposição como na Figura 3.8.

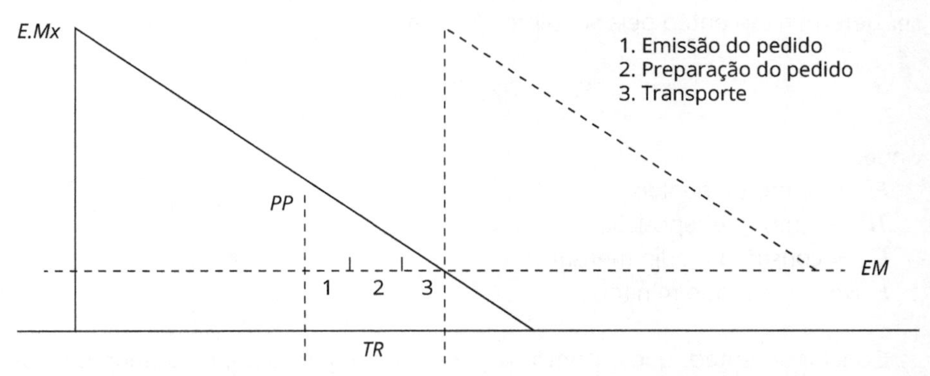

Figura 3.8 *Gráfico dente de serra com tempo de reposição × ponto de pedido.*

Em virtude de sua grande importância, o tempo de reposição deve ser determinado de modo mais realista possível, pois as variações ocorridas durante esse tempo podem alterar todo o sistema de estoques.

Constata-se que determinado item necessita de um novo suprimento, quando o estoque atingiu o ponto de pedido, ou seja, quando o saldo disponível estiver abaixo ou igual a determinada quantidade, chamada *ponto de pedido (PP).*

Para o cálculo de estoque disponível, devemos considerar:

- Estoque existente (físico);
- Os fornecimentos em atraso;
- Os fornecimentos não entregues, mas ainda dentro do prazo.

Também podemos agrupar os dois últimos itens como saldo de fornecedores. Esse estoque disponível podemos chamar de estoque virtual, que é:

Estoque virtual = estoque físico + saldo de fornecimento

Algumas empresas que possuem controle de qualidade de recebimento também incluem o estoque em inspeção no estoque virtual, ficando assim:

Estoque virtual = estoque físico + saldo de fornecimento + estoque em inspeção

Devemos fazer uma nova reposição do estoque, quando o estoque virtual estiver abaixo ou igual à quantidade predeterminada. O ponto de pedido pode ser determinado então pela seguinte fórmula:

$$PP = C \times TR + E.\ Mn$$

onde:

PP = ponto de pedido
TR = tempo de reposição
C = consumo médio mensal
$E.\ Mn$ = estoque mínimo

Conclui-se, então, que o ponto de pedido é um indicador, e, quando o estoque virtual alcançá-lo, deverá ser reposto o material. A quantidade de saldo em estoque suportaria o consumo durante o tempo de reposição ($C \times TR$), como mostra a Figura 3.9.

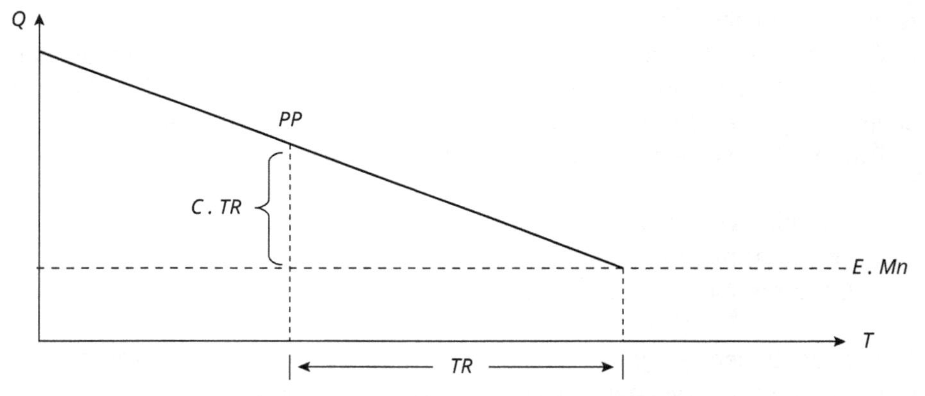

Figura 3.9 *Gráfico demonstrativo do TR.*

Vejamos um exemplo: uma peça é consumida a uma razão de 30 un/mês, e seu tempo de reposição é de dois meses. Qual será o ponto de pedido, uma vez que o estoque mínimo deve ser de um mês de consumo?

$PP = (C \cdot TR) + E.\ Mn$
$PP = (30 \text{ uns} \times 2 \text{ meses}) + 30 \text{ uns}$
$PP = 90 \text{ unidades}$

Quando o estoque virtual chegar a 90 unidades, deverá ser emitido um pedido de compra da peça, para que, ao fim de 60 dias, chegue a quantidade comprada, no momento em que também será atingido o estoque mínimo.

Deve-se ter muito cuidado ao comparar o ponto de pedido com o estoque virtual, para não correr o risco de ter sobreposição de compra. Vejamos a seguinte situação:

- Consumo de um item – 20 uns por mês
- Tempo de reposição – 3 meses
- Estoque mínimo – 20 unidades
- Estoque físico – 81 unidades

Calculando pela fórmula, o ponto de pedido será de 80 unidades. Se existir um pedido colocado no fornecedor e ainda não recebido de 90 unidades, o estoque virtual será de 171 unidades; logo, a peça não necessita de reposição. No caso de não existir pedido pendente, haveria necessidade de ressuprimento.

Antes de continuarmos, é importante dar algumas definições, para melhor compreensão da teoria de estoques.

Consumo médio mensal – CM: é a quantidade referente à média aritmética das retiradas mensais de estoque. A fim de que haja um grau de confiabilidade razoável, essa média deverá ser obtida pelo consumo dos últimos seis meses.

$$CM = \frac{C_1 + C_2 + C_3 + \ldots + C_n}{n} \qquad \textbf{(3.22)}$$

em que *C* são os consumos mensais e *n*, o número de meses do período.

O consumo médio mensal é a mola-mestra do início do estudo da gestão de estoques. É sabido que se trata de um valor provável de consumo; parte-se do pressuposto de que não existiram flutuações na demanda nem alterações do consumo médio mensal. Não havendo modificação substancial, este valor será válido e expressará a quantidade a ser consumida.

Estoque médio – E. M: é o nível médio de estoque em torno do qual as operações de compra e consumo se realizam. Podemos representar o *E.M* como *Q*/2, sendo *Q* a quantidade que será comprada para ser consumida. Ver, a propósito, a Figura 3.10.

No instante T_0, o estoque é igual à quantidade Q_0, que varia de um mínimo zero (0) Q_0 a um máximo *Q*; o valor médio será então 0 + *Q*/2 = *Q*/2.

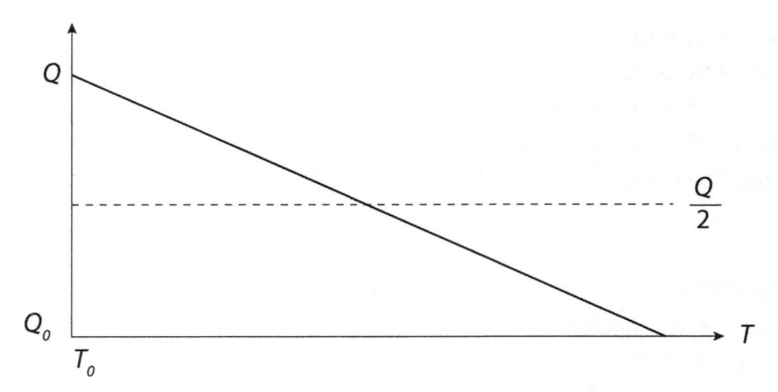

Figura 3.10 *Gráfico do estoque médio.*

Se considerarmos o estoque mínimo ou de segurança agregado ao estoque médio, teremos a seguinte expressão:

$$E.M = E.Mn + \frac{Q}{2} \quad \textbf{(3.23)}$$

Estoque mínimo – E. Mn: como dito, é uma quantidade morta, só sendo consumida em caso de necessidade; logo, ela é uma constante, e o Q representado é um estoque produtivo, que oscila entre um mínimo e um máximo, acima do limite do estoque mínimo.

Intervalo de ressuprimento – IR: é o intervalo de tempo entre dois ressuprimentos. Este intervalo pode ser fixado em qualquer limite, dependendo das quantidades compradas, como se pode ver na Figura 3.11.

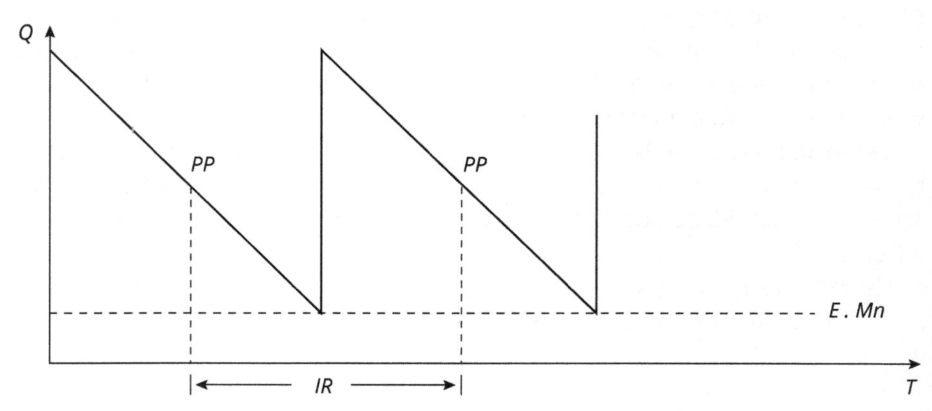

Figura 3.11 *Gráfico de intervalo de ressuprimento.*

Estoque máximo – E. Mx: é a soma do estoque mínimo mais o lote de compra **(*Q*)**.

$$E.\ Mx = E.\ Mn + Q$$

Esse lote de compra pode ser econômico ou não. Nas condições normais de equilíbrio entre a compra e o consumo, o estoque irá variar entre os limites máximos e mínimos. Esses níveis somente serão válidos sob o enfoque produtivo, não se levando em consideração aspectos de ordem financeira nem conjuntural, especulação ou investimento. Ele sofre também influências da capacidade de armazenagem disponível, que deve ser levada em consideração na ocasião do seu dimensionamento.

Ruptura do estoque: é caracterizada quando o estoque chega a zero e não se pode atender a uma necessidade de consumo, uma requisição ou mesmo uma venda.

3.4.3 Estoque mínimo

A determinação do estoque mínimo é muito importante para a gestão do estoque. Essa importância está diretamente ligada ao grau de disponibilização financeira da empresa. O estoque mínimo, às vezes também chamado de estoque de segurança, por definição, é a quantidade mínima que deve existir em estoque, que se destina a cobrir eventuais atrasos no ressuprimento, objetivando a garantia do funcionamento ininterrupto e eficiente do processo produtivo, ou das vendas, sem o risco de faltas.

Entre as causas que ocasionam essas faltas, podemos citar:

- Variações no consumo;
- Oscilação nas épocas de aquisição (atraso no tempo de reposição);
- Alteração na qualidade, quando o controle de qualidade rejeita um lote;
- Entregas pelo fornecedor diferente do solicitado;
- Diferenças de inventário.

A importância do estoque mínimo é a chave para o adequado estabelecimento do ponto de pedido. Por suposição, o estoque mínimo poderia ser tão alto, que jamais haveria falta de material em estoque. Entretanto, quando essa quantidade de segurança não for usada e ficar permanente no estoque, a armazenagem e todos os outros custos serão elevados. E, ao contrário, estabelecer uma margem de segurança muito baixa acarretaria custos de ruptura, que são os custos de não possuir os materiais disponíveis quando necessário, isto é, a perda de vendas, a paralisação da produção, despesas para apressar entregas etc.

A definição de uma margem de segurança ou estoque mínimo é o risco que a companhia está disposta a assumir com relação à falta de estoque.

Pode-se determinar o estoque mínimo através de:

- Fixação de uma previsão mínima (projeção estimada do consumo);
- Cálculos de previsão de consumo com base estatística.

Nesses casos, parte-se do pressuposto de que deve ser atendida uma parte do consumo, isto é, que seja alcançado o grau de atendimento adequado e definido. Esse grau de atendimento nada mais é que a relação entre a quantidade atendida e a quantidade necessitada. Um item do estoque apresenta a seguinte situação:

- Consumo necessário: 3.200 unidades
- Quantidade atendida: 2.900 unidades
- Quantidade não entregue: 300 unidades

O grau de atendimento seria então:

$$G.A. = \frac{2.900}{3.200} \times 100 = 91\% \qquad \textbf{(3.24)}$$

Para determinação do estoque mínimo, esses cálculos deveriam ser de maneira inversa. Deveria fixar-se por meio da política da empresa o grau de atendimento desejado para cada item, ou para cada classe, ou mesmo para cada grupo de materiais, porque estaríamos, então, definindo o nível do estoque mínimo, já que ele é tanto maior quanto maior for o grau de atendimento.

A definição do estoque mínimo depende do grau de exatidão da previsão do consumo e do grau de atendimento; dificilmente ambos os casos são determinados com 100% de certeza.

Suponhamos uma peça *X*, com um consumo previsto de 4.000 unidades, e que pode ter uma variação de 10%. Esta previsão foi feita para os próximos três meses, podendo existir uma correção nas previsões apenas no quarto mês, caso ocorra uma variação excessiva do consumo. Isso significa que, dentro do período de três meses, não serão feitas correções da previsão. As diferenças máximas ocorrem até 10% para maior. Assim, teríamos um valor acumulado de 30% de diferença entre o real e o previsto após os três meses, ou seja:

a) Cada mês, diferença de 10%.
1º mês – 10%
2º mês – 20%
3º mês – 30%
Total em três meses = 33% do consumo mensal.

Podemos considerar também erros e variações no tempo de reposição. Vamos supor um atraso no prazo de entrega de 10% em relação ao previsto:

b) Cada mês, diferença de 10%.
1º mês – 10%
2º mês – 20%
3º mês – 30%
Total em três meses = 33% do consumo mensal.

c) Existem ainda riscos de rejeição ou outros problemas com o fornecedor. Para a cobertura desses riscos não enquadrados em *a* e *b*, vamos definir uma taxa de 20% do consumo mensal.

A soma de $a + b + c$ = 86% ou 0,86 do consumo mensal. O estoque mínimo é determinado pelo consumo mensal multiplicado pela taxa total.

$E.\ Mn = 4.000 \times 0{,}86$
$E.\ Mn = 3.440$

Vimos então que, após serem consideradas todas as incertezas, determinamos um estoque de segurança e, junto ao estoque médio, obtemos uma quantidade que poderia ser considerada como adequada.

Cálculos para o Estoque Mínimo

a) Fórmula simples

$$E.\ Mn = C \times K$$

Onde:
$E.\ Mn$ = estoque mínimo
C = consumo médio mensal
K = fator de segurança arbitrário com o qual se deseja garantia contra um risco de ruptura.

O fator K é arbitrário; ele é proporcional ao grau de atendimento desejado para o item.

Por exemplo: se quisermos que uma peça tenha um grau de atendimento de 90%, ou seja, queremos garantia de que somente em 10% das vezes o estoque dessa peça chegue a zero. Sabendo que o consumo mensal é de 60 unidades, o estoque mínimo será:

$E.\ Mn = 60 \times 0{,}9$
$E.\ Mn = 54$ unidades

Esta fórmula é muito simplista, não contendo precisões matemáticas.

b) Método da porcentagem de consumo

Este método considera os consumos passados que são medidos em um gráfico de distribuição acumulativa da seguinte maneira:

– O consumo diário do ano anterior de um material foi de 90, 80, 70, 65, 60, 50, 40, 30, 20 unidades. O número de dias em que ocorreu esse consumo foi: 4, 8, 12, 28, 49, 80, 110, 44, 30, respectivamente. Com esses dados construímos a Tabela 3.1 e, pela Figura 3.12, podemos ver que o consumo médio é de 55 unidades por dia. Um consumo entre 80 e 70 unidades por dia só ocorrerá em aproximadamente 10% das vezes. Considerando este número de peças como o consumo máximo, o estoque mínimo seria:

$$E.\ Mn = (C.\ Máx - C.\ Médio) \times TR.$$

Se o TR for de 10 dias, o estoque mínimo para este caso será:

$E.\ Mn = (70 - 55) \times 10$
$E.\ Mn = (15 \times 10)$
$E.\ Mn = 150$

Este método só poderá ser aplicado quando o TR não for variável.

Tabela 3.1 *Valores do método da porcentagem do consumo.*

1 Consumo diário	2 Nº de dias em que o consumo ocorreu	3 1 × 2	4 Acumulado	5 Porcentagem da acumulação
90	4	360	360	2,12
80	8	640	1.000	5,91
70	12	840	1.840	10,87
65	28	1.820	3.660	21,63
60	49	2.940	6.600	39,00
50	80	4.000	10.600	62,64
40	110	4.400	15.000	88,65
30	44	1.320	16.320	96,45
20	30	600	16.920	100,00

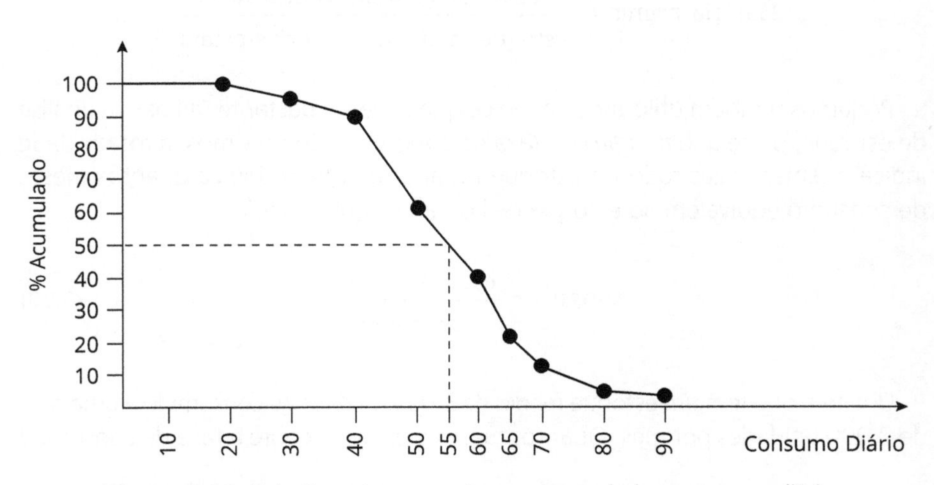

Figura 3.12 *Relação entre porcentagem acumulada e consumo diário.*

3.4.4 Rotatividade do estoque

O giro do estoque, ou rotatividade, é uma relação existente entre o consumo anual e o estoque médio do produto.

$$\text{giro} = \frac{\text{consumo médio anual}}{\text{estoque médio}} \qquad \textbf{(3.25)}$$

A rotatividade é expressa no inverso de unidades de tempo ou em "vezes", isto é, "vezes" por dia, ou por mês, ou por ano. Por exemplo: o consumo anual de um item foi de 800 unidades e o estoque médio, de 100 unidades. O giro seria:

$$R = \frac{800}{100} = 8 \tag{3.26}$$

O giro do estoque seria de 8 vezes ao ano, ou o estoque girou 8 vezes ao ano. O índice de giro pode também ser obtido através de valores monetários de custo, compra ou de venda. Para as principais classes de estoques, as taxas de rotatividade são obtidas da seguinte maneira:

$$\begin{aligned} \text{Produto acabado} &= \frac{\text{custo das vendas}}{\text{estoque médio de produtos acabados}} \\ \text{Matéria-prima} &= \frac{\text{custo dos materiais utilizados}}{\text{estoque médio de matérias-primas}} \end{aligned} \tag{3.27}$$

Podemos também utilizar outro índice que deve ser bastante útil para a análise de estoque, ou seja, o *antigiro ou taxa de cobertura*. Como vimos, a rotatividade indica quantas vezes rodou o estoque no ano; o antigiro indica quantos meses de consumo equivalem ao estoque real ou ao estoque médio.

$$\text{Antigiro} = \frac{\text{estoque médio}}{\text{consumo}} \tag{3.28}$$

Um item que tem um estoque médio de 3.000 unidades é consumido a uma taxa de 2.000 unidades por mês. Quantos meses o estoque cobre a taxa de consumo?

$$\text{Antigiro} = \frac{3.000}{2.000} = 1{,}5 \text{ meses} \tag{3.29}$$

O grande mérito do índice de rotatividade do estoque é que ele representa um parâmetro fácil para a comparação de estoques, entre empresas do mesmo ramo de atividade e entre classes de material em estoque.

Para fins de controle, deve-se determinar a taxa de rotatividade adequada à empresa e então compará-la com a taxa real. É recomendável que, ao determinar o padrão de rotatividade, se estabeleça um índice para cada grupo de materiais que corresponda a uma mesma faixa de preço ou consumo.

O critério de avaliação será determinado pela política de estoques da empresa. Não devemos nos esquecer, porém, de que:

- A disponibilidade financeira para investir em estoque é que vai determinar a taxa de rotatividade-padrão;
- Não se devem utilizar taxas de rotatividade iguais para materiais de preços diferenciados;
- Pela política da empresa, nos programas de produção e na previsão de vendas, determine a rotatividade que atenda às necessidades ao menor custo total;
- Estabeleça uma periodicidade para comparação entre a rotatividade padrão e a rotatividade real.

1. O que é o ponto de pedido? Quais são as principais variáveis que precisam ser conhecidas para se determinar o ponto de pedido? Como se relacionam?

2. Pelo gráfico a seguir, responda:

a) que ponto representa o estoque máximo?

b) que ponto representa o estoque mínimo?

c) qual o lote de compra?

d) entre que pontos situa-se o ponto de pedido?

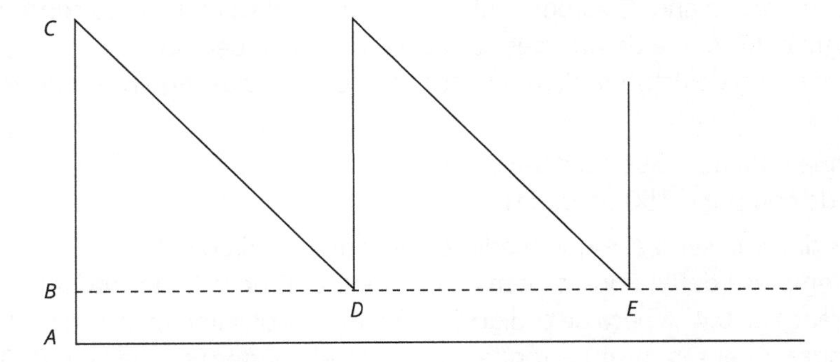

3. O gráfico apresentado a seguir representa o consumo normal de um item no estoque. Desenhe novo gráfico mostrando o que aconteceria se o consumo aumentasse.

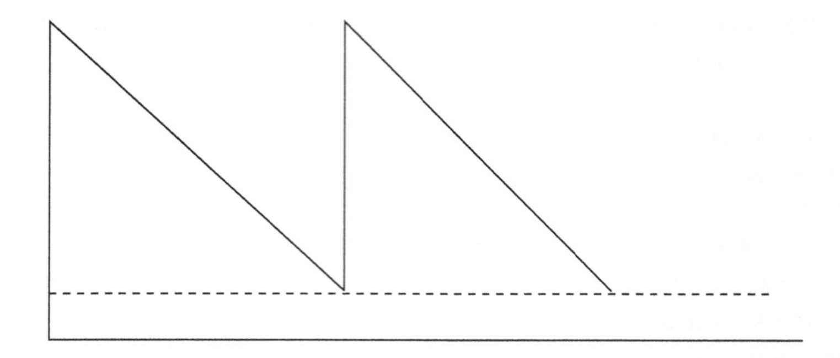

4. Pelo mesmo gráfico da questão anterior, represente outro, no caso de que *TR* fosse aumentado.
5. Qual a finalidade de um estoque mínimo ou de segurança?
6. Qual a influência do grau de atendimento na determinação do estoque mínimo?
7. Se duas peças têm o mesmo consumo médio mensal, porém tempos de reposição diferentes, qual peça terá o maior ponto de pedido?

EXERCÍCIOS

1. O consumo médio mensal de um produto é de 1.500 unidades, e são feitas seis compras ao ano. O estoque mínimo corresponde à metade do consumo durante o *TR*, que é de um mês. Calcule o ponto de pedido.
2. Pelo relatório de estoque de uma peça, conseguimos as seguintes informações:

   Estoque mínimo – 300 unidades;
   Lote de compra – 150 unidades.

   Quais deverão ser o estoque médio e o estoque máximo?
3. Uma empresa definiu que os itens da classe 6.000 deverão ter um fator de segurança de 0,4. A peça de código 6.132 tem um consumo mensal de 2.100 unidades; qual será o seu estoque mínimo se ela pertence à classe 6.000?
4. A mesma empresa do problema anterior definiu que a classe 5.000 deverá ter um *TR* de 120 dias com um consumo médio mensal de 25 unidades.
5. O produto Beta tem uma previsão de consumo médio de 60 unidades/dia; espera-se, porém, que, no período, ele chegue a um consumo de até 90 unidades, com um *TR* de 15 dias. Qual será o seu estoque mínimo?

6. O levantamento do consumo feito no armazém para um item foi de:

Janeiro	– 320	Julho	– 380
Fevereiro	– 310	Agosto	– 420
Março	– 360	Setembro	– 430
Abril	– 290	Outubro	– 410
Maio	– 330	Novembro	– 370
Junho	– 350	Dezembro	– 350

Para um grau de atendimento de 90%, qual será o estoque mínimo? E para um G.A. de 95%? Analise os resultados e veja quanto representou no estoque 5% a mais de segurança.

7. Uma empresa de consultoria propôs a um cliente alterar o seu sistema de controle de estoque. A proposição era: "Se os pedidos de compra fossem realizados uma vez a cada quatro semanas, o estoque médio dependeria do número de faltas de estoque que pudesse tolerar. Se desejar não ficar sem estoque, o giro será de seis vezes e o estoque médio será de $ 4.000,00. Se aceitar uma taxa de risco de faltas de 10%, o giro será de nove vezes". A consultoria afirmava que a emissão automática e programada de pedidos reduziria o custo de pedido a praticamente zero. O cliente, porém, nunca tinha calculado o seu custo de pedido, mas sabia que seu custo de armazenamento era aproximadamente de 10% do custo de compra do produto.

a) Que diferença, em $, do estoque médio está implícita nas duas taxas de falta de estoque?

b) Aceitando os dados fornecidos, que custo de pedido está implícito na recomendação da consultoria para a emissão de um pedido a cada quatro semanas?

c) Quais os tipos de custos que normalmente fariam parte do custo de pedido? Você acha que o resultado obtido no item *b* poderia ser uma estimativa razoável do custo de pedido do cliente?

TÓPICOS PARA DEBATE

1. Estoque mínimo e estoque de segurança fundamentalmente são sobrepostos. Discuta e analise a validade da afirmação e praticidade de que: Estoque Mínimo é um ponto, e Estoque de Segurança é uma faixa. Veja o gráfico seguinte.

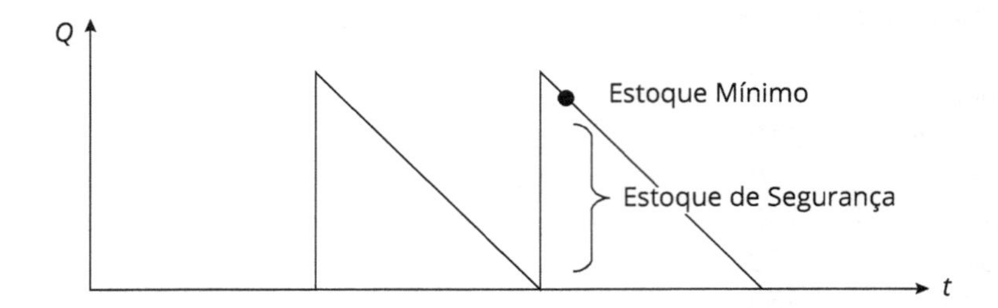

2. Demonstre, com exemplos numéricos, a importância da rotatividade de estoque. Liste os benefícios de um estoque de baixo giro e sua total implicação. Estabeleça critérios de análise final da melhor condição para a escolha entre maior giro e menor giro.
3. Proponha utilizações e critérios de uso prático para o antigiro de estoque.

3.5 Classificação ABC

3.5.1 Conceituação

A curva ABC é um importante instrumento para a gestão de estoque; ela permite identificar aqueles itens que justificam atenção e tratamento adequados quanto à sua administração. Obtém-se a curva ABC através da ordenação dos itens conforme a sua importância relativa.

Verifica-se, que, uma vez obtida a sequência dos itens e sua classificação ABC, disso resulta imediatamente a aplicação preferencial das técnicas de gestão, conforme a importância dos itens.

A curva ABC tem sido usada para a definição de políticas de vendas e estoques, para o estabelecimento de prioridades, para a programação da produção e uma série de outros problemas usuais nas empresas. Após os itens terem sido ordenados pela importância relativa, as classes da curva ABC podem ser definidas da seguinte maneira:

- **Classe A:** grupo de itens mais importantes que devem ser tratados com uma atenção bem especial pela administração.
- **Classe B:** grupo de itens em situação intermediária.
- **Classe C:** grupo de itens menos importantes que justificam pouca atenção por parte da administração.

Exemplo:

O departamento de produção apresentava um consumo anual de 9.000 itens de materiais diferentes. Precisa-se fazer um estudo para redefinir a sua política de estoques. Devido ao elevado investimento, convém identificar os grupos de materiais que deverão ter controles mais rígidos (classe A), intermediários (classe B) e mais simples (classe C).

A curva ABC fornece a ordenação dos materiais pelos respectivos valores de consumo anual. Pelas análises, verifica-se que uma pequena porcentagem de itens da classe A é responsável por grande porcentagem do valor global (investimento anual grande).

Ao contrário, na classe C, poderá haver grande porcentagem de itens responsáveis apenas por pequena porcentagem do valor global (investimento anual pequeno). A classe B estará em situação intermediária.

Dessa maneira, do caso do nosso exemplo resultou:

Classe A:

- 8% dos itens (720) correspondem a 70% do valor anual do consumo;

Classe B:

- 20% dos itens (1.800) correspondem a 20% do valor anual do consumo;

Classe C:

- 72% dos itens (6.480) corresponderão a 10% do valor anual do consumo.

Portanto, verificou-se que, para controlar 90% do valor de consumo, basta estabelecer controles sobre 28% dos itens, ou seja, sobre os 2.520 primeiros itens (classes A e B) da curva ABC. A classe C, que se compõe dos 6.480 itens restantes, corresponde a apenas 10% do valor do consumo.

3.5.2 Planejamento

Os diferentes esquemas utilizados nas construções das curvas ABC podem ser resumidos sob a forma de um diagrama de bloco, conforme Tabela 3.2. Esta apresentação pretende facilitar a confecção da curva ABC, ao mesmo tempo que todos os aspectos sejam devidamente considerados.

Tabela 3.2 *Modelo para confecção da curva ABC.*

1	Necessidade da curva ABC Discussão preliminar Definição dos objetivos
2	Verificação das técnicas para análise Tratamento de dados Montagem dos cálculos
3	Obtenção da classificação: classe A Classe B e classe C sobre a ordenação efetuada Tabelas explicativas e traçado do gráfico ABC
4	Análises e conclusões
5	Providências e decisões

Deverão ser dedicados cuidados especiais aos problemas surgidos na fase de verificação e levantamento dos dados a serem utilizados na confecção da curva ABC. Desse modo, deverão ser providenciados:

1. Pessoal treinado e preparado para fazer levantamentos;
2. Formulário para a coleta de dados;
3. Normas e rotinas para o levantamento.

A uniformidade dos dados coletados é importante para a consistência das conclusões da curva ABC, principalmente quando estes dados são numerosos. É interessante fazer uma análise preliminar após o registro de uma amostra de dados para verificar a necessidade de estimativas, arredondamentos e conferências de dados. Em seguida, conforme a disponibilidade de pessoal e de equipamentos, deve ser programada a tarefa de cálculos para obtenção da curva ABC.

A definição das classes A, B e C obedece apenas a critérios de bom senso e conveniência dos controles a serem estabelecidos. Em geral, são colocados, no máximo, 20% dos itens na classe A, 30% na classe B e os 50% restantes na classe C. Conforme já dissemos, essas porcentagens poderão variar caso a caso, de acordo com as diferentes necessidades de tratamentos administrativos a serem aplicados.

3.5.3 Aplicação e montagem

Para ilustrar as etapas de confecção de uma curva ABC, vamos apresentar um caso simplificado para apenas dez itens. Ressalva-se, porém, que o procedimento é válido para qualquer número de itens. O critério de ordenação é o valor do consumo anual (preço unitário × consumo anual) para cada item (ver Tabela 3.3).

Tabela 3.3 *Coleta de dados.*

Material	Preço Unitário	Consumo Anual (unidades)	Valor Consumo (Ano)	Grau
A	1	10.000	10.000	8º
B	12	10.200	122.400	2º
C	3	90.000	270.000	1º
D	6	4.500	27.000	4º
E	10	7.000	70.000	3º
F	1.200	20	24.000	6º
G	0,60	42.000	25.200	5º
H	28	8.000	22.400	7º
I	4	1.800	7.200	10º
J	60	130	7.800	9º

Naturalmente, podem ser usados outros critérios para ordenação, conforme o objetivo particular do estudo. Assim, num problema de transporte, pode-se usar o peso ou o volume do material transportado.

Em seguida, construímos a Tabela 3.4 com base na ordenação dos materiais por ordem decrescente de valor do consumo, conforme a última coluna da Tabela 3.3.

Tabela 3.4 *Ordenação dos dados.*

Grau	Material	Valor Consumo	Valor Consumo Acumulado	(%) Porcentagem sobre o Valor do Consumo Total
1º	C	270.000	270.000	46
2º	B	122.400	392.400	67
3º	E	70.000	462.400	79
4º	D	27.000	489.400	83
5º	G	25.200	514.600	88
6º	F	24.000	538.600	92
7º	H	22.400	561.000	95
8º	A	10.000	571.000	97
9º	J	7.800	578.800	98
10º	I	7.200	586.000	100

De posse desses dados, pode-se construir a curva ABC. É traçado um eixo cartesiano em que na abscissa é registrado o número de itens; no eixo das ordenadas, são marcadas as somas relativas aos valores de consumo. Os valores de consumo acumulados e os materiais extraídos da Tabela 3.4 são marcados nos eixos.

Inicia-se à esquerda com o registro do item que acusa o maior valor de consumo acumulado, grau 1º. Segue-se o item de grau 2º à direita do canto superior da primeira coluna. As colunas seguintes são registradas no gráfico de acordo com o mesmo princípio. A linha de interligação entre a origem e os cantos superiores direitos das colunas representa a curva ABC, como se pode ver na Figura 3.13.

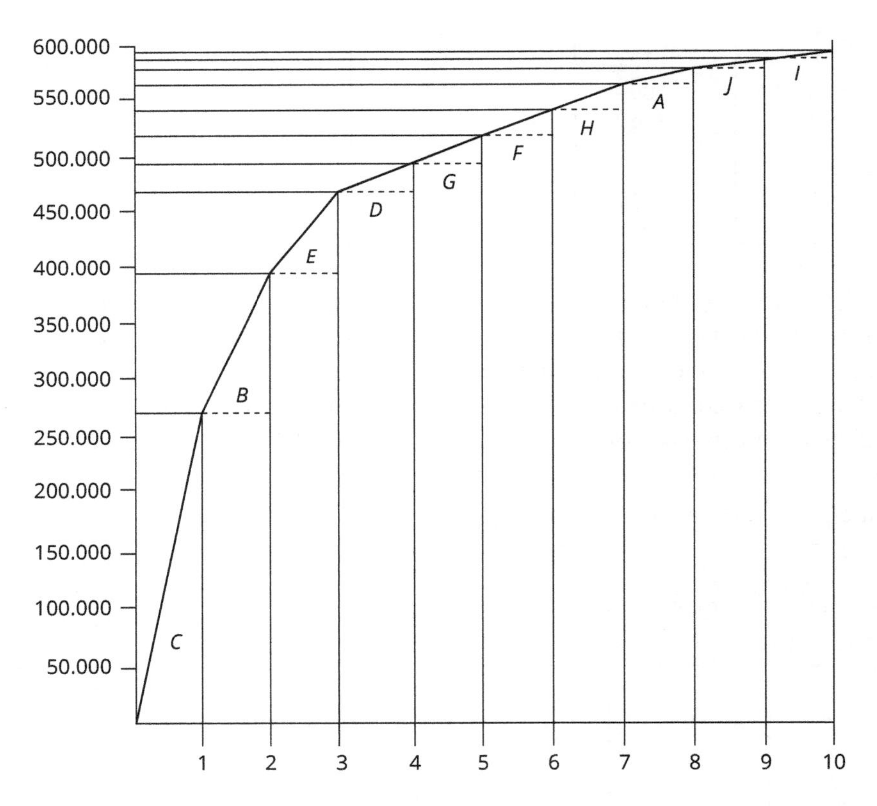

Figura 3.13 *Curva de limitação das peças.*

A curva assim encontrada é subdividida em três classes: A, B e C.

Os limites de cada classe estão indicados no eixo horizontal, e, no vertical, os percentuais da soma total (valor do consumo total ou número total de itens). Na realidade, são usadas as seguintes faixas-limite:

Eixo \ Classe	A	B	C
Ordenadas	67 - 75%	15 - 30%	5 - 10%
Abscissas	10 - 20%	20 - 35%	50 - 70%

De posse desses dados, pode-se construir o gráfico da Figura 3.14, colocando os números de ordem em abscissas e as respectivas porcentagens sobre o valor do consumo total em ordenadas, obtendo-se a curva ABC. Observa-se que essa curva é essencialmente de natureza não decrescente. Para a definição das classes foi adotado o critério geral enunciado anteriormente. Dessa maneira, resultou:

Classe A: 20% dos itens correspondentes a 67% do valor;
Classe B: 30% dos itens correspondentes a 21% do valor;
Classe C: 50% dos itens correspondentes a 12% do valor.

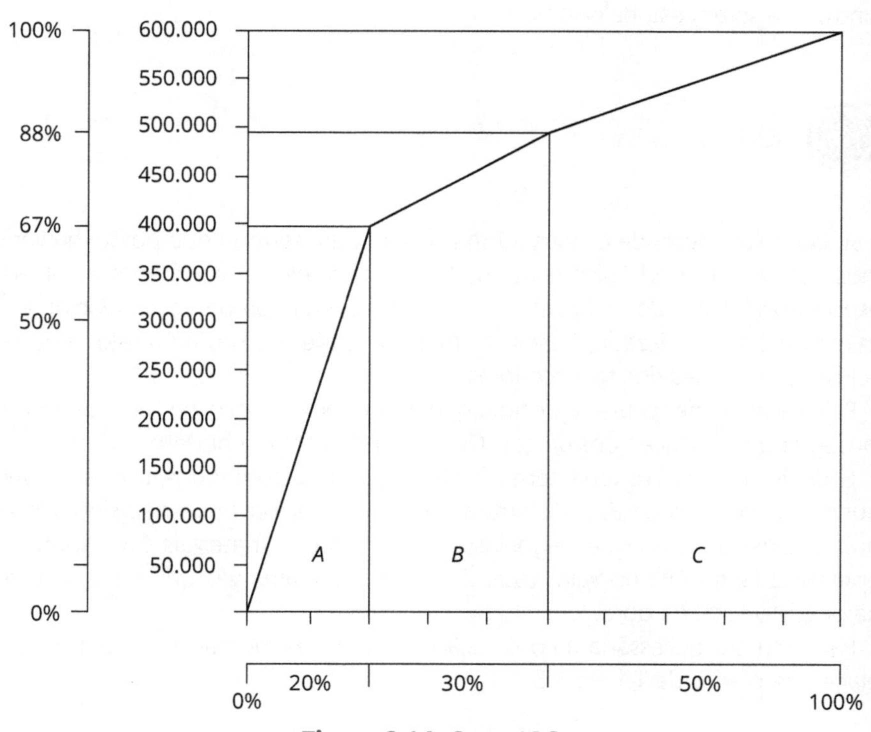

Figura 3.14 *Curva ABC.*

Portanto, os materiais *C* e *B* (classe A) merecem um tratamento preferencial em face dos demais no que diz respeito à aplicação de políticas de controles de estoques. O custo adicional para um estudo mais minucioso desses itens será amplamente compensado. Os materiais *F*, *H*, *A*, *J* e *I* (classe C) devem ser submetidos a tratamentos mais simples.

O baixo valor relativo desses itens não justifica a introdução de controles precisos e onerosos. Podemos submeter os materiais *E*, *D* e *G* (classe B) a um sistema de controle intermediário entre aqueles das classes A e C.

Dessa forma, o estoque e o aprovisionamento dos itens da classe A devem ser rigorosamente controlados, com o menor estoque de segurança possível. O estoque e a encomenda dos itens da classe C devem ter controles simples e estoque de segurança maior, pois essa política traz pouco ônus ao custo total. Os itens da classe B deverão estar em situação intermediária.

Vemos, então, que a curva ABC apresenta uma ampla gama de aplicações. Pode ser usada por empresa de pequeno, médio e grande porte. Por outro lado, a divisão em três classes (A, B e C) é mera questão de conveniência, uso e bom senso, sendo possível utilizar tantas classes quantas forem necessárias para os controles a serem estabelecidos.

EXERCÍCIO

O Sr. Ludovico pretende construir uma casa em um terreno que possui há vários anos. Como não pode dispor de muito dinheiro, ele vai coordenar as obras e responsabilizar-se pelo real controle de gastos. Ele tem preparado um orçamento do material a ser utilizado, baseado em informações de seu arquiteto, e possui, inclusive, os nomes dos fornecedores.

Pela escassez de recursos, decidiu que vai negociar com cada fornecedor para conseguir uma redução dos preços. Conversando com o arquiteto, ele sugeriu ao Sr. Ludovico que não haveria necessidade de negociar com todos, pois isso levaria muito tempo, além de dar bastante trabalho com valores que não significavam muito; sugeriu então que negociasse os preços dos materiais que, somados, representassem 80% do valor total da construção, uma vez que esses seriam o maior custo total da obra.

Para isso era necessária a construção de uma classificação ABC, partindo da relação de preços da Tabela 3.5.

Tabela 3.5 *Dados básicos para classificação ABC.*

Fornecedor	Material	Preço	Grau
Sabiá dos Metais	Instalações sanitárias	8.000	
Romanino	Tijolo, cimento e areia	12.000	
Planta Viva	Jardinagem	1.000	
Klatibim	Azulejos e ladrilhos	2.000	
Desmonte Ltda.	Alvenaria	42.000	
Sóvidro	Vidros	5.000	
Telétrica	Material elétrico	1.000	
Escave	Terraplenagem	98.000	
Pincelimpo	Pintura	1.000	
Romanino	Portas e janelas	3.000	
Olaria Olá	Telhas	20.000	
Sótubos	Canos e tubulações	4.000	
Metalúrgica Tico	Grades e portões	2.000	
Madeira Boa	Assoalho	1.000	
Total		200.000	

Para determinação do grau e somatório, preencher a seguinte tabela:

Grau	Fornecedor	Preço	Soma dos preços
1	______	______	______
2	______	______	______
3	______	______	______
4	______	______	______
5	______	______	______
6	______	______	______
7	______	______	______
8	______	______	______
9	______	______	______
10	______	______	______
11	______	______	______
12	______	______	______
13	______	______	______
14	______	______	______
Soma	______	______	______

Por fim, coloque na figura abaixo as somas dos preços. Trace a curva e determine as áreas A, B, C.

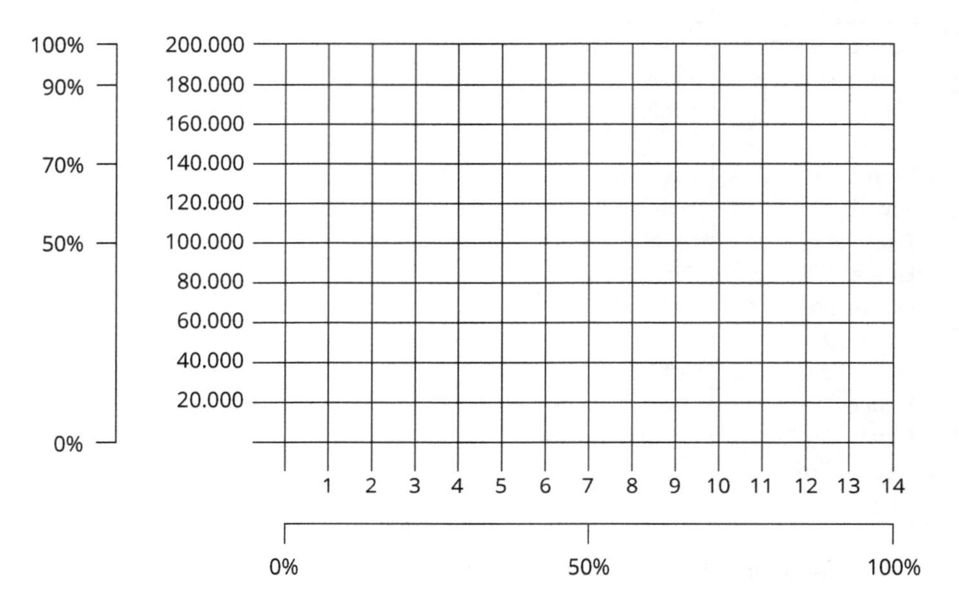

Complete, com referência à curva da área A, a seguinte informação:

____________________________ preços já totalizados

____________________________ % do valor da construção

Se a sua resposta estiver correta, então a classificação ABC do problema indicará que basta dedicar atenção a três fornecedores, classe A, porque dessa forma será possível influir sobre mais de 3/4 do valor da obra.

3.6 Lote econômico de compra

3.6.1 Introdução

A decisão de estocar ou não determinado item é básico para o volume de estoque em qualquer momento. Ao tomar tal decisão, há dois fatores a considerar:

- É econômico estocar o item?
- É interessante estocar um item indicado como antieconômico para satisfazer um cliente e, portanto, melhorar as relações com ele?

Em geral, obviamente não é econômico estocar um item se isso exceder o custo de comprá-lo ou produzi-lo. Também não é econômico estocar itens quando as necessidades médias dos clientes, ou a média de consumo da produção, tenham um excesso correspondente à metade da quantidade econômica do pedido.

A questão de se devemos estocar um item, embora seja antieconômico fazê-lo, a fim de prestar melhor serviço ao cliente, é uma decisão difícil. Frequentemente, é impossível atribuir um exato valor em dinheiro pela satisfação do cliente. O problema é que o tempo necessário para comprar e/ou fabricar pode ser maior do que ele deseja esperar. Nesse caso, a decisão terá de ser tomada numa base de item por item sobre o custo de fabricação na base de pedido por pedido.

Quanto deve ser comprado de cada vez? Como vimos, dois tipos básicos de custo afetam a decisão sobre o quanto deve ser comprado de cada vez. Existem custos que se elevam à medida que a quantidade comprada aumenta, porque em média, considerando consumo uniforme, metade da quantidade pedida estará em estoque. Tais custos são aqueles vinculados à armazenagem dos materiais, incluindo espaço, seguro, juros etc. Existem também os custos que diminuem à medida que a quantidade de material comprada aumenta, com a distribuição dos custos fixos por quantidades maiores.

Pelo gráfico do custo total de estoque, podemos ver um aumento regular dos custos de armazenagem à medida que a quantidade dos produtos comprados aumenta, devido à maior quantidade que deve ser armazenada. A curva mais baixa indica o custo total para encomendar o material, o qual diminui à medida que aumenta a quantidade de produtos pedidos de uma só vez.

Essa redução se deve ao fato de que poucos pedidos terão de ser emitidos durante determinado espaço de tempo e, como resultado, haverá despesas menores de emissão de pedidos de compra. A curva superior da Figura 3.15 representa o custo total do estoque que é obtido adicionando os custos de armazenagem aos custos de pedido.

3.6.2 Lote econômico de compra

Vamos apresentar um dos modelos mais simples; e teremos de partir das seguintes premissas:

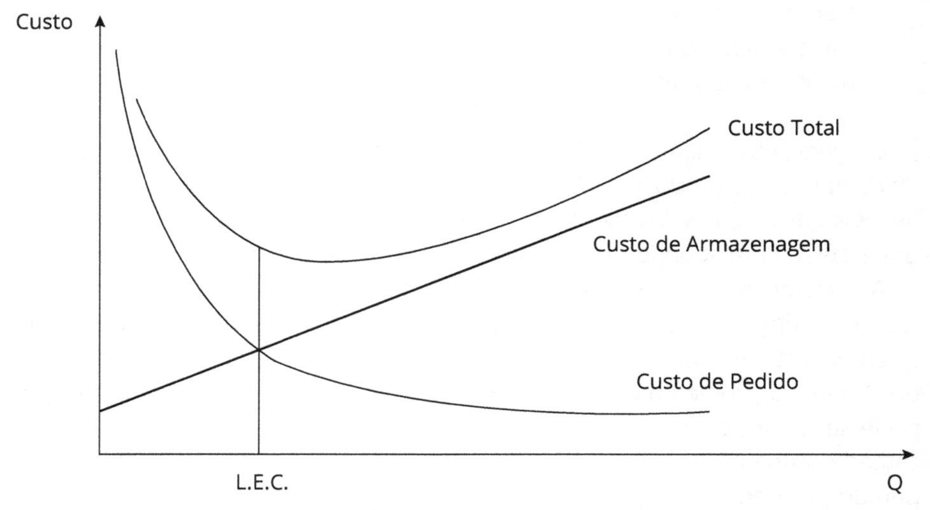

Figura 3.15 *Curva do custo total.*

a) O consumo mensal é determinístico e com uma taxa constante;
b) A reposição é instantânea quando os estoques chegam ao nível zero.

Consideremos um período de um ano (T); o custo total seria formado de três componentes:

CT = custo unitário (ano) + custo de pedido (ano) + custo de armazenagem (ano)

Pela Figura 3.16 podemos exemplificar este modelo:

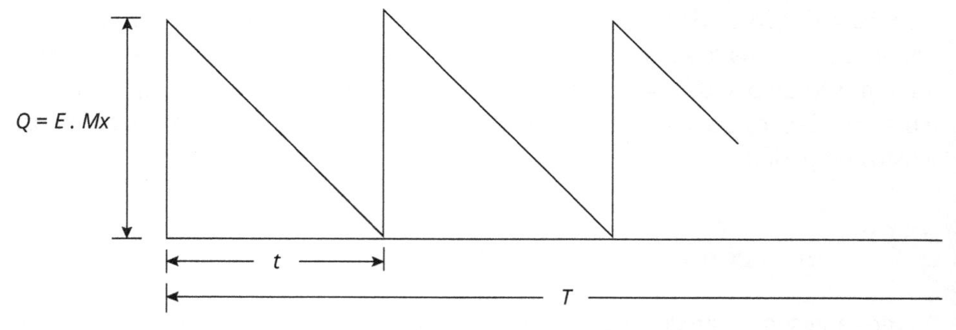

Figura 3.16 *Demonstrativos do estoque máximo.*

O estoque máximo (*E. Mx*) é igual à quantidade a ser comprada. O período t é o tempo entre os pedidos ou tempo de consumo. O período de planejamento (T) é anual.

O custo total anual pode ser apresentado também da seguinte maneira:

CT = custo total do período (t) × número de períodos (ano)

O custo unitário por período é o custo de aquisição das Q unidades, ou seja:

$P \times Q$, em que P é o preço unitário do item.

Em cada período se faz apenas uma compra, o custo de pedido é o custo de se fazer uma compra, isto é, B. O estoque médio por período é $Q/2$. Então, o custo de armazenagem por período é:

$$I \cdot t \cdot \frac{Q}{2} \qquad \textbf{(3.30)}$$

sendo:

I = custo de armazenagem em \$/unidades/ano
t = duração de um período (anos)

Então, o custo total por período é:

$$CT = P \cdot Q + B + I \cdot t \cdot \frac{Q}{2} \qquad \textbf{(3.31)}$$

Para um ano, a duração de Q em um período é:

$$t = \frac{Q}{C}, \text{ sendo que } C \text{ é o consumo do período } t \qquad \textbf{(3.32)}$$

O número de pedidos por ano é:

$$\text{Pedidos} = \frac{C}{Q} \qquad \textbf{(3.33)}$$

Substituindo a equação de custo total pelas duas equações seguintes, temos:

$$CT = P \cdot C + B \times \frac{C}{Q} + I \cdot \frac{Q}{2} \qquad \textbf{(3.34)}$$

onde:

P = preço unitário de compra
C = consumo do item
B = custo de pedido
Q = quantidade do lote
I = custo de armazenagem

Mas, vejamos, o objetivo é tornar CT o menor possível. O termo $P \cdot C$ é uma constante (a definição do lote de compra Q não altera o custo da mercadoria, que será sempre o preço multiplicado pela quantidade total a consumir), portanto o problema de minimizar CT pode ser considerado o problema de minimizar $CT - P \cdot C$, como mostrado a seguir:

$$CT - P \cdot C = B \cdot \frac{C}{Q} + I \cdot \frac{Q}{2} \qquad \textbf{(3.35)}$$

Ou seja, a definição do lote de compra afeta o custo total dos pedidos e o custo de armazenagem (expressos no lado direito da equação acima).

É demonstrável que o mínimo da soma de duas variáveis, cujo produto é constante, ocorre quando essas variáveis são igualadas. Vejamos o que obtemos se multiplicarmos os dois termos do lado direito da equação acima:

$$B \cdot \frac{C}{Q} \times I \cdot \frac{Q}{2} = \frac{1}{2} \cdot B \cdot C \cdot I \qquad \textbf{(3.36)}$$

Tanto o custo do pedido (B), quanto o consumo (C), quanto o custo de armazenagem (I) são constantes, portanto o produto desses termos é constante. Podemos então aplicar a propriedade descrita no parágrafo anterior, de forma a obter o valor de Q que minimiza o custo total (CT):

$$B \cdot \frac{C}{Q} = I \cdot \frac{Q}{2} \longrightarrow 2BC = I \cdot Q^2 \longrightarrow Q^2 = \frac{2BC}{I} \longrightarrow Q = \sqrt{\frac{2BC}{I}} \qquad \textbf{(3.37)}$$

Quando vimos o custo de armazenagem, foi dito que o índice *I* poderia ser indicado de duas maneiras: em percentual ou em valor unitário. Essa fórmula apresentada é para quando *I* for dado como valor unitário. Para valor percentual, teríamos a seguinte alteração:

$$B \cdot \frac{C}{Q} = I\left(P \cdot \frac{Q}{2}\right) \longrightarrow 2BC = I \cdot Q^2 \cdot P$$

$$Q^2 = \frac{2BC}{I \cdot P} \longrightarrow Q = \sqrt{\frac{2BC}{I \cdot P}} \qquad (3.38)$$

Exemplo de aplicação

O consumo de uma peça é de 20.000 unidades por ano. O custo de armazenagem por peça e por ano é de $ 1,90 e o custo de pedido é de $ 500,00. O preço unitário de compra é de $ 2,00. Determine:

a) o lote econômico de compra;
b) o custo total anual;
c) o número de pedidos por ano;
d) a duração entre os pedidos.

a) O lote econômico é:

$$Q = \sqrt{\frac{2BC}{I}} = \sqrt{\frac{2 \times 500{,}00 \times 20.000}{1{,}90}} = \sqrt{10.526.315} = \qquad (3.39)$$
$$= 3.245 \text{ peças p/ pedido}$$

b) O custo total anual é:

$$CT = P \cdot C + B \cdot \frac{C}{Q} + I \cdot \frac{Q}{2}$$

$$CT = \$\ 2{,}00 \times 20.000 + \$\ 500{,}00 \times \frac{20.000}{3.245} + \$\ 1{,}90 \times \frac{3.245}{2} \qquad (3.40)$$

$$CT = \$\ 40.000{,}00 + \$\ 3.082{,}00 + \$\ 3.082{,}00$$

$$CT = \$\ 46.164{,}00 \text{ por ano}$$

c) O número de pedidos é:

$$\text{Pedidos} = \frac{C}{Q} = \frac{20.000}{3.245} = 6{,}2 \quad \textbf{(3.41)}$$

d) O intervalo entre os pedidos é:

$$t = \frac{Q}{C} = \frac{3.245}{20.000} = 0{,}162 \text{ anos} \quad \textbf{(3.42)}$$

3.7 Sistemas de controles de estoques

3.7.1 Introdução

Dimensionar e controlar os estoques são um tema importante e preocupante. Descobrir fórmulas para reduzir estoques sem afetar o processo produtivo e sem o crescimento dos custos é um dos maiores desafios dos gestores. As fórmulas clássicas, como a do lote econômico, já foram satisfatórias e tiveram seus dias de glória. Era uma época em que tudo se definia com duas perguntas básicas: Quanto? Quando?

Para o "quanto" foram criadas as fórmulas de lote econômico e foram escritos tantos artigos e tantas dissertações que podemos afirmar que foi um dos assuntos mais explorados em toda a área de administração de materiais ao longo de muito tempo. Atualmente, o "quanto", definido por intermédio do LEC, é visto de maneira diferente. A primeira questão encontrada é que ele considera os recursos ilimitados e abundantes, e tenta definir os custos mínimos sem considerar o volume de recursos disponíveis.

Se levarmos em consideração o custo do capital e a valorização do estoque, irão ocorrer com certa frequência ocasiões em que teremos esse custo sendo zero ou negativo. A conclusão é que deveremos manter sempre um estoque máximo. Então, podemos concluir que da fórmula do LEC às vezes não resulta uma solução ótima; devemos analisar todos os fatores envolvidos, juntamente com a definição da política da empresa, e então definirmos o quanto comprar.

A maioria das empresas não está mais enfatizando o "quanto", e sim o "quando". Possuir em estoque a quantidade correta, mas no tempo incorreto, não adianta nem resolve nada; a determinação desses prazos tornou-se importante. Anteriormente, o ponto de pedido era a maneira utilizada para a determinação do "quando" e baseava-se em um consumo previsto, ou estimado durante o tempo de reposição, utilizando-se a fórmula do ponto de pedido. Existem sistemas e *softwares* de controle de estoques que dão, com alto grau de precisão, os volumes a serem comprados para determinado período.

3.7.2 Sistema duas gavetas

Podemos considerar o método mais simples para controlar os estoques. Por sua simplicidade, é recomendável a utilização para as peças classe C. Tem seu uso bastante difundido em revendedores de autopeças e no comércio varejista de pequeno porte. Imaginemos duas caixas, A e B, conforme Figuras 3.17 e 3.18.

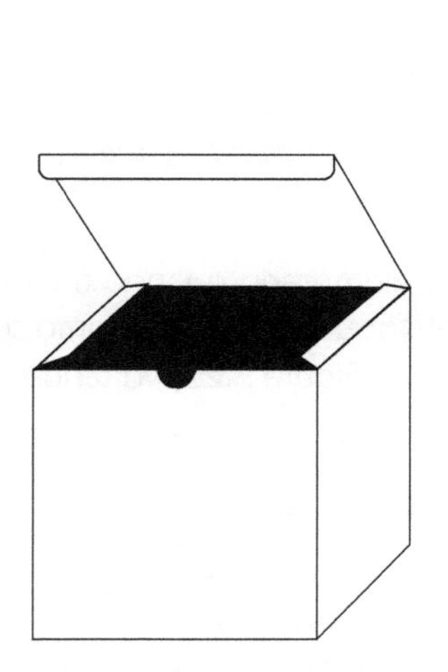

Figura 3.17 *Caixa A.*

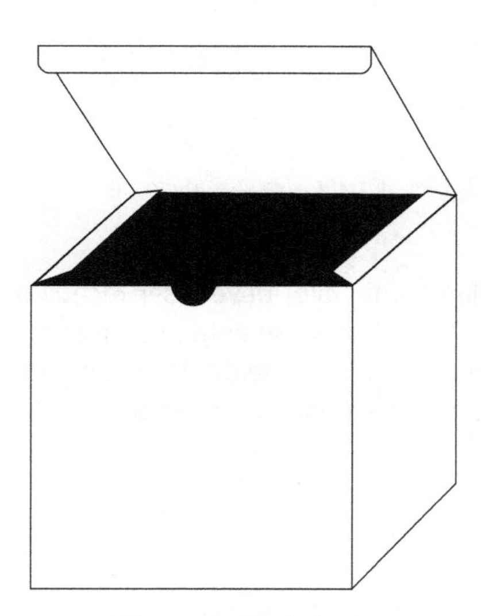

Figura 3.18 *Caixa B.*

O estoque que inicia o processo é armazenado nessas duas caixas ou gavetas. A caixa A tem uma quantidade de material suficiente para atender ao consumo durante o tempo de reposição mais o estoque de segurança, ou seja:

$$Q = (C.\ TR) + E.\ Mn$$

A caixa B possui um estoque equivalente ao consumo previsto no período. As requisições de material que chegam ao almoxarifado são atendidas pelo estoque da caixa B; quando esse estoque chega a 0 (zero) (caixa vazia), conforme Figura 3.19, isso indica que deverá ser providenciada uma reposição de material, pedido de compra. Para não interromper o ciclo de atendimento, passa-se a atender às requisições pelo estoque da caixa A, conforme Figura 3.20.

Figura 3.19 *Caixa A – início de utilização.*

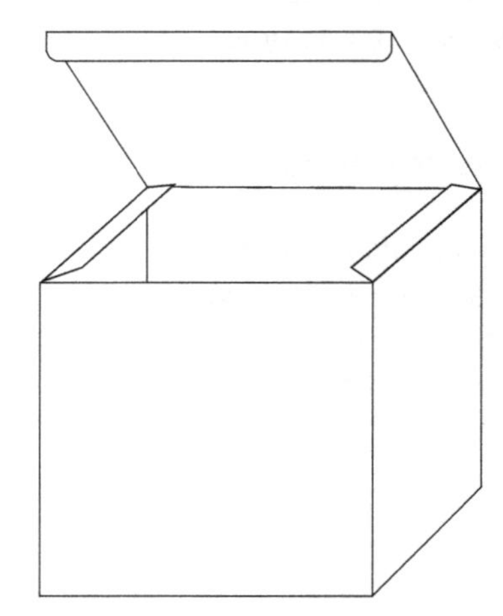

Figura 3.20 *Caixa B – Vazia.*

Nesse intervalo, deverá ser recebido o material comprado quando a caixa B foi a "zero"; deve-se então completar o nível de estoque da caixa A, como se vê na Figura 3.21, e o saldo deve completar a caixa B da Figura 3.22, voltando-se a consumir o estoque da caixa B.

Figura 3.21 *Caixa A com estoque reposto.*

Figura 3.22 *Caixa B com estoque reposto parcialmente.*

A grande vantagem desse método consiste numa substancial redução do processo burocrático de reposição de material.

3.7.3 Sistema de máximos e mínimos

Se para a reposição do estoque soubéssemos o consumo exato do material num período predeterminado, a dificuldade de determinar um ponto de pedido não existiria. Como vimos, essas condições ideais são utópicas, porque o estoque estaria a "zero" assim que o material comprado fosse recebido.

Pelas dificuldades de determinação do consumo e pelas variações do tempo de reposição é que usamos o sistema de máximos e mínimos, também chamado sistema de quantidades fixas. Basicamente, o sistema consiste em:

a) Determinação dos consumos previstos para o item desejado;
b) Fixação do período de consumo previsto em *a*;
c) Cálculo do ponto de pedido em função do tempo de reposição do item pelo fornecedor;
d) Cálculos dos estoques mínimos e máximos; e
e) Cálculo dos lotes de compra.

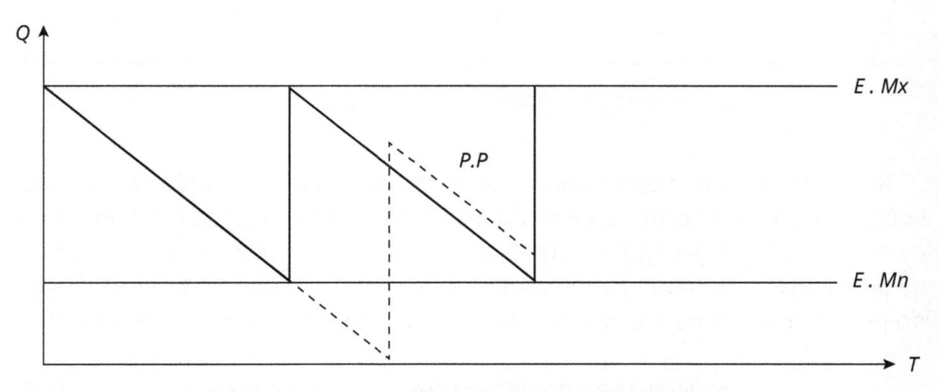

Figura 3.23 *Identificação dos níveis de estoque.*

Pelo gráfico da Figura 3.23 podemos identificar todos os níveis de estoque e concluir que *PP* e o lote de compra *Q* são fixos e constantes, e as reposições são em períodos variáveis, sempre acontecendo quando o nível de estoque alcança o ponto de pedido.

A principal vantagem desse método é uma razoável automatização do processo de reposição, que estimula o uso do lote econômico, em situações em que ele pode ser usado naturalmente, e abrange os itens das classes A, B e C.

3.7.4 Sistema das revisões periódicas

Por esse sistema, o material é reposto periodicamente em ciclos de tempo iguais, chamados períodos de revisão, conforme Figura 3.24. A quantidade pedida será a necessidade da demanda do próximo período. Considera-se também estoque mínimo ou de segurança, que deve ser dimensionado de forma que previna o consumo acima do normal e os atrasos de entrega durante o tempo de reposição.

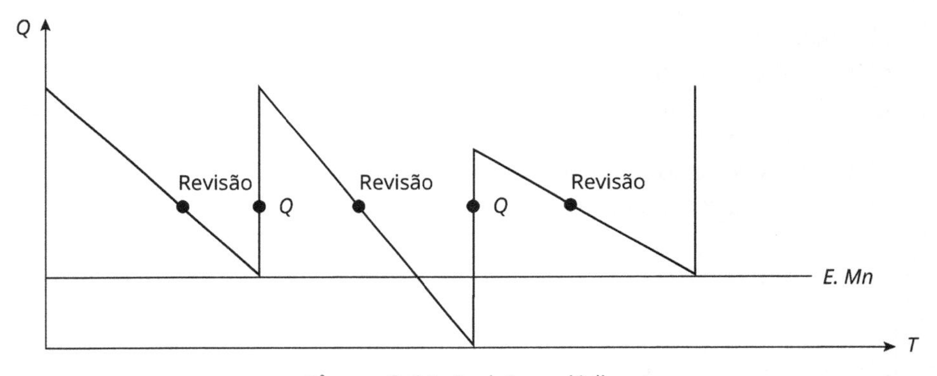

Figura 3.24 *Revisão periódica.*

Nesse sistema, são programadas as datas em que deverão ser realizadas as reposições de material, e os intervalos são iguais. A análise deverá ser feita considerando o estoque físico existente, o consumo no período, o tempo de reposição e o saldo de pedido no fornecedor do item. A dificuldade desse método é a determinação do período entre revisões; diversos aspectos devem ser analisados, sendo que:

- Uma periodicidade *alta* entre as revisões acarreta um estoque médio alto e, como consequência, um aumento no custo de estocagem;
- Uma periodicidade *baixa* entre as revisões acarreta um baixo estoque médio e, como consequência, um aumento no custo de pedido e risco de ruptura.

Para minimizar esses riscos, devem ser calculadas revisões para cada material estocado, ou para cada classe de materiais, de acordo com os objetivos operacionais e financeiros da empresa. A escolha de um calendário para as revisões é também de importância fundamental para:

- Definir o volume dos materiais a comprar;
- Listar os itens de uso comum para serem processados simultaneamente;
- Executar uma compra única;
- Efetuar compras e entregas programadas, optando pela determinação das periodicidades mais convenientes das necessidades.

QUESTÕES

1. O que é um lote econômico?
2. Quais as principais deficiências do modelo do lote econômico de compra?
3. Quais os custos incorridos para determinar o lote econômico de compra?
4. Desenvolva uma fórmula para o lote econômico de compra com as seguintes condições:
   a) os pedidos só podem ser feitos no primeiro dia do mês;
   b) quando um pedido é emitido, a entrega é imediata;
   c) o consumo é de *C* unidades por mês e ocorre apenas no dia 15 de cada mês;
   d) o custo de armazenagem é *I* por unidade, por mês;
   e) os custos de pedido são *B*.
5. Como deve ser tratado o estoque de segurança no cálculo do lote econômico?

EXERCÍCIOS

1. Uma empresa compra 10.000 peças por ano, para seu processo de montagem. Se o preço unitário for $ 8,00 e o custo de armazenagem de uma unidade for $ 0,50 mensais, o custo de pedido for $ 200,00, qual será:
   a) o lote econômico de compra;
   b) o custo total ótimo;
   c) o número de pedidos anuais;
   d) o tempo entre os pedidos.

2. A empresa BETA usa 30.000 unidades de uma matéria-prima por ano. O custo do pedido é de $ 300,00. O custo de armazenagem é de $ 2,00 por unidade ao ano. O preço de compra é de $ 2,50 por peça. Calcule os valores das seguintes variáveis para lotes de 30.000, 15.000, 7.500, 5.000, 2.000 e 1.000 unidades:
   a) o número anual de pedidos;
   b) o custo anual de pedido;
   c) o custo anual de armazenagem;
   d) o custo total.
4. O consumo de uma peça é de 1.400 unidades por mês. Se o preço de compra for $ 2,00, com o custo de pedido de $ 500,00 e o custo de armazenagem de uma unidade por ano for $ 3,00, determine:
   a) o lote econômico de compra;
   b) o custo total ótimo;
   c) o número de pedidos anuais;
   d) o tempo entre os pedidos.
5. Considerando que no problema 4 o custo de armazenagem é de 20%, determine os mesmos parâmetros solicitados.
6. O Gerente de Logística da Metalúrgica Serraço analisou alguns dados e concluiu que o seu custo de pedido para determinado tipo de perfil de aço é de $ 8.000,00. O preço do perfil de aço é de $ 900,00 a unidade e o consumo anual previsto é de 15.000 unidades. O custo de armazenagem é de 5% do preço de compra:
   a) Quantas vezes este perfil deve ser comprado durante o ano?
   b) O gerente de logística decidiu manter um estoque mínimo de 600 unidades. Isso iria alterar a sua resposta do item *a*?
   c) Suponha que o estoque mínimo de 600 perfis seja mantido, que o consumo do perfil seja uniforme durante todo o ano e que os pedidos tenham sido emitidos como foi calculado no item *a*. Qual será o estoque médio? Qual será o giro do estoque?

BERTAGLIA, Paulo Roberto. *Logística e gerenciamento da cadeia de abastecimento*. São Paulo: Saraiva 2003.

GURGEL, Floriano do Amaral. *Logística industrial.* São Paulo: Atlas, 2000.

CAXITO, Fabiano. *Logística*: um enfoque prático. São Paulo: Saraiva, 2011.

CORREA, Joary. *Gerência econômica de estoques e compras*. 2. ed. Rio de Janeiro: FGV, 1984.

COSTA, José de Jesus da Serra. *Tópicos de pesquisa operacional*. 2. ed. Rio de Janeiro: Rio, 1995.

DIAS, Marco Aurélio – NOTAS de aula do curso de Especialização em Administração de Materiais no módulo Dimensionamento e Controle de Estoques. FMU-Faculdades Metropolitanas Unidas.

FERNANDES, José Carlos de F. *Administração de material*: um enfoque sistêmico. Rio de Janeiro: LTC, 1991.

GONÇALVES, Paulo Sérgio; SCHWEMBER. *Administração de estoques*: teoria e prática. Rio de Janeiro: Interciência, 1989.

MAGEE, John F. *Planejamento da produção e controle de estoques*. São Paulo: Pioneira, 1967.

MARTINS, Petrônio G. LAUGENI, Fernando P. *Administração da produção*. São Paulo: Saraiva, 2005.

MAYNARD, H. B. *Manual de engenharia de produção*. São Paulo: Edgard Blücher, 1990.

RIGGS, James L. *Administração da produção*. São Paulo: Atlas, 1988. v. 2.

SÁ MOTTA, Ivan de. A prática do lote econômico. *Revista de Administração de Empresas*, Rio de Janeiro, v. 5, n. 17, 1965.

SHAMBLIN, James; STEVENS JR., G. T. *Pesquisa operacional*: uma abordagem básica. São Paulo: Atlas, 1979.

Operação de Depósitos e Armazéns

4

Síntese do Capítulo

Neste capítulo, você vai entender como funciona a armazenagem, o controle de estoques e inventário, o recebimento e expedição de mercadorias e toda movimentação interna de cargas, que são algumas das partes principais do processo logístico. A intralogística, dentro das fábricas e dos centros de distribuição, tem grande importância na eficiência das operações.

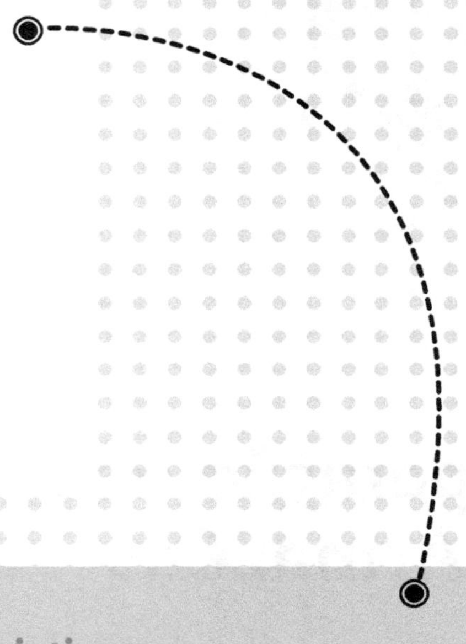

Objetivos

- Conhecer a importância da movimentação de mercadorias dentro de um armazém, de um depósito ou de um CD.
- Saber os principais equipamentos de movimentação utilizados.
- Entender o funcionamento de um controle de inventário, assim como executar um inventário físico e localização de materiais, técnicas e sistemas de estocagem.

4.1 Introdução

Para que a matéria-prima possa transformar-se ou ser beneficiada, pelo menos um dos três elementos, homem, máquina ou material, deve movimentar-se. Se não ocorrer essa movimentação, não se pode pensar em processo produtivo, seja ele industrial ou comercial.

Na maioria dos processos industriais, o material é o elemento que se movimenta. Em casos especiais, como na construção de aviões, navios e equipamentos pesados, homem e máquina convergem para o material, ou seja, eles é que se movimentam.

Os custos da movimentação de materiais influem no custo do produto, alterando diretamente o seu custo final. Um sistema de movimentação de materiais deve atender a uma série de finalidades básicas.

4.1.1 Redução de custos

Através da redução dos custos de inventário, com a melhor utilização do espaço disponível e aumento da produtividade, aplicando um eficiente sistema de movimentação de materiais, podem-se obter os seguintes ganhos:

- **Redução de custos de mão de obra:** a utilização dos equipamentos de manuseio vai substituir a mão de obra braçal por meios mecânicos, liberando-a para serviços mais nobres, que vão exigir menos esforço físico do homem.
- **Redução de custos de materiais e despesas gerais:** com um melhor acondicionamento e um transporte mais racional, o custo de perdas durante a armazenagem e a movimentação é reduzido.

4.1.2 Aumento de capacidade produtiva

Em termos de eficiência, os melhores efeitos da implantação de um correto sistema de movimentação de materiais são:

- **Aumento de produção:** o aumento da produção só é possível com o aumento no fornecimento da matéria-prima. O benefício é a introdução de métodos de armazenagem e movimentação que permitam maior rapidez na chegada dos materiais até a linha de produção.
- **Aumento da capacidade de armazenagem:** os equipamentos para empilhamento permitem usar ao máximo a altura dos edifícios, aumentando a

capacidade de estocagem. Permitem também um melhor acondicionamento, contribuindo para o melhor aproveitamento do espaço.
- **Distribuição de armazenagem:** com a utilização de dispositivos para formação de cargas unitárias é possível montar um sistema de armazenagem mais organizado, com a aplicação de paletes, corredores, estantes, endereçamentos etc.

4.1.3 Melhores condições de trabalho

A melhoria no processo de produção com o uso de sistemas de movimentação de cargas reflete-se também em melhores condições para todo o pessoal envolvido no processo.

- **Maior segurança:** com o uso de dispositivos de cargas unitizadas e equipamentos de manuseio, o risco de acidentes durante as operações é reduzido.
- **Redução da fadiga/maior conforto para o pessoal**: quando o manuseio de cargas é feito por máquinas, libera-se o homem para outros tipos de serviços, o que diminui a fadiga. Ao mesmo tempo, os que continuam trabalhando em serviços de estocagens de cargas terão mais conforto, pois o equipamento faz o serviço pelo homem.

4.1.4 Melhor distribuição

A distribuição, como uma atividade que se inicia na preparação do produto e termina na entrega ao cliente final, é mais eficiente com a racionalização dos sistemas de manuseio.

- **Melhoria na circulação:** com a criação de corredores bem definidos, com endereçamento fácil e equipamentos eficientes, a circulação das mercadorias dentro de um armazém é melhorada.
- **Localização estratégica do armazém:** a aplicação de sistemas de manuseio torna viável a criação de pontos de armazenagem em vários locais distantes da fábrica e que estejam colocados estrategicamente próximos aos pontos consumidores.
- **Melhoria dos serviços ao usuário:** com as mercadorias mais próximas dos centros consumidores, a entrega ao cliente é mais rápida, com menos riscos de deterioração e de avarias e menor custo; ou seja, o consumidor pode adquirir as mercadorias em melhor estado e por melhores preços.

Um dos objetivos de um sistema de movimentação é fornecer informações que permitam a seleção de equipamento que seja funcional, operacional e economicamente mais indicado para a aplicação em cada caso.

Pode-se dizer que há necessidade de revisão parcial ou total do sistema de movimentação quando:

- Homens manipulam cargas acima de 30 kg e mulheres manipulam cargas acima de 10 kg;
- Materiais são desviados do caminho mais direto e natural de sua transformação no processo fabril, para fins de inspeção, conferência e outras razões;
- O pessoal da produção abandona seus postos para efetuar operações de transporte;
- Há interseções ou cruzamentos frequentes de trajetórias de materiais em movimento;
- Os trabalhadores da produção param para ressuprimento de matéria-prima;
- Os materiais vão e voltam na mesma direção por mais de uma vez no seu processo de transformação;
- Cargas com mais de 50 kg são levantadas acima de 1 metro sem ajuda mecânica.

4.1.5 As leis de movimentação

Para que um sistema de movimentação de materiais seja eficiente, existem certas "leis" que devem ser levadas em consideração. São elas:

1. **Obediência ao fluxo das operações:** disponha a trajetória dos materiais de forma que fique na sequência das operações. Ou seja, utilize sempre, dentro do possível, o arranjo tipo linear.
2. **Mínima distância:** reduza as distâncias de transporte pela eliminação de ziguezagues no fluxo dos materiais.
3. **Mínima manipulação:** reduza a frequência de transporte manual. O transporte mecânico custa menos que as operações manuais de carga e descarga, levantamento e armazenamento.
4. **Segurança e satisfação:** leve sempre em conta a segurança dos operadores e do pessoal circulante quando selecionar os equipamentos de transporte de materiais.
5. **Padronização:** use equipamento padronizado na medida do possível. O custo inicial é mais baixo, a manutenção é mais fácil e mais barata e

a utilização desse equipamento é mais variada por ser mais flexível que equipamentos especializados.

6. **Flexibilidade:** o valor de um equipamento para o usuário é proporcional à sua flexibilidade. É a capacidade de satisfazer ao transporte de vários tipos de cargas, em condições variadas de trabalho.
7. **Máxima utilização do equipamento:** mantenha o equipamento ocupado tanto quanto possível. Evite acúmulo de materiais nos terminais de transporte.
8. **Máxima utilização da gravidade:** use a gravidade sempre que possível. Pequenos trechos motorizados de transportadores podem elevar carga a uma altura conveniente para suprir trechos longos de transportes.
9. **Máxima utilização do espaço disponível:** use o espaço vertical sempre que possível. Empilhe cargas ou utilize suportes especiais para isso.
10. **Menor custo total:** selecione equipamentos com base em custos totais, e não somente em custo inicial, custo operacional ou de manutenção. O equipamento escolhido deve ser aquele que apresenta o menor custo total para uma vida útil razoável e a uma taxa de retorno do investimento adequada.

4.2 Equipamentos de movimentação

4.2.1 Conceitos e objetivos

A classificação normalmente adotada para os equipamentos de movimentação e transporte divide-se em grupos bastante amplos. Nessa classificação são incluídos também os dispositivos de carga, descarga e manuseio, que, não sendo máquinas, constituem o meio de apoio à maioria dos sistemas modernos:

- **Transportadores:** correias, correntes, fitas metálicas, roletes, rodízios, roscas e vibratórios;
- **Guindastes, talhas e elevadores:** guindastes fixos e móveis, pontes rolantes, talhas, guinchos, monovias, elevadores etc.;
- **Veículos industriais:** carrinhos de todos os tipos, tratores, *trailers* e veículos especiais para transporte a granel;
- **Equipamento de posicionamento, pesagem e controle:** plataformas fixas e móveis, rampas, equipamentos de transferência etc.;
- **Contêineres e estruturas de suporte:** vasos, tanques, suportes e plataformas, estrados, paletes, suportes para bobinas e equipamento auxiliar de embalagem.

A velocidade do equipamento tem importância, pois deve se adaptar ao volume de expedição e recebimento. A possibilidade de variação de velocidade em equipamentos automáticos ou semiautomáticos é altamente importante.

4.2.2 Sistemas de transportadores contínuos

Toda vez que for necessário executar uma movimentação constante, entre dois pontos predeterminados (Figura 4.1), devem-se usar sistemas de transportadores, que podem ser: os transportadores de roletes, rodízios, de rosca, oscilatórios e de arraste.

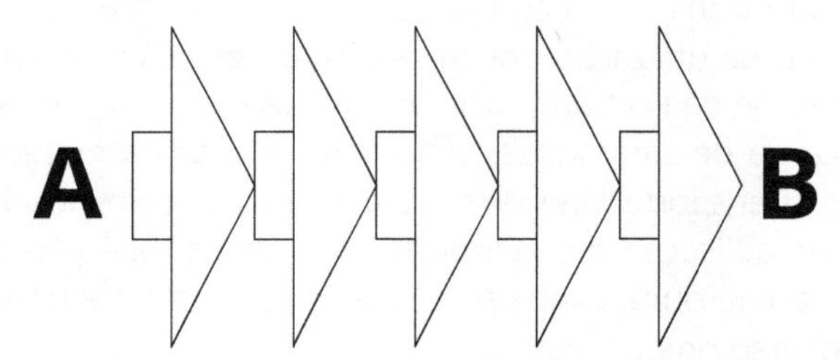

Figura 4.1 *Movimento contínuo.*

Os transportadores contínuos podem ser utilizados em mineração, indústrias, terminais de carga e descarga, terminais de recepção e expedição de mercadorias ou em armazéns de materiais a granel.

As correias transportadoras (Figura 4.2) são constituídas de uma estrutura metálica que suporta a linha de roletes onde corre a esteira.

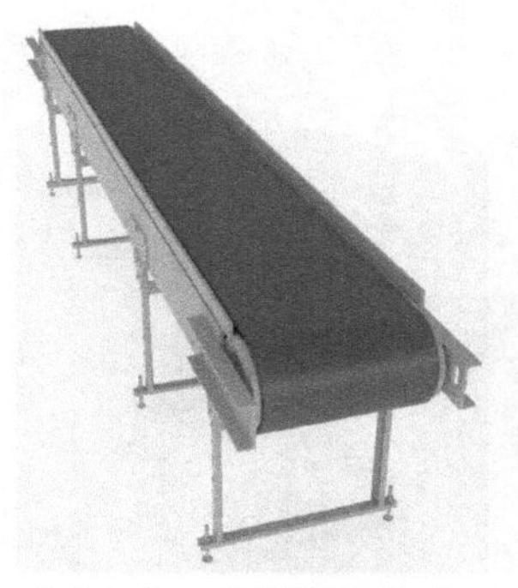

Foto: silavsale | iStockphoto

Figura 4.2 *Esteira transportadora.*

4.2.2.1 *Esteiras transportadoras*

As esteiras têm aplicação em todos os locais que precisem transportar material a granel e caixarias, de forma uniforme e contínua. São valiosos auxiliares no processo de fabricação: pesam, misturam e distribuem materiais, enchem embalagens etc. Podem ser de correia, de fita ou de tela metálica.

a) Correia

Os transportadores de correia são utilizados para transportar grandes quantidades de materiais e podem atingir alguns quilômetros de comprimento. Mas sua versatilidade permite também uso em trechos menores – como linhas de montagem – de um transporte econômico de vários volumes.

É vasto o campo de utilização dos transportadores de correia plana. Sua aplicação mais comum se dá no transporte de sacarias e em pequenas encomendas. Na carga e descarga de caminhões, empilhamento, armazenagem, utilizam-se trechos móveis de transportadores de correia, planos ou com inclinação regulável.

A vantagem da aplicação de transportadores de correias planas se encontra na redução de mão de obra, aliada à aceleração do ritmo de trabalho e à racionalização do processo operacional.

Foto: unclepodger | iStockphoto

Figura 4.3 *Esteira com desviador.*

Ao longo do transportador de correia, pode haver barras fixas de ferro chato, que desviam cada uma, e somente um tipo de caixa, de acordo com a posição em que foi colocado o pino. Para cada desviador existe um trecho de transportador de roletes livres, lateral, que encaminhará o material para o seu respectivo depósito por gravidade.

4.2.2.2 *Outros tipos de transportadores*

Diversos tipos de transportadores são utilizados para a movimentação de materiais. Desses, os principais são:

a) Transportadores de roletes livres;
b) Transportadores aéreos de correntes.

a) Roletes livres

Um dos sistemas de transportadores mais econômico é o de roletes livres. Não é necessário nenhum acionamento, a gravidade está à disposição de todos, praticamente não há manutenção e todos ou quase todos os materiais, exceto a granel, podem ser transportados por esse sistema. Podem ser utilizadas caixas ou sob pranchas de madeira, em engradados ou diretamente em contato com os roletes, dependendo do formato e tipo de carga.

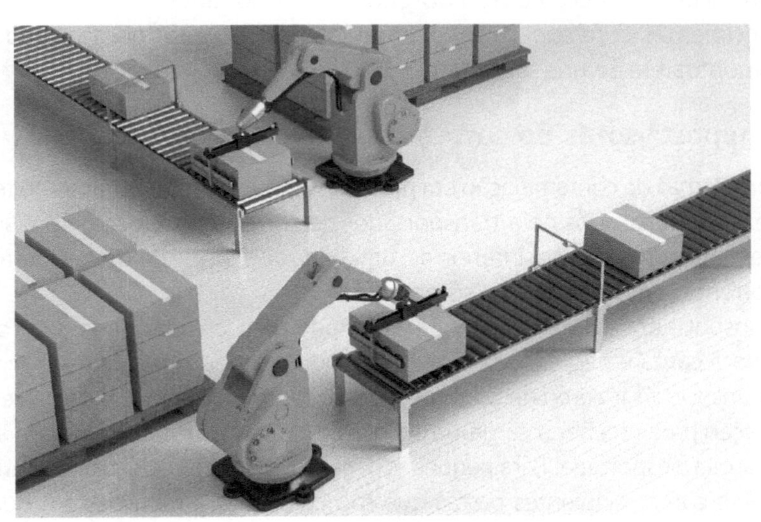

Foto: Eduard Härkönen | iStockphoto

Figura 4.4 *Sistema de roletes livres.*

Quanto à trajetória, podem ser:

- **Planos** – utilizados especialmente em sistema do tipo linha de montagem. O material vai sendo empurrado sobre o transportador, enquanto os operários colocados ao longo desse processam as diversas operações necessárias.
- **Inclinados** – os transportadores de roletes livres inclinados, mesmo com pequeno declive, fazem com que o material se movimente por gravidade.

Em geral, para que a operação de transporte seja bem-sucedida nesse tipo de equipamento, a superfície de fundo do material transportado deve ser razoavelmente dura e plana, como:

- Caixas de papelão, madeira, metal e tambores;
- Caixas de papelão muito moles ou deformadas, cestos e alguns fardos.

Além disso, a forma e as condições em que se encontra a carga devem ser levadas em conta para eliminação de uso. Por exemplo:

- Sacos e pacotes não rígidos, engradados com fundo de ripas paralelas aos roletes, não devem ser transportados nesse sistema;
- Caixas de papelão cujas tampas se abrem facilmente podem ficar presas a obstáculos situados ao lado do leito do transportador;
- Recipientes com superfície externa irregular ou com pontas tenderão a amontoarem-se uns sobre os outros.

b) Transportadores de corrente

Os problemas de contaminação em processos como pintura, tratamento térmico e limpeza são resolvidos pelo transportador de corrente. Trata-se de um sistema de troles, apoiados na aba inferior de uma viga "I", por intermédio de roletes. Uma corrente sem fim aciona o sistema.

O transportador aéreo de corrente é limitado na sua capacidade, pois os processos para carga e descarga nem sempre podem ser automatizados.

No transportador aéreo de corrente, cada trole tem um braço e um sistema de sustentação para receber a carga. Tais dispositivos variam em formato, de acordo com a carga transportada. Para pequenas peças, como parafusos, porcas e arruelas, utilizam-se como recipientes cestas que são colocadas e retiradas em qualquer ponto do trajeto. Se o problema é transportar bobinas de chapa ou arame, utilizam-se ganchos reforçados, formados por prolongamentos dos braços de apoio.

Foto: Yougen | iStockphoto

Figura 4.5 *Transportadores de corrente.*

Figura 4.6 *Dispositivos para elevação de cargas.*

4.2.3 Sistema de manuseio para áreas restritas

Quando se tem determinada área restrita, caso de um armazém, onde vão ser movimentadas cargas intermitentemente, uma das opções são os sistemas de manuseio para áreas restritas, conforme Figura 4.7.

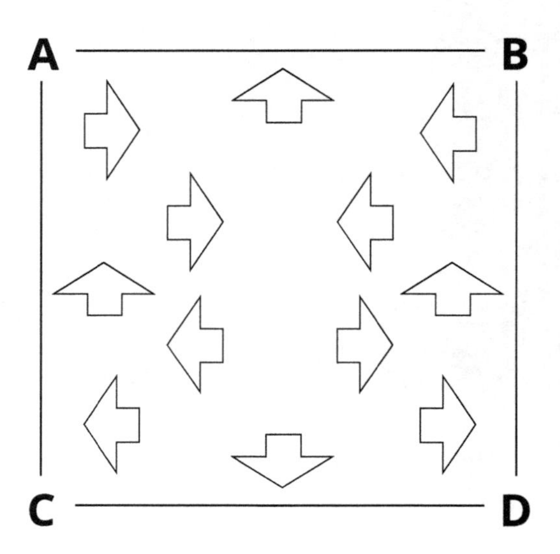

Figura 4.7 *Sistema para área restrita.*

O mais significativo equipamento de manuseio para áreas restritas é a ponte rolante, que está integrada à linha de produção ou armazenagem.

4.2.3.1 *Ponte rolante*

As pontes rolantes, vistas na Figura 4.8, são usadas no transporte e elevação de cargas em instalações industriais como fundições, linhas de montagem, em pátios de carga, depósitos etc. É uma viga suspensa sobre um vão livre, que roda sobre dois trilhos; a viga tem um carrinho que se movimenta sobre trilhos.

São empregadas em fábricas ou depósitos, que permitem o aproveitamento total da área útil.

Foto: ozgurdonmaz | iStockphoto

Figura 4.8 *Ponte rolante.*

4.2.3.2 *Pórticos*

Os pórticos rolantes possuem uma viga elevada, autossustentável, sobre truques de rodas que se movimentam sobre trilhos, como mostra a Figura 4.9. Têm equipamentos de elevação similares aos das pontes rolantes. Empregados em áreas externas, sua utilização é indicada nos casos em que a instalação da estrutura para uma ponte rolante tenha um alto custo. São adequados para armazenamento em locais descobertos, para carga e descarga de mercadorias em áreas livres de plataformas de embarque.

Uma variação do pórtico é o semipórtico, usado dentro de armazém ou de outra área coberta. Tem apenas uma perna, e a outra cabeceira da viga corre sobre uma parede ou estrutura de sustentação (Figura 4.10). Esse equipamento pode trabalhar em combinação com uma ponte rolante, de maneira que esta cubra toda a área de carga, enquanto o pórtico, funcionando embaixo dela, cobre apenas um setor restrito.

Foto: Jozef Culák | iStockphoto

Figura 4.9 *Pórtico.*

Foto: Halfpoint | iStockphoto

Figura 4.10 *Semipórtico.*

O sistema de área restrita avançada e sofisticado é o *stackercrane*, que é um sistema conjugado de armazenagem e manuseio, onde o espaço é aproveitado ao máximo. O *stackercrane* da Figura 4.11 consiste numa torre apoiada sobre um trilho inferior guiada por um trilho superior e uma viga na posição vertical por onde sobe e desce uma cabina de comando operacional. A plataforma acompanha o movimento da cabina e um par de garfos recolhe o palete ou recipiente. Há exemplos de torres com mais de 20 m de altura.

Foto: chokmoso | iStockphoto

Figura 4.11 Stackercrane.

Pelo fato de se constituir de uma viga com cabina e garfos, os corredores podem ser estreitos – largura máxima de 1 metro para seus deslocamentos e manuseio da carga.

4.2.4 Sistemas de manuseio entre pontos sem limites fixos

De todos os casos, os sistemas de manuseio entre pontos sem limites fixos são, sem dúvida, os mais versáteis. Isso porque suas aplicações não se restringem a dois pontos predeterminados nem a áreas restritas, podendo também operar em áreas sem delimitação.

4.2.4.1 *Carrinhos*

O mais simples dos equipamentos que formam os sistemas sem limites fixos é o carrinho, visto na Figura 4.12.

Foto: urfinguss | iStockphoto

Figura 4.12 *Tipo de carrinho manual.*

Do velho carro-plataforma usado desde os primeiros tempos nas estradas de ferro, nos campos e fazendas, derivou-se uma série de modelos de carrinhos para atender às mais variadas necessidades industriais, como vemos na Figura 4.13. O princípio básico permanece: uma plataforma com rodas e um timão direcional.

Foto: nicomenijes | iStockphoto

Figura 4.13 *Carrinho manual.*

Uma opção é a paleteira ou carro-palete. Seus braços metálicos em forma de garfo recolhem diretamente paletes ou recipientes que tenham dispositivos de base preparados para o manuseio. Um pequeno pistão hidráulico produz uma leve elevação da carga, suficiente para tirá-la do chão e permitir seu transporte.

Foto: Boris Rabtsevich | iStockphoto

Figura 4.14 *Paleteira hidráulica.*

Quando a distância de transporte é muito grande, recomenda-se o uso das paleteiras motorizadas (Figura 4.15). Para cargas pesadas, são utilizados os comboios de carretas do tipo plataforma, que poderão ser rebocados por um pequeno trator ou mesmo um carrinho elétrico.

Foto: Baloncici | iStockphoto

Figura 4.15 *Paleteira motorizada.*

4.2.4.2 *Empilhadeiras*

No caso em que, além do peso e da distância, a carga tiver de ser empilhada, já se torna necessário usar uma empilhadeira. Trata-se de um carro de elevação por garfos, motorizado e em condições de operar a média distância. Os garfos recolhem os paletes através dos dispositivos de base próprios para manuseio e por elevação executam a operação de empilhamento. Essas qualidades fazem da empilhadeira um dos mais versáteis sistemas de manuseio.

Os modelos de empilhadeiras podem ter tantas características quanto as exigências de cada material a ser movimentado. Podem ser divididos em três classes fundamentais: frontais de contrapeso (Figura 4.16), frontais que equilibram a carga dentro de sua própria base e empilhadeiras laterais. A mais conhecida é a frontal de contrapeso. Esse tipo de máquina apanha as cargas de frente e se equilibra por meio do contrapeso, localizado na parte traseira, o que lhe garante estabilidade no momento de elevação e transporte.

Foto: Bet_Noire | iStockphoto

Figura 4.16 *Empilhadeira com contrapeso.*

O modelo com motor a explosão (gasolina, GLP, diesel ou álcool) exige áreas abertas de operação. No caso de precisar funcionar em ambientes fechados, a ventilação deve ser muito boa.

Foto: aNdreas Schindl | iStockphoto

Figura 4.17 *Empilhadeira a diesel.*

Para as situações de arejamento crítico ou mesmo quando o material a ser estocado for sensível a gases, recomendam-se empilhadeiras elétricas para o manuseio (Figura 4.18). Opcionalmente, pode ser usado como combustível o GLP – gás liquefeito de petróleo –, que exige um sistema de carburação próprio e pode ainda ser melhorado com o oxicatalisador.

Foto: stefann11 | iStockphoto

Figura 4.18 *Empilhadeira elétrica.*

Em condições normais de trabalho, uma empilhadeira tem capacidade máxima de elevação próxima dos 5 m e necessita de corredores de manobra de 3,70 m, na versão média de 2,5 t. Em locais com pisos irregulares (paralelepípedos ou sem pavimento no piso) as máquinas de contrapeso levam vantagens sobre as demais, principalmente devido aos diâmetros maiores das rodas.

Mas seja qual for o tipo de empilhadeira, é necessário conhecer muito bem o local e as condições de operação antes de adquirir um desses equipamentos.

4.2.4.3 *Acessórios de empilhadeiras*

Tanto os modelos frontais de contrapeso como os de equilíbrio na própria base podem ter uma série de acessórios acoplados, conforme as finalidades. Entre os mais usados está o *sideshift* ou carro de deslocamento lateral. Ele possui movimento para a direita ou para a esquerda para ajustar o carro-suporte dos garfos, conforme Figura 4.19, evitando o excesso de manobras do equipamento para a tomada das cargas.

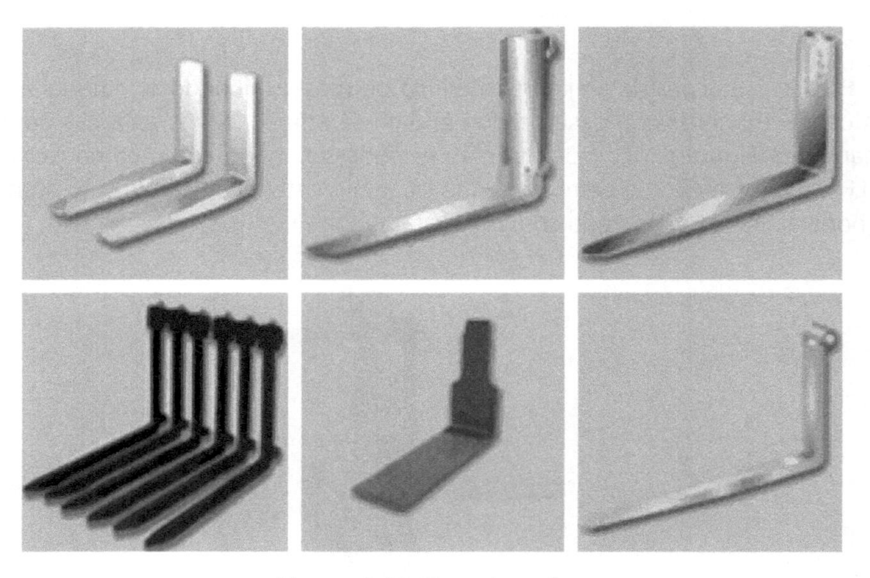

Figura 4.19 *Tipos de garfos.*

Outro acessório é o dispositivo rotativo, que permite – sozinho ou em conjunto com outros acessórios – o despejo do material recolhido pela sua caçamba (Figura

4.20). Por sua vez, o apanhador de fardos de algodão possui duas garras laterais paralelas acionadas por um dispositivo hidráulico para abertura ou fechamento.

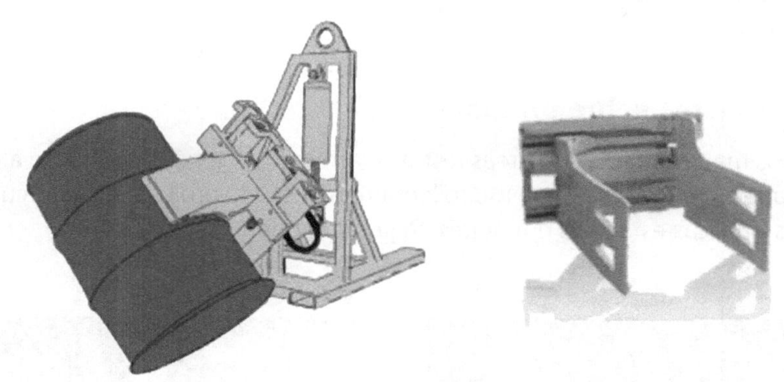

Figura 4.20 *Dispositivos rotativos.*

4.2.4.4 *Guindastes*

São compostos de coluna e lança com guincho, acionado por dispositivo mecânico ou elétrico. Um dos mais importantes é o guindaste de lança. É um veículo provido de motor a explosão, que fornece também a força necessária à operação do guindaste. A lança do guindaste pode ser fixa ou móvel.

Os guindastes sobre rodas, de lança giratória, apresentam a vantagem de não precisarem de manobras para levantar a carga. A aplicação de guindastes é recomendada no transporte interno quando as cargas pesam mais de 5 toneladas.

Sempre que necessitamos de um guindaste, precisamos das seguintes informações:

- Dimensões e peso do material;
- Raio operacional;
- Altura de elevação.

Os guindastes classificam-se, basicamente, em dois tipos: mecânico e hidráulico.

O guindaste mecânico caracteriza-se por possuir lança fixa, o que limita bastante seu raio operacional, mas existem alguns tipos que possuem lança móvel com giro de 180°.

Os guindastes hidráulicos são os mais utilizados, pela sua versatilidade. Podem ter três tipos de lança: telescópica, tubular e treliça. Eles têm um giro de 360° e podem ser:

a) sobre pneus (autopropulsor);
b) sobre chassi;
c) sobre esteiras;
d) fixos.

a) Guindastes sobre pneus

São os mais utilizados em áreas restritas (armazéns, galpões etc.). Têm a particularidade de se locomoverem muito lentamente, sendo proibida a sua circulação nas vias públicas estaduais e federais. Veja um modelo na Figura 4.21.

Foto: zorandimzr | iStockphoto

Figura 4.21 *Guindaste sobre pneus.*

b) Guindastes sobre chassi

São acoplados em chassi de caminhões (Figura 4.22), de grande versatilidade de locomoção, rápida e segura. São muito utilizados como equipamento de carga e descarga para transportes pesados, pois podem acompanhar a mercadoria desde sua origem até o seu destino final.

Foto: Lalocracio | iStockphoto

Figura 4.22 *Guindaste sobre chassi.*

c) Guindastes sobre esteiras

Têm as mesmas características que os guindastes sobre pneus, diferenciando-se apenas nos tipos de rodas (pneus e esteiras). São muito utilizados em construções, onde os terrenos são lamacentos e barrentos. Veja um modelo na Figura 4.23.

Foto: MR1805 | iStockphoto

Figura 4.23 *Guindaste sobre esteiras.*

d) Guindastes fixos

Os guindastes na Figura 4.24 são utilizados especificamente para carga e descarga de materiais em pontos estratégicos e de grande movimentação, como portos, plataformas de embarque e desembarque de mercadorias, estaleiros, construções etc.

Foto: pjhpix | iStockphoto

Figura 4.24 *Guindastes fixos.*

e) Tratores

Desenvolveu-se rapidamente a aplicação de tratores para fins industriais e para diversas outras funções. Eles tracionam carretas em pátios de cargas, vagões em pátios de manobras, executam serviços de terraplenagem, esticam correias transportadoras, acionam bombas irrigadoras, entre outras aplicações.

Considerando o sistema de tração, os tratores são de esteiras ou pneus. Os de esteiras apresentam maior área de contato com o solo, menor desgaste, custo de manutenção mais reduzido, aderindo melhor em terrenos alagadiços. Os tratores sobre pneus são mais rápidos e de manobra mais fácil, o que os torna recomendáveis para tração de carretas, vagões, aviões e na movimentação de equipamentos de terraplenagem.

Foto: Jirsak | iStockphoto

Figura 4.25 *Trator.*

4.3 Armazenagem de materiais

4.3.1 Introdução

O armazém, depósito ou almoxarifado está diretamente ligado à movimentação ou transporte interno de cargas, e não se pode separá-lo.

A influência dos equipamentos e sistemas para armazenagem na produtividade industrial pode ser observada em todas as suas frentes. Um método adequado para estocar matéria-prima, peças em processamento e produtos acabados permite diminuir os custos de operação, melhorar a qualidade dos produtos e acelerar o ritmo dos trabalhos.

O capital imobilizado nesses equipamentos pode ser recuperado em curto prazo pelo melhor aproveitamento da mão de obra e demais maquinarias. No entanto, são as condições do trabalho que determinam as possibilidades reais de melhoria. Elas servem de base na escolha do sistema de armazenagem de cargas e da operação do armazém.

A eficiência de um sistema para estocagem de cargas e o capital necessário de investimento dependem da escolha do sistema. Ele deve ser adaptado às condições específicas da armazenagem e da organização. A pequena flexibilidade de certas máquinas, além de impedir a expansão dos programas da produção, pode torná-los antieconômicos no caso de redução das vendas. Os problemas e as características de um sistema de armazenagem estão relacionados com a natureza do material movimentado e estocado.

4.3.2 *Layout*

A primeira necessidade sentida quanto ao *layout*, que é a planta do armazém, ocorre quando da implantação de um depósito. Está presente desde a fase inicial do projeto até a etapa da operacionalização. Ele influi na seleção do local, no projeto de construção, na localização de equipamentos e estações de trabalho, na seleção do equipamento de transporte e na movimentação, estocagem, expedição e dezenas de detalhes que vão desde a topografia do terreno até a presença ou não de janelas.

Cada atividade do depósito apresenta um fluxograma típico, o que não quer dizer que permaneça estático através dos anos. Novos procedimentos e novos equipamentos podem se tornar obsoletos, em um novo arranjo de homem, máquinas e materiais. O *layout* sofre alterações periódicas que influem profundamente na vida do depósito.

O *layout* é a integração do fluxo físico de materiais, da operação dos equipamentos de movimentação, combinados com as características que conferem maior produtividade ao elemento humano; para que a armazenagem de um produto se processe dentro do padrão máximo de economia e rendimento.

Não existe um critério para se avaliar a adequação de um *layout* a determinada atividade; tudo depende da meta a ser atingida e dos fatores que influem no fluxograma típico para a atividade considerada. Assim, em alguns casos, pode interessar mais a redução máxima da movimentação interna; em outros, o custo mínimo da estocagem ou, ainda, a estocagem máxima independente do custo, para atender a certos picos ou regimes anormais de vendas.

Uma organização que dispõe de pessoal devidamente treinado pode efetuar independentemente os estudos de *layout*. É o caso de indústrias que, devido a sua atividade, antecipam as mudanças periódicas no processo ou no produto.

Quando se tratar de experiência isolada, própria da implantação de um novo depósito, mudanças nas instalações ou necessidade de atualização, a solução reside nos estudos efetuados por empresas especializadas em assessoria industrial e racionalização de trabalho, analisando, entre outras, as situações seguintes que originam uma mudança de *layout*.

4.3.3 Embalagem

O projeto de uma embalagem leva em conta o produto (características, fragilidade), seu peso, a quantidade/caixa e o dimensionamento para boa amarração e empilhamento.

Para projetar uma embalagem, verifica-se inicialmente a fragilidade do produto através de equipamentos especiais, calculando seus pontos críticos para determinação do material de acolchoamento. Outro ponto considerado é a finalidade da mercadoria ou os caminhos do produto. Só depois se inicia o projeto, em que se verifica se o produto já tem uma embalagem primária, volume, peso, se há necessidade de unitização e qual o material mais indicado para a embalagem, com a simulação de testes (vibração, compressão, altura de empilhamento em função da carga). Faz-se o cálculo do custo e escolhe-se o material de acolchoamento com a melhor relação custo/benefício.

O principal objetivo da embalagem é proteger o produto da melhor maneira possível, de acordo com a modalidade de transporte utilizada na distribuição, ao menor custo possível.

4.3.3.1 *Caixa de papelão*

Uma redução de custos que a empresa pode realizar na embalagem de seus produtos é o uso de caixas de papelão ondulado no lugar da madeira, compensado ou embalagem a granel.

O papelão ondulado da Figura 4.26 é definido pela ABNT, na sua terminologia brasileira PTB-42, como o resultado da colagem de elementos ondulados de papel miolo a elementos lisos de papel (forros ou capas). A onda pode ser alta (4,7 mm)

Foto: SERGEY BELOV | iStockphoto

Figura 4.26 *Elementos ondulados.*

ou baixa (3,0 mm), conforme a natureza do produto a ser embalado, sendo que a onda alta oferece maior efeito acolchoador.

O papelão ondulado de parede simples da Figura 4.27 é formado por um elemento ondulado colado entre dois elementos lisos.

Foto: Nantapok | iStockphoto

Figura 4.27 *Parede simples.*

O papelão ondulado de parede dupla da Figura 4.28 é formado por três elementos lisos colados alternadamente a dois elementos ondulados. As faces externas são lisas.

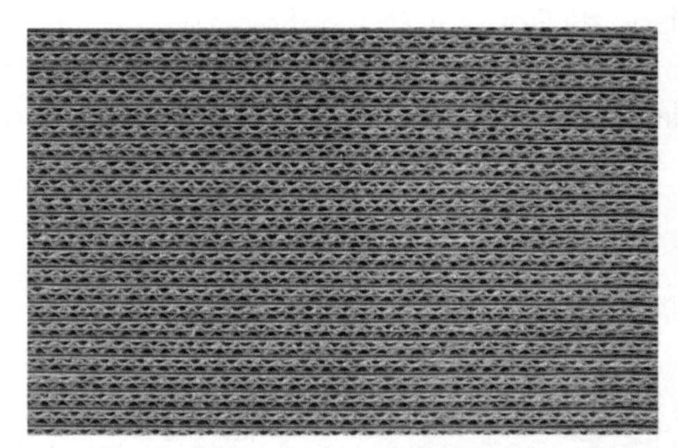

Foto: Ken Rygh Creative Art & Design | iStockphoto

Figura 4.28 *Parede dupla.*

Acessório interno é qualquer peça de papelão destinada a proteger a mercadoria no interior da caixa. A Figura 4.29 mostra um tipo comum de acessório chamado divisão ou colmeia; cada compartimento formado pela divisão denomina-se célula.

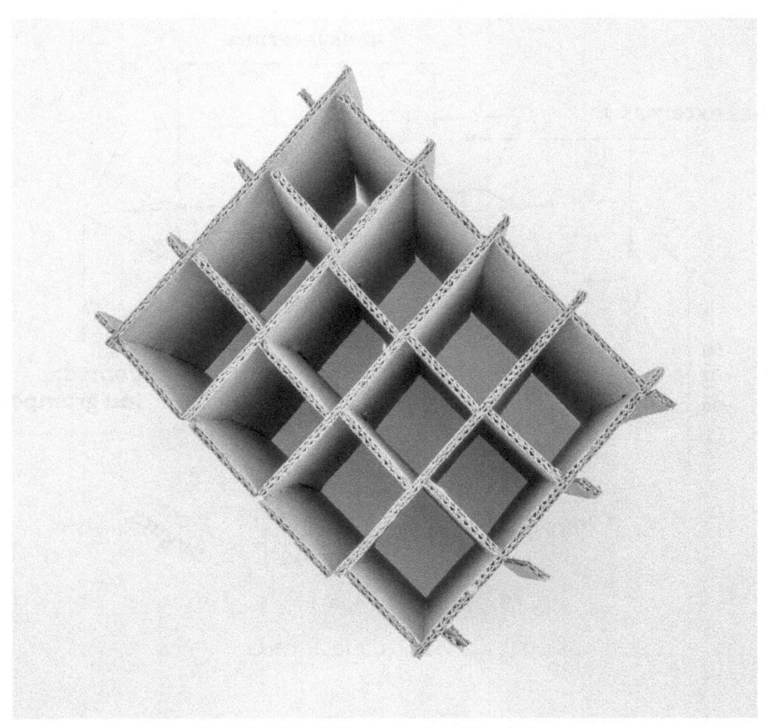

Foto: krisblackphotography | iStockphoto

Figura 4.29 *Divisão interna de caixa.*

As Figuras 4.30 e 4.31 põem em evidência os elementos construtivos de uma caixa de papelão ondulado, de acordo com a nomenclatura da ABNT, para a caixa armada e desarmada.

A ondulação da folha central é obtida amolecendo o papel com vapor de água e corrugando-o sobre um cilindro com ranhuras. Essa onduladeira, também chamada corrugadeira, realiza as operações de ondulação do miolo, de colagem das capas e de corte da grande fita de papelão, obtida em chapas de dimensão desejada. As operações seguintes são: formação dos vincos e entalhes; impressão dos dizeres; fechamento das abas laterais com fitas e grampos. As caixas de papelão são então amarradas, como se vê na Figura 4.32, em grupos de vinte e expedidas ao usuário.

As caixas de papelão ondulado possuem numerosas exigências de qualidade: a cor deve ser clara, a impressão dos dizeres bem legível, as abas devem situar-se num esquadro umas em relação às outras, as faces externas não podem apresentar nós nem manchas.

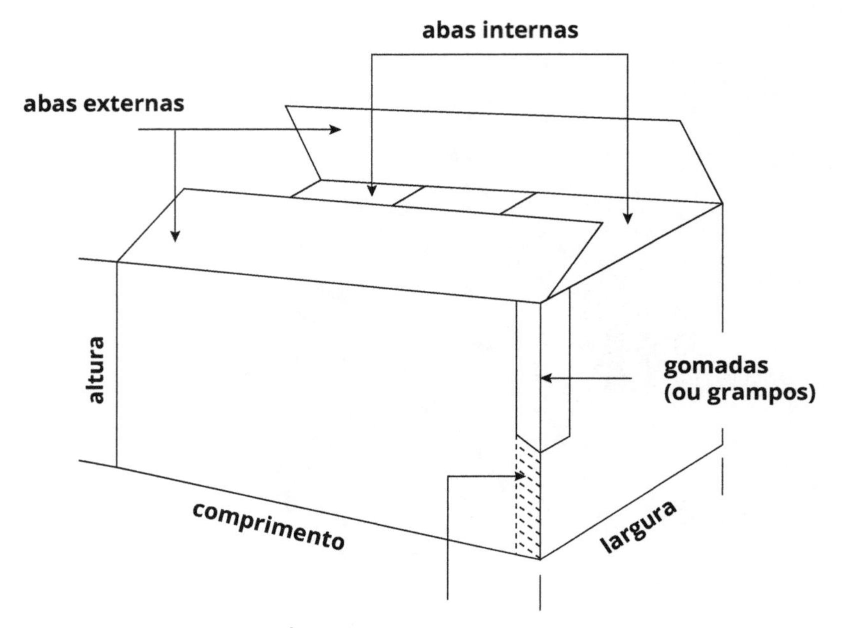

Figura 4.30 *Caixa armada.*

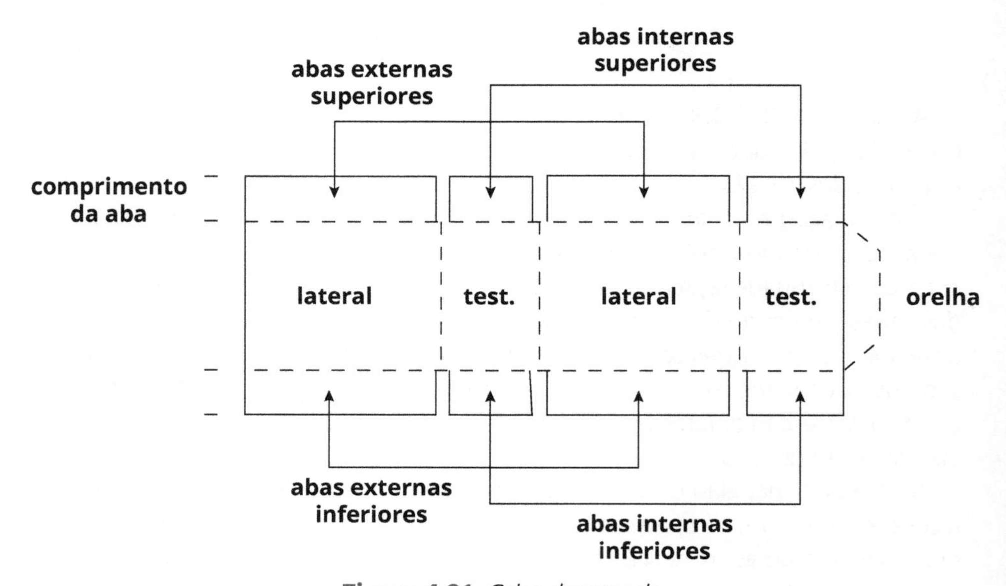

Figura 4.31 *Caixa desarmada.*

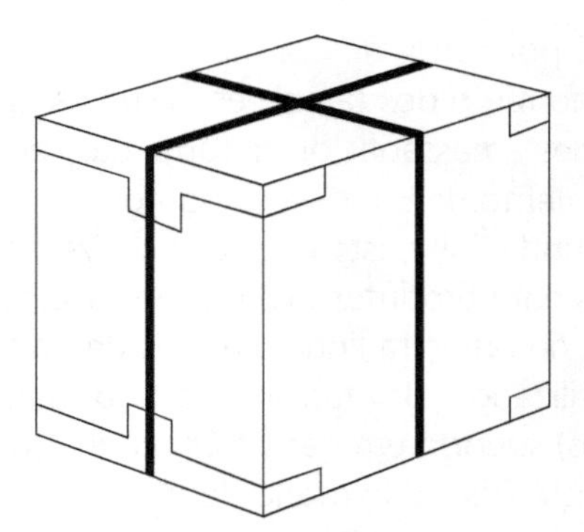

Figura 4.32 *Caixa final amarrada.*

4.3.3.2 *Tambores*

A utilização de tambores metálicos alcança um número considerável de produtos. Líquidos de todo tipo, produtos sólidos, pastosos, fluidos, semifluidos, em pó, granulados etc. podem ser transportados em tambores de metal com tranquilidade e comodidade. Tudo depende do revestimento que se dê à chapa internamente. Há produtos que permitem que sejam acondicionados em contato direto com a chapa, pois não se alteram. É o caso dos derivados de petróleo, usuários tradicionais dos fabricantes de tambores metálicos. A facilidade de manipulação, armazenagem, transporte e a absoluta proteção que oferece à mercadoria, seja qual for, são os maiores atrativos que esse tipo de embalagem apresenta à indústria e ao comércio em geral.

Foto: nyvltart | iStockphoto

Figura 4.33 *Tambores.*

Tambor usado não é por certo tambor inutilizado. Desse fato desenvolveu-se um negócio marginal no ramo dos tambores, a sua recuperação, que é o restabelecimento de unidades amassadas ou deformadas, bem como na lavagem e secagem para o recebimento de um novo produto.

Os tambores de segunda linha, isto é, os que já fizeram uma primeira viagem só não são reutilizáveis para produtos alimentícios. Nesse caso, há sempre uma exigência de tambores de primeira linha. Para os demais produtos, eles podem ser perfeitamente reutilizados. Um tambor do tipo mais usado (de 180 a 200 litros, de 18 a 23 quilos) suporta em geral três ou quatro viagens, dependendo, obviamente, das circunstâncias e do modo de uso.

4.3.3.3 *Fardos*

O excessivo volume de certas mercadorias foi o principal motivo do uso do enfardamento como sistema de embalagem. Pelos métodos usuais, o custo final dessas mercadorias poderia ser proibitivo, uma vez que os fretes marítimos e rodoviários são cobrados pela cubagem do produto.

Foto: kaupo | iStockphoto

Figura 4.34 *Fardos de algodão.*

Quando enfardado, o algodão, por exemplo, ocupa um espaço várias vezes menor que em pluma; facilita o manuseio, permite o uso de empilhadeiras para uma arrumação mais fácil nos armazéns e reduz substancialmente os fretes. Essa redução de volume é conseguida com a utilização de prensas, que comprimem a mercadoria, que é presa com fitas metálicas, geralmente de aço, colocadas ao redor do fardo e amarradas com fivelas. Com esse processo são enfardados alfafa e fumo; fibras vegetais, como algodão, juta, malva, sisal, rami, bucha; produtos de origem animal, como lã, couro, peles e produtos transformados, como borracha sintética, tecidos e até resmas de papel e retalhos de ferro, além de resíduos de diversos materiais; bagaço de cana, aparas de papel etc.

O transporte e a arrumação desses fardos requerem poucos cuidados, mas é necessário evitar que a umidade, especialmente chuva, atinja o algodão. Para movimentação interna e elevação, os grandes armazéns precisam de talhas e pontes rolantes.

4.3.3.4 *Recipientes plásticos*

Para o transporte de líquidos e materiais a granel, os recipientes plásticos estão substituindo as embalagens convencionais de vidro, madeira e metal. A receptividade desses plásticos decorre da versatilidade do material empregado na sua fabricação: o polietileno. Ele pode adotar formas diversas, com capacidade que oscila entre 5 e 5.000 litros.

Foto: mipan | iStockphoto

Figura 4.35 *Contentor de plástico.*

O polietileno é uma resina obtida do gás etileno, derivado, por sua vez, do petróleo ou do álcool etílico. Na indústria de recipientes utilizam-se duas variedades de resina: a de alta e a de baixa pressão. A primeira é flexível, a segunda apresenta elevada resistência mecânica e baixa permeabilidade.

Recomendam-se, porém, certas precauções em sua utilização. Os períodos de armazenamento e transporte de produtos voláteis – álcool, gasolina, essências, substâncias aromáticas etc. – devem ser curtos, devido à permeabilidade do polietileno aos vapores e gases, com exceção do vapor de água.

4.3.4 Princípios de estocagem

4.3.4.1 *Carga unitária*

Um conceito formal de carga unitizada poderia ser uma carga constituída de embalagens de transporte, arranjadas ou acondicionadas de modo que possibilite o seu manuseio, transporte e armazenagem por meios mecânicos, como uma unidade.

Com o conceito de carga unitizada (Figura 4.36), no manuseio de materiais, permitiu-se uma melhoria na eficiência dos vários equipamentos de transporte, principalmente a empilhadeira, que pode tornar-se o mais importante meio de transporte e armazenagem de cargas.

Os dispositivos que permitem a formação da carga unitária são vários, entre eles, o mais conhecido é o palete, da Figura 4.37, que é um estrado de madeira de várias dimensões, de acordo com as necessidades de cada empresa.

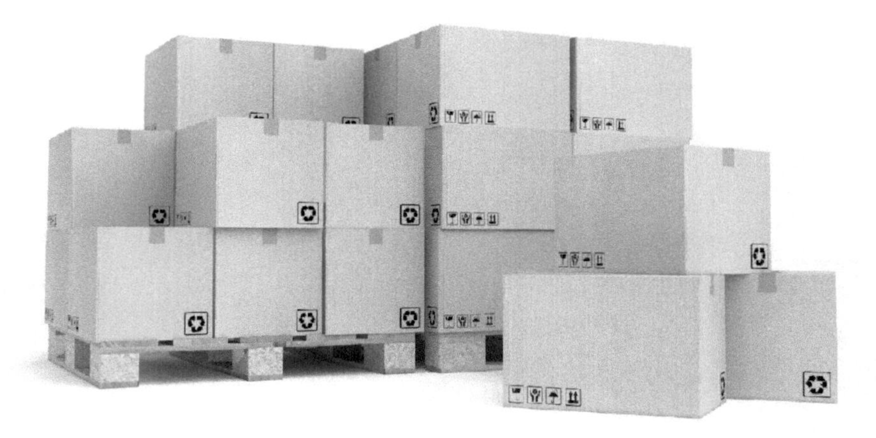

Foto: yodiyim | iStockphoto

Figura 4.36 *Carga unitizada.*

Foto: dmitriymoroz | iStockphoto

Figura 4.37 *Palete.*

Com o aumento das trocas entre países dos vários continentes, foi necessário estabelecer normas de medidas para os recipientes de manuseio, os formadores de cargas unitárias. Foi então organizada uma comissão na Associação Brasileira de Supermercados (ABRAS) para estudar o assunto e conseguir um resultado comum a todos; os mais variados padrões foram estudados e avaliados, e o resultado elegeu um palete de 1.200 mm × 1.000 mm. Esse resultado levou em consideração também as medidas dos contêineres, nos quais são utilizadas as cargas para transporte a grande distância.

Existem diversos tipos de paletes, mas eles podem ser divididos em algumas classes:

Quanto ao número de entradas:

- Paletes de duas entradas;
- Paletes de quatro entradas.

Quanto ao número de faces:

- Paletes de uma face;
- Paletes de duas faces.

As razões para cada uma dessas classes são as seguintes:

- **Paletes de duas entradas** (Figura 4.38): usados quando o sistema de movimentação de materiais não exige "cruzamento" de equipamentos de manuseio.
- **Paletes de quatro entradas** (Figura 4.39): usados quando é necessário o "cruzamento" de equipamentos de manuseio.
- **Paletes de uma face** (Figura 4.40): aplicado quando a operação não exige muito tempo de estocagem, ou quando o palete pode dispensar reforços, em virtude das características do material a ser manuseado.
- **Paletes de duas faces** (Figura 4.41): é o escolhido quando se precisa de uma unidade mais reforçada, ou quando se quer aproveitar o palete por duas vidas úteis. Os dois conceitos acima exigem paletes diferentes:

- Quando se deseja somente um palete mais reforçado, utiliza-se uma armação com travessas na parte inferior, formando um conjunto mais "estruturado";
- Quando se quer um palete que tenha "mais vida útil", utiliza-se o palete de duas faces, ou seja, tanto a face superior como a inferior podem portar cargas.

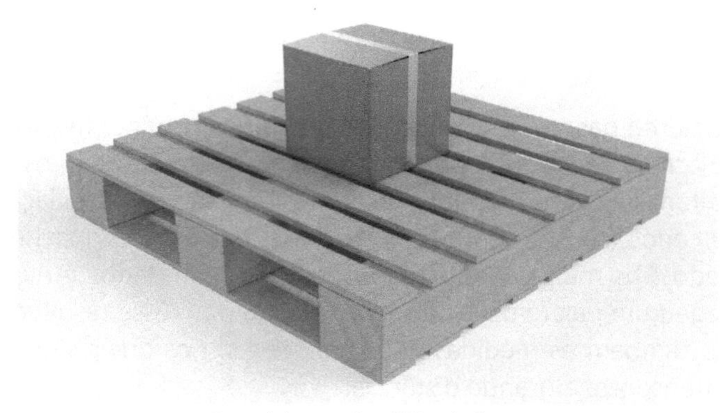

Foto: luismmolina | iStockphoto

Figura 4.38 *Palete de duas entradas.*

Foto: NosUA | iStockphoto

Figura 4.39 *Palete de quatro entradas.*

Foto: Grassetto | iStockphoto

Figura 4.40 *Palete de uma face, duas entradas.*

Foto: ilyarexi | iStockphoto

Figura 4.41 *Palete de duas faces, duas entradas.*

Como as mercadorias que serão acomodadas sobre os paletes não têm sempre o mesmo tamanho, para cada uma delas é preciso uma avaliação de "arranjo físico" sobre o palete, como na Figura 4.42. Há "estudos de arranjos físicos" para preparar uma carga unitária a partir das caixas, latas ou algum tipo de embalagem primária ou embalagem para venda. Essa técnica envolve a aplicação de algumas fórmulas ou a utilização de tabelas que mostram exemplos de "arranjos".

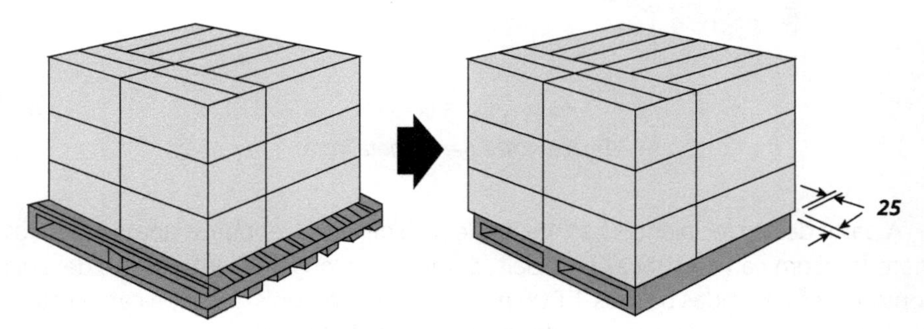

Figura 4.42 *Tipos de arranjo de carga.*

O palete, entretanto, não é a única nem a melhor forma de portar materiais e formar cargas unitárias. Saindo do campo das cargas de formatos regulares, como caixas de madeira ou papelão, existe a necessidade de outros tipos de recipientes. Desse modo, para o manuseio correto de peças a granel (parafusos, porcas e arruelas em grande quantidade) usam-se recipientes em madeira ou metal, sempre dentro do conceito inicial do palete, que permite ser "apanhado" por algum equipamento.

Peças de grande comprimento (barras, tubos e perfis) são movimentadas com auxílio de berços (Figura 4.43), estruturas metálicas na dimensão das peças podem ser apanhadas pelo equipamento de transporte.

Foto: maytih | iStockphoto

Figura 4.43 *Berço metálico.*

A partir desses recipientes básicos, podem-se desenvolver outras adaptações aos materiais com características especiais. Sempre que possível, entretanto, deve-se considerar as medidas básicas 1.000 mm × 1.200 mm, pois, assim, a carga estará dentro dos padrões de medidas de outros meios de transporte e armazenagem.

4.3.4.2 *Paletização*

A paletização é utilizada, com frequência, em indústrias e comércios que exigem manipulação rápida e estocagem racional de grandes quantidades de carga.

A manipulação em lotes de caixas, sacos, engradados etc. permite que as cargas sejam transportadas e estocadas como uma só unidade. As principais vantagens são: economia de tempo, mão de obra e espaço de armazenagem. Uma paletização bem organizada permite a formação de pilhas altas e seguras; oferece melhor proteção às embalagens, que são manipuladas, além de economizar tempo nas operações de carga e descarga de caminhões.

A distribuição da carga sobre o palete é de grande importância; assim, é conveniente determinar um arranjo típico para a padronização das operações. Os elementos destinados a trabalhar com os paletes devem ser treinados, a fim de saberem qual a maneira mais correta de carregá-los com volumes de vários tamanhos.

O arranjo mais indicado para uma operação depende de:

- **Tamanho da carga:** as maneiras de paletizar uma carga podem ser diversas, apenas uma ou nenhuma, dependendo do seu tamanho;
- **Peso do material:** o número de camadas está condicionado à resistência do palete e da embalagem;
- **Carga unitária:** o comprimento, a largura e, especialmente, a altura da carga como um todo devem ser considerados;
- **Perda de espaço:** alguns arranjos podem ter muitos vazios entre as suas unidades. Além de perda de espaço, o peso é distribuído desigualmente, possibilitando o desmoronamento das pilhas;
- **Compacidade:** as várias unidades de um arranjo devem "se casar" para que haja o necessário entrelaçamento do conjunto;
- **Métodos de amarração** (Figura 4.44): de acordo com o tipo de fixação das várias unidades de carga em conjunto, estas poderão ser dispostas sobre o palete sem maiores preocupações. Dá-se mais importância ao entrosamento entre as várias unidades, quando as cargas não são amarradas entre si.

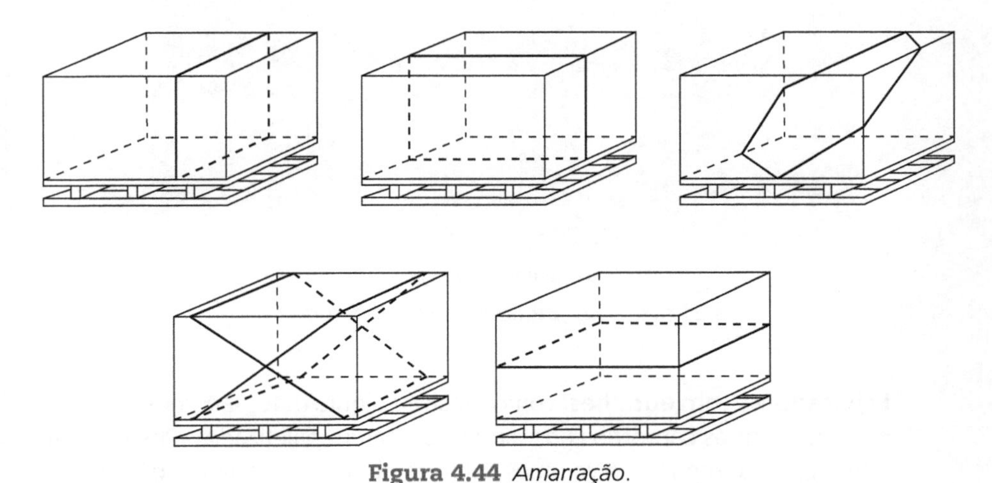

Figura 4.44 *Amarração.*

Para movimentar e transportar cargas unitárias, às vezes é necessário fixá-las sobre o palete. Para isso, os métodos mais comuns são: aplicação de fitas metálicas ou de náilon, cola, fitas adesivas ou cordas. A escolha de determinado tipo de reforço dependerá de fatores como: distância em que será transportado o palete, tipo a ser utilizado, método de manuseio e embarque etc.

A utilização de fitas metálicas é a maneira mais segura de prender cargas aos paletes, e pode-se cintar as cargas de várias maneiras. O arqueamento deve ser feito transversalmente às ripas, indicado para o transporte rodoviário e ferroviário devido aos movimentos na viagem. Fitas metálicas, porém, não devem arquear conjunto de embalagens frágeis, já que podem danificá-las. A amarração de cargas paletizadas é necessária quando o palete sofrer muita movimentação no transporte.

- **Esquadrias:** como se vê na Figura 4.45, é destinado a suportar cargas empilhadas de grande peso. Essas armações retangulares servem, igualmente, para impedir que o palete superior sobreponha diretamente sobre a carga de outro.

Foto: Zerbor | iStockphoto

Figura 4.45 *Esquadrias e engradados.*

- **Espaçadores com entalhes:** como mostra a Figura 4.46, são tipos de "berços" que têm os contornos dos materiais a serem paletizados. Possibilitam o manuseio agrupado de volumes como tambores de oxigênio, gás etc.

Figura 4.46 *Estocagem de gases.*

4.3.5 Técnicas de estocagem

A dimensão e as características de materiais e produtos podem exigir desde a instalação de uma simples prateleira até complexos sistemas de armações, caixas e gavetas. As maneiras mais comuns de estocagem de materiais podem ser:

- **Caixas:** são adequadas para itens de pequenas dimensões. As caixas têm grande aplicação em armazenagem também na própria linha de produção.
- **Prateleiras:** são fabricadas em perfis metálicos, destinados a peças maiores ou para o apoio de gavetas ou caixas padronizadas.

A estrutura metálica porta-palete da Figura 4.47 tem a vantagem de ser mais flexível, permitindo modificações na altura e largura das divisões, resistindo melhor aos danos de acidentes causados por veículos de movimentação.

- ***Racks*:** são construídos para acomodar peças longas e estreitas, como tubos, vergalhões, barras, tiras etc. Podem ser montados sobre rodízios, permitindo seu deslocamento para junto de determinada área de operação. Os *racks* são fabricados em madeira ou aço estrutural.
- **Empilhamento:** constitui uma variante na armazenagem de caixas, diminuindo a necessidade de divisões nas prateleiras ou formando uma espécie de prateleira por si só. É o arranjo que permite o aproveitamento máximo do espaço vertical.

Foto: Baloncici | iStockphoto

Figura 4.47 *Estrutura metálica.*

Foto: stockvisual | iStockphoto

Figura 4.48 *Racks.*

A escolha do melhor sistema de estocagem é feita em função do espaço disponível, da quantidade e tipos de itens estocados, do tipo de embalagem e da velocidade de atendimento necessária.

Quando se refere à estocagem, o meio mais simples e econômico ainda é a prateleira. Esta deve ser utilizada apenas para peças pequenas e leves, e quando o volume em estoque não for muito grande. Os materiais colocados nos nichos devem ficar visíveis e perfeitamente identificados.

O uso das estruturas porta-paletes trouxe duas alterações: cargas em maiores alturas e redução da largura dos corredores, para obter um melhor aproveitamento dos depósitos. As duas mudanças tinham como obstáculo o meio de transporte, que era a empilhadeira tradicional. Existem empilhadeiras com garfos telescópicos que colocam e retiram paletes lateralmente e com torres de até 12 m de altura.

O sistema evoluiu de tal maneira que hoje a movimentação dos paletes é feita por equipamentos denominados *stacker-crane*, uma ponte-rolante que se movimenta na vertical, ou seja, a estrutura é guiada por dois trilhos colocados no forro e no piso, e a retirada dos paletes é feita por garfos telescópicos lateralmente. Com isso reduziu-se ao máximo a largura dos corredores.

Mas a evolução em termos de estocagem não parou aí. Com o advento do *stacker-crane*, o problema de corredores foi resolvido e ao mesmo tempo houve uma liberação quanto à altura de estocagem. Deparou-se então com um conflito entre altura máxima de estocagem e custo de estrutura do depósito. O processo atual é utilizar a própria estrutura porta-paletes como "estrutura do edifício". Ou seja, constrói-se a estrutura porta-paletes de estocagem e recobre-se lateralmente e no forro com o material que se deseja. Com isso, chegou-se a depósitos com 25 a 30 metros de altura.

Um dos maiores problemas que surge durante o planejamento é determinar o nível correto do estoque e, com essa informação, calcular a área necessária para o armazenamento das mercadorias. O nível adequado é aquele que permite atender à demanda dentro do tempo necessário para a reposição, com o menor investimento.

4.3.5.1 *Corredores*

Seu número depende da facilidade de acesso desejada. Mercadorias sobre prateleiras requerem corredores a cada duas filas. A largura é determinada pelo equipamento utilizado para manuseio. Para empilhadeira a gasolina, de uma tonelada, são necessários corredores de 2,4 m; para empilhadeiras de duas toneladas, corredores de 3 m; e para máquinas de 3 t, corredores de 3,6 m. Entre as mercadorias e as paredes são necessárias passagens de 60 cm que deem acesso às instalações para combate a incêndios.

4.3.5.2 *Pilhas*

O topo das pilhas de mercadorias deve ficar um metro, aproximadamente, abaixo dos *sprinklers* contra incêndios, instalados no teto. A altura máxima recomendada é de cinco pilhas, devido às limitações dos equipamentos de elevação e ao custo de armazéns muito altos.

4.3.5.3 *Portas*

Devem permitir a passagem de empilhadeiras carregadas. Têm normalmente 2,4 m de altura e igual largura.

4.3.5.4 *Piso*

Com excessiva frequência, os pisos são mal dimensionados e não apresentam a resistência necessária. Devem ser construídos em concreto e suportar o peso dos materiais estocados e o trânsito das empilhadeiras carregadas. Para tráfego de empilhadeiras elétricas, a construção do piso deve ser especial.

4.3.5.5 *Embarque*

O local destinado a embarque tem normalmente 1,25 m de altura sobre o piso, para facilitar as operações. A fim de determinar a quantidade de lugares para

Foto: MACIEJ NOSKOWSKI | iStockphoto

Figura 4.49 *Local destinado a embarque.*

acostamento de veículos, docas, calculam-se a quantidade diária de embarques e o tempo de carga e descarga. A demora das operações de carga varia com o equipamento para manuseio. Uma empilhadeira pode carregar um caminhão em 15 minutos, se a mercadoria for paletizada; manualmente, a operação requereria de uma hora e meia a três. Próximo à área de embarque, é necessário reservar um local para armazenagem temporária, onde são colocadas as mercadorias por praça e cliente.

4.3.5.6 *Outras instalações*

Todo armazém tem de estar equipado com equipamentos para combater incêndios, como extintores, *sprinklers* e sinais de alarme. A iluminação deve ser estudada depois de traçados os corredores: é sobre eles que são instaladas as lâmpadas. Um armazém, dependendo do tipo de mercadorias estocadas, precisa de ar condicionado, controle de umidade, depósitos de combustível para empilhadeiras etc.

4.3.6 **Sistemas de estocagem**

Inicialmente, a empresa tenta resolver seu problema de armazenagem pela forma mais simples, limitando-se a empilhar manualmente as mercadorias umas sobre as outras. Essa pilha, algumas vezes, é a última palavra em solução, mas quase sempre instável e danosa para a mercadoria – devido à ação do peso da carga que vem de cima; recebe o nome de sistema de blocagem.

Com um pouco de imaginação, a empresa descobre que a utilização de paletes empilhados torna a carga manobrável por empilhadeira, os corredores mais estreitos e os custos muito menores. Passa, assim, a utilizar não mais uma blocagem simples, mas a blocagem com inserção de paletes. Todavia, se o produto for frágil ou de difícil paletização, a pilha continuará instável e a empresa perderá altura de armazenagem.

Entra em cena então a prateleira porta-palete, montada com cantoneiras perfuradas, presas entre si por encaixe ou parafusos, o que dá uma característica modular ao sistema. Como cada palete já não recebe cargas dos de cima e está apoiado em uma estrutura resistente, a estabilidade e o aproveitamento do pé-direito deixam de ser problema. A vantagem evidencia-se principalmente quando o produto a ser empilhado não pode suportar peso e quando é necessária uma estocagem seletiva. Isto é, quando se estoca um número muito variado de itens, e cada um deles em pequenas quantidades.

Mais um pouco de imaginação e pode-se ganhar mais espaço com o sistema porta-palete, ao dispor as prateleiras em ângulo de 45° com os corredores, o que permite que elas fiquem 42% mais compridas; normalmente, nesse caso serão usados módulos cuja largura comporta apenas um palete. E na hora de colocar ou retirar a carga, a empilhadeira já não precisa girar 90° para assumir a posição frontal, mas apenas 45°.

Para ganhar ainda mais espaço, existe o *drive-in*, que elimina os corredores transversais. O sistema é semelhante, na aparência, ao convencional, mas nele as longarinas horizontais são eliminadas. No seu lugar ficam apenas ombreiras, que servem de apoio para os paletes. O resultado é um autêntico corredor por onde a empilhadeira pode penetrar de frente, com o garfo elevado até a altura do plano de carga ou descarga. Colocado ou apanhado o palete, a saída é feita de ré. Para baratear a estrutura, o sistema é construído com um dos lados encostados na parede. O preenchimento de um túnel (corredor útil) completo é feito formando-se uma chaminé (coluna) completa de paletes na mesma profundidade (em relação ao corredor). Só então a empilhadeira começa a preencher outro túnel depois que o anterior está completamente cheio. O beneficio do *drive-in* são as situações nas quais existe pequeno número de itens, estocados em grandes quantidades. A saída também se processa em grandes quantidades.

Foto: Alexander Mas | iStockphoto

Figura 4.50 *Sistema de estocagem* drive-in.

Quase sempre, todo um túnel será retirado de uma só vez, sendo possível esvaziar primeiro o que foi preenchido há mais tempo. Mas, para aqueles que precisam estocar itens paletizados em pequenas quantidades, a solução é desencostar o *drive-in* da parede. Surge assim o sistema *drive-through*, no qual a empilhadeira entra numa face de carga e sai pela outra de descarga, ao contrário do *drive-in*, que exige carga e descarga sempre pela mesma e única face.

Outra diferença: o custo de instalação do *drive-through* é maior, porque, não podendo escorar-se na parede, exige armação reforçada, totalmente "amarrada" ao teto. Para melhorar o aproveitamento, podem ser usadas empilhadeiras especiais, que são mais estáveis por manterem a carga na linha do seu centro de gravidade. Mas, mesmo com empilhadeiras convencionais, o sistema dá bom resultado e economiza bastante espaço.

Para acomodar cargas compridas – como barras ou tubos – individualmente ou em feixes, existe o *cantilever*, um sistema que usa barras metálicas em balanço, perpendicularmente ao corredor e sem longarinas frontais. Com a colocação de plataformas de madeira entre os braços, pode acomodar também carga paletizada.

4.3.7 Localização de materiais

O objetivo de um sistema de localização de materiais é estabelecer os meios necessários à perfeita identificação da localização dos materiais estocados no armazém. Deverá ser utilizada uma simbologia (codificação) representativa de cada local de estocagem, abrangendo até o menor espaço de uma unidade de estocagem.

Cada conjunto de códigos deve indicar, precisamente, o posicionamento de cada material estocado, facilitando as operações de movimentação, inventário etc.

O chefe do armazém deverá ser o responsável pela manutenção do sistema de localização, e para isso deverá possuir um esquema de identificação que defina detalhadamente a posição e a situação dos espaços das respectivas áreas de estocagem, como ilustra a Figura 4.51.

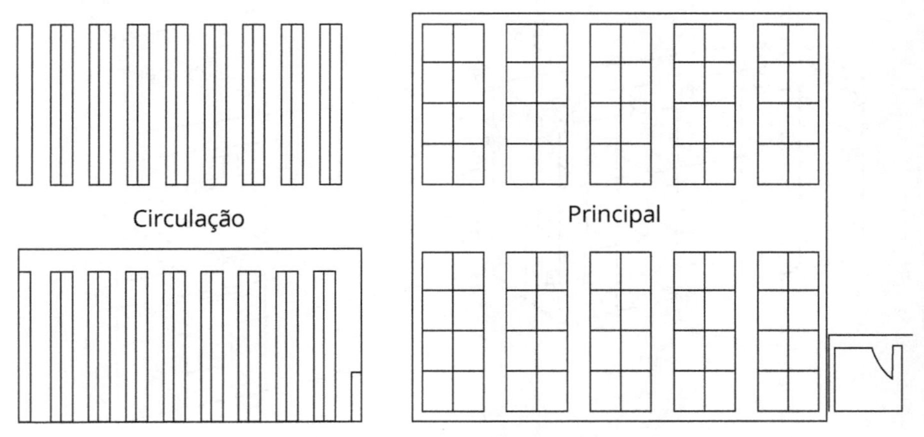

Figura 4.51 Layout *de almoxarifado.*

As estantes podem ser identificadas por letras, conforme a Figura 4.52, cuja sequência deverá ser da esquerda para a direita em relação à entrada principal. No caso de existência de piso superior e inferior, as estantes devem ser identificadas com um código do seu respectivo piso. Quando duas estantes forem associadas pela parte de trás, defrontando corredores de acesso diferentes, cada uma delas deve ser identificada como unidade isolada. O símbolo da estante deverá ser colocado no primeiro montante da unidade, com projeção para o corredor principal.

As prateleiras precisam ser identificadas por letras, cuja sequência deve ser iniciada em **A** no sentido de baixo para cima da estante, e o escaninho, por números no sentido do corredor principal para a parede lateral. Normalmente, são usados dois critérios de localização de material:

- Sistema de estocagem fixa;
- Sistema de estocagem livre.

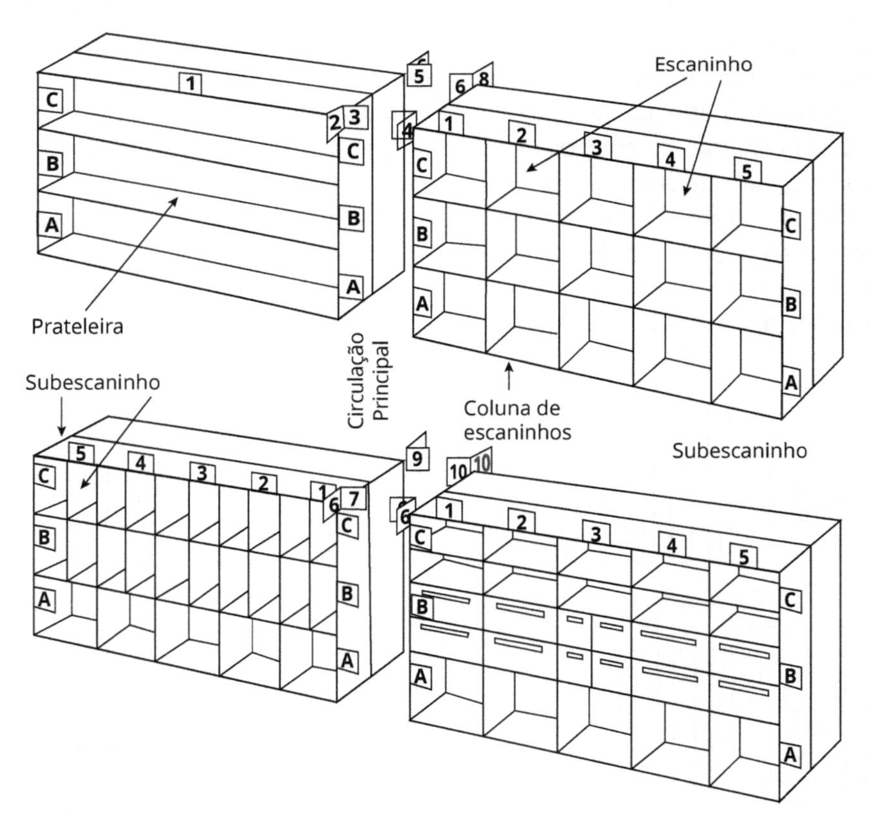

Figura 4.52 *Sistema de localização.*

4.3.7.1 *Sistema de estocagem fixa*

Como o próprio nome diz, nesse sistema é determinado um número de áreas de estocagem para um tipo de material, definindo-se, assim, que somente o material desse tipo poderá ser estocado nos locais marcados. Com esse sistema, corre-se um risco muito grande de desperdício de áreas de armazenagem. Em virtude do fluxo intenso de entrada e saída de materiais, pode ocorrer falta de determinado material, assim como excesso de outro. No caso de o material em excesso não ter local para ser guardado, ele ficará no corredor. Ao mesmo tempo, pode ser que em outro corredor e em outra estante existam locais vazios, porque está faltando o material, o fornecimento está atrasado ou houve uma rejeição por parte do controle de qualidade.

4.3.7.2 *Sistema de estocagem livre*

Nesse sistema não existem locais fixos de armazenagem, a não ser para materiais de estocagens especiais. Os materiais vão ocupar os espaços vazios disponíveis dentro do depósito. O único inconveniente desse sistema é o perfeito método de controle que deve existir sobre o endereçamento, sob o risco de possuir material em estoque perdido que somente será descoberto ao acaso ou na execução do inventário.

Esse controle deverá ser feito por duas fichas, uma ficha mestra de controle do saldo total por item e outra de controle do saldo por local de estoque.

4.3.8 **Classificação e codificação de materiais**

O objetivo da classificação de materiais é catalogar, simplificar, especificar, normalizar, padronizar e codificar todos os materiais componentes do estoque da empresa. A necessidade de um sistema de classificação é primordial para qualquer departamento de logística, pois sua ausência impede o controle eficiente dos estoques, a criação de procedimentos de armazenagem adequados e a correta operacionalização do armazém.

Simplificar material é, por exemplo, reduzir a diversidade de um item empregado para o mesmo fim. Assim, no caso de haver duas peças para uma finalidade qualquer, aconselha-se a simplificação, ou seja, a opção pelo uso de uma delas. Ao simplificarmos um material, favorecemos sua normalização, reduzimos as despesas e suas flutuações. Por exemplo, cadernos com capa, número de folhas e formato idênticos contribuem para que haja a normalização. Ao requisitar uma quantidade desse material, o usuário irá fornecer todos os dados (tipo de capa, número de folhas e formato), o que facilitará não somente sua aquisição, como também o desempenho daqueles que usam o material, pois, caso contrário, pode confundir o usuário, se este um dia apresentar uma forma e outro dia outra forma de maneira totalmente diferente.

Aliada a uma simplificação, é necessária uma especificação do material, que é uma descrição minuciosa que possibilita melhor entendimento entre consumidor e fornecedor quanto ao tipo de material a ser requisitado.

A normalização se ocupa da maneira pela qual devem ser utilizados os materiais em suas diversas finalidades, bem como da padronização e identificação do material, de modo que tanto o usuário como o almoxarifado possam requisitar e atender os itens utilizando a mesma terminologia. A normalização é aplicada também no caso de peso, medida e formato.

Classificar um material é agrupá-lo segundo sua forma, dimensão, peso, tipo, uso etc. A classificação não deve gerar confusão, ou seja, um produto não poderá ser classificado de modo que seja confundido com outro, mesmo havendo semelhanças. A classificação, ainda, deve ser feita de maneira que cada gênero de material ocupe seu respectivo local. Por exemplo: produtos químicos poderão estragar produtos alimentícios se estiverem próximos entre si. Classificar material significa ordená-lo segundo critérios adotados, agrupando-o de acordo com a semelhança, sem causar confusão ou dispersão no espaço e alteração na qualidade.

Em função de uma boa classificação do material, pode-se partir para a sua codificação, ou seja, representar todas as informações necessárias, suficientes e desejadas por meio de números e/ou letras. Os sistemas de codificação mais comumente usados são: o alfabético, o alfanumérico e o numérico (também chamado decimal).

No sistema alfabético, o material é codificado por letras, sendo utilizado um conjunto de letras suficientes para preencher toda a identificação do material. Pelo seu limite em termos de quantidade de itens e uma difícil memorização, esse sistema está caindo em desuso.

O sistema alfanumérico é uma combinação de letras e números que permite um número de itens em estoque superior ao sistema alfabético. Normalmente, é dividido em grupos e classes, assim:

AC – 3721
3721 – Código indicador
C – Classe
A – Grupo

O sistema decimal é o mais utilizado, pela sua simplicidade e possibilidade de itens em estoque e informações incomensuráveis. Suponhamos que uma empresa utilize a seguinte classificação para especificar os diversos tipos de materiais em estoque:

01 – matéria-prima
02 – óleos, combustíveis e lubrificantes
03 – produtos em processo
04 – produtos acabados
05 – material de escritório
06 – material de limpeza

Podemos verificar que todos os materiais estão classificados sob títulos gerais, de acordo com suas características. É uma classificação bem geral. Cada um dos títulos da classificação geral é submetido a uma nova divisão, que especifica os materiais. Para exemplificar, tomemos o título 05 – material de escritório e suponhamos que tenha a seguinte divisão:

05 – material de escritório
01 – lápis
02 – canetas esferográficas
03 – blocos pautados
04 – papel-carta

Devido ao fato de um escritório ter diversos tipos de materiais, essa classificação torna-se necessária e chama-se classificação individualizadora. Essa codificação ainda não é suficiente por faltar uma definição dos diversos tipos de materiais. Por essa razão, cada título da classificação individualizadora recebe uma nova codificação. Por exemplo, temos o título 02 – canetas esferográficas, da classificação individualizadora, e suponhamos que seja classificada da maneira seguinte:

02 – canetas esferográficas
01 – marca alfa, escrita fina, cor azul
02 – marca gama, escrita fina, cor preta

Essa nova classificação é chamada de codificação definidora, e quando necessitamos referir-nos a qualquer material, basta que informemos os números das três classificações que obedecem à seguinte ordem:

- Nº da classificação geral
- Nº da classificação individualizadora
- Nº da classificação definidora

Por exemplo, quando quisermos referir-nos a "canetas esferográficas marca alfa, cor vermelha, escrita fina", basta que tomemos os números: 05 da classificação geral; 02 da classificação individualizadora; e 03 da classificação definidora, e escrevamos:

05 – 02 – 03

O sistema numérico pode ter uma amplitude muito grande com enormes variações, sendo uma delas o sistema americano *Federal Supply Classification*, que tem a seguinte estrutura:

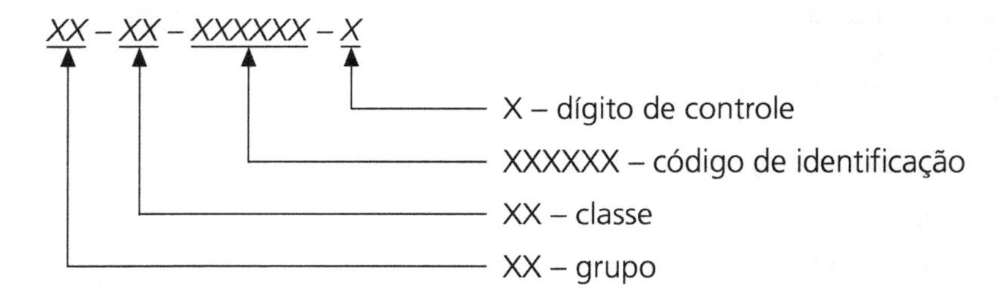

Assim mesmo, ele pode ser subdividido em subgrupos e subclasses de acordo com a necessidade da empresa e do volume de informações que se deseja obter de um sistema de codificação. Para comparação com o exemplo anterior, a classificação geral seria o grupo; o subgrupo, a classificação individualizadora; a classe, a classificação definidora; e os quatro dígitos faltantes do código de identificação serviriam para qualquer informação que se faça necessário acrescentar.

4.3.9 Inventário físico

Uma empresa deve ter uma estrutura de logística com políticas e procedimentos claramente definidos. Assim sendo, uma das suas funções é a precisão nos registros de estoques; então, toda a movimentação do estoque deve ser registrada pelos documentos adequados.

Periodicamente, a empresa deve efetuar contagens físicas de seus itens de estoque e produtos em processo para verificar:

- Discrepâncias em valor, entre o estoque físico e o registro de estoque contábil;
- Discrepâncias em quantidade, entre o estoque físico e o registro de estoque contábil;
- Apuração do valor total do estoque (contábil) para efeito de balanços ou balancetes. Nesse caso, o inventário é realizado próximo ao encerramento do ano fiscal.

Os inventários nas empresas podem ser:

4.3.9.1 *Inventários gerais*

Efetuados ao final do exercício, abrangem todos os itens de estoque de uma só vez. São operações de duração relativamente prolongada, que, por incluir quantidade elevada de itens, impossibilitam as reconciliações, análise das causas de divergências e ajustes na profundidade.

4.3.9.2 *Inventários rotativos*

São usados para distribuir as contagens ao longo do ano, concentrando cada contagem em menor quantidade de itens; isso reduz a duração da operação e dá melhores condições de análise das causas de ajustes, para o melhor controle. Abrangem através de contagens programadas todos os itens de várias categorias de estoque e matéria-prima, embalagens, suprimentos, produtos em processo e produtos acabados.

- **Grupo 1:** neste caso, serão enquadrados os itens mais significativos, os quais serão inventariados três vezes ao ano, por representarem maior valor em estoque e serem estratégicos e imprescindíveis à produção.
- **Grupo 2:** constituído de itens de importância intermediária quanto ao valor de estoque, estratégia e manejo. Estes serão inventariados duas vezes ao ano.
- **Grupo 3:** formado pelos demais itens. Será composto de muitos itens que representam pequeno valor de estoque. Os materiais deste grupo serão inventariados uma vez por ano.

4.3.9.3 *Preparação e planejamento para o inventário*

Um bom planejamento e preparação para inventário é imprescindível para a obtenção de bons resultados. Deverão ser providenciados:

- Folhas de serviços, definindo os convocados, datas, horários e locais de trabalho;
- Fornecimento de meios de registro de qualidade e quantidade adequada para uma correta contagem;
- Revisão da arrumação física;
- Método da tomada do inventário e treinamento;
- Atualização e análise dos registros;
- *Cut-off* para documentação e movimentação de materiais que serão inventariados.

4.3.9.4 *Convocação*

Organização das equipes de 1ª contagem (reconhecedores). Organização das equipes de 2ª contagem (revisores). Com antecedência de três semanas, distribuir a lista de convocação para cada funcionário, com esclarecimentos e informação para o bom andamento dos trabalhos.

4.3.9.5 *Cartão de inventário*

Salvo poucas exceções, o meio de registro será realizado com cartão em partes destacáveis para até três contagens, conforme Figura 4.53. Se necessário, os cartões poderão ser impressos em cores distintas para identificar diferentes tipos de estoque. Os cartões serão preenchidos antes da fixação nos lotes a serem inventariados, nos espaços reservados aos três estágios. Informações básicas: localização, descrição do material, código, unidade e data do inventário.

4.3.9.6 *Arrumação física*

As áreas e os itens a serem inventariados deverão ser arrumados da melhor forma possível, agrupando os produtos iguais, identificando todos os materiais com seus respectivos cartões, deixando os corredores livres e desimpedidos para facilitar a movimentação e isolando os produtos que não devam ser inventariados, se for o caso. Deverá também ser providenciado com antecedência todo o equipamento necessário para a tomada do inventário, como balanças aferidas, escadas, balança contadora, equipamentos de movimentação etc.

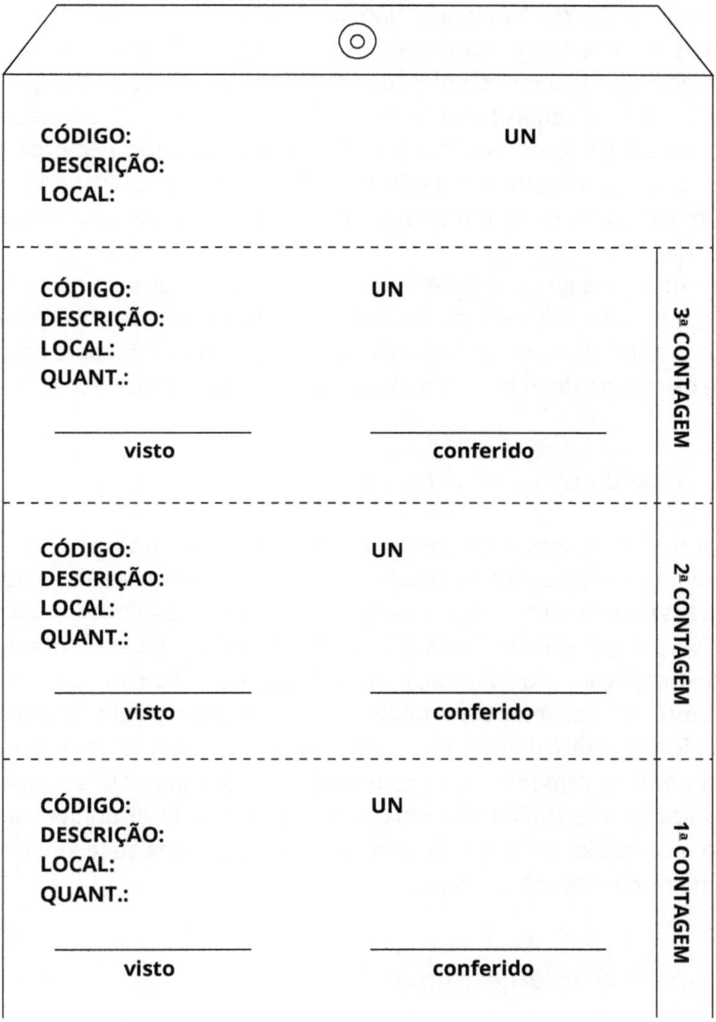

CÓDIGO: **UN**
DESCRIÇÃO:
LOCAL:

CÓDIGO: **UN**
DESCRIÇÃO:
LOCAL:
QUANT.:

visto **conferido**

3ª CONTAGEM

CÓDIGO: **UN**
DESCRIÇÃO:
LOCAL:
QUANT.:

visto **conferido**

2ª CONTAGEM

CÓDIGO: **UN**
DESCRIÇÃO:
LOCAL:
QUANT.:

visto **conferido**

1ª CONTAGEM

Figura 4.53 *Modelo de ficha de inventário.*

4.3.9.7 Cut-off – *ponto de corte*

É um dos procedimentos mais importantes do inventário; se a sua organização não for bem-feita, corre-se o risco de o inventário não corresponder à realidade. Poderá consistir em um mapa com todos os detalhes dos últimos documentos emitidos antes da contagem (notas fiscais, notas de entrada, requisição de materiais, devolução de materiais). Não se recomenda que haja movimentação de materiais na data da contagem, e o departamento de compras deve instruir os fornecedores para que não entreguem materiais nessa data. O departamento de produção deverá requisitar com antecedência os suprimentos necessários à produção no dia do inventário e a transferência, em tempo hábil, de produtos acabados para o armazém. A expedição deverá também ser instruída para que os produtos faturados e não entregues sejam isolados dos demais itens que serão inventariados.

Existem situações em que deverão ser feitos inventários sem parar a linha de produção, sem parar a expedição e o recebimento de materiais de fornecedores; neste caso, o controle de *cut-off* necessita ser mais rígido ainda, para não se correr o risco de existência de itens contados duas vezes ou não contados.

4.3.9.8 *Atualização e registros de estoque*

Todas as entradas e saídas e, consequentemente, os saldos dos itens deverão estar obrigatoriamente atualizados até a data do inventário. O responsável pelo controle de estoque terá a incumbência de assegurar que todos os tipos de documentos utilizados para registrar o movimento foram considerados. Os emitentes dos documentos que implicam movimentação do estoque deverão carimbar com "antes do inventário" os documentos emitidos um dia antes da data de contagem, e da mesma forma serão identificados com "depois do inventário" os documentos que registrem o movimento de itens emitidos no dia seguinte ao inventário; o saldo atualizado será sublinhado indicando a quantidade disponível na data de inventário. Esse saldo será utilizado como estoque para fins de reconciliação com o inventário físico e eventual reajuste.

4.3.9.9 *Contagem do estoque*

Todo item do estoque sujeito ao inventário será contado necessariamente duas vezes. A primeira contagem é realizada pela 1ª equipe, a qual pode efetuá-la imediatamente após ter fixado no lote o cartão de inventário. Feitas as anotações de contagem na primeira parte do cartão, o executor da contagem o entregará ao responsável pela primeira contagem, o qual os entregará, por sua vez, ao responsável pela segunda contagem. A segunda equipe registrará o resultado de sua contagem na segunda parte do cartão, entregando-o depois ao coordenador de inventário. Se a primeira contagem conferir com a segunda contagem, o inventário para esse item estará correto; no caso de não conferir, faz-se necessária uma terceira contagem por outra equipe, diferente das que contaram anteriormente. A tala identificadora do lote permanecerá afixada ao material como prova de que ele foi contado. Essa poderá ser retirada somente após o término do inventário.

4.3.9.10 *Reconciliações e ajustes*

Os setores envolvidos nos controles de estoque deverão providenciar justificativas para as variações ocorridas entre o estoque contábil e o inventariado/físico. O departamento de controle de estoque providenciará a valorização do inventário em um mapa chamado "controle das diferenças de inventário", como se vê na Figura 4.54; será, assim, efetuado o somatório dos valores contábil, físico, diferenças "a mais", diferenças "a menos" e diferença global. Dentro da política da empresa, os percentuais de diferenças podem ser aceitos ou não. Como regra geral para os itens classe A, não devem ser aceitos ajustes de inventários, procurando sempre justificar o motivo da diferença.

Após aprovado o ajuste do inventário, o controle de estoques emitirá relação autorizando os ajustes devidos.

<table>
<tr><td colspan="7">CONTROLE DAS DIFERENÇAS DE INVENTÁRIO</td><td colspan="2">DATA __/__/__</td></tr>
<tr><td>CÓDIGO</td><td>DESCRIÇÃO</td><td>UN</td><td>VALOR UNIT.</td><td>ESTOQUE RELATÓRIO</td><td>ESTOQUE INVENTÁRIO</td><td>DIFERENÇA (+) (–)</td><td>VALOR DA DIFERENÇA</td><td>OBSER-VAÇÃO</td></tr>
<tr><td></td><td></td><td></td><td></td><td></td><td></td><td></td><td></td><td></td></tr>
<tr><td colspan="2">Coord. Invent.</td><td colspan="2">Conferido por:</td><td>Auditoria Externa</td><td colspan="2">Contabilidade</td><td colspan="2">Aprovado por:</td></tr>
</table>

Figura 4.54 *Controle das diferenças de inventário.*

QUESTÕES

1. Avalie, responda e justifique a seguinte afirmação: "A padronização de equipamentos de movimentação dentro de um armazém ou CD aumenta sua produtividade e reduz investimentos".
2. Como e para que devem ser utilizados os transportadores de correia?
3. Quais os benefícios da utilização dos paletes na movimentação de materiais?

4. Escolha uma peça, um material ou qualquer objeto. Faça uma classificação e codificação de materiais usando esse objeto.
5. Cite três leis de movimentação e as justifique.
6. Cite três equipamentos de movimentação utilizados em área restrita.
7. Quais os principais tipos de paletes mais usados para armazenagem?
8. Dê quatro exemplos de equipamentos em um sistema de transportadores contínuos.
9. Cite três variáveis para avaliação de arranjo para unitização de carga.
10. Quais as diferenças entre inventários gerais e inventário rotativo?

LEITURAS E PESQUISAS

IMAM – <www.imam.com.br>

EBAH – <www.ebah.com.br/content/ABAAAfWj0AL/movimentacao-armazenamento-materiais>

FIESP – Federação das Indústrias do Estado de São Paulo – <www.fiesp.com.br/transporte-e-logistica/equipamentos-de-movimentacao>

BIBLIOGRAFIA

ANDRADE, E. L. *Introdução à pesquisa operacional*. Rio de Janeiro: Livros Técnicos e Científicos Editora, 1990.

BOWERSOX, D. J.; CLOSS, D. J. *Logística empresarial*: o processo de integração de cadeia de suprimento. São Paulo: Atlas, 2001.

CARRILO JR., Edson; BANZATO, Eduardo; BANZATO, José Mauricio; MOURA, Reinaldo A.; RAGO, Sidney Francisco Trama. *Atualidades em armazengem*. IMAM.

CORREA, J. *Gerência econômica de estoques e compras*. Rio de Janeiro: FGV, 1971.

GUERRA, Claudio Sei. Sistemas de armazenagem. Disponível em: <www.claudioguerra.com>.

LACERDA, L.; A. F. M. RIBEIRO. *Formas de remuneração de prestadores de serviço logístico*: das tabelas de preço ao compartilhamento de ganhos. Rio de Janeiro: Coppead, 2003.

LIMA, M. P. Os custos da armazenagem na logística moderna. *Revista Tecnologística*, jan. 2000.

MAGEE, J. F. *Planejamento da produção e controle de estoques*. São Paulo: Pioneira, 1967.

MOURA, Reinaldo A. *Manual de logística.* Volume I – Sistemas e técnicas de movimentação. IMAM, 2006.

_____. *Manual de logística.* Volume II – Armazenagem e distribuição física. IMAM.

_____; BANZATO, José Mauricio. *Manual de logística.* Volume III – Embalagem, unitização e conteinerização. IMAM.

NOVAES, A. G. *Logística e gerenciamento da cadeia de distribuição*. Rio de Janeiro: Campus, 2001.

5 Transporte Intermodal e Multimodal

Síntese do Capítulo

Neste capítulo, você vai conhecer a multimodalidade e a intermodalidade, saber sobre a utilização dos modais, quais as suas vantagens e a melhor aplicação, assim como a importância dos terminais intermodais e suas conexões com os modais seguintes.

Objetivo

- Perceber a importância da multimodalidade no comércio exterior e no mercado doméstico. O que efetivamente é o Operador de Transporte Multimodal (OTM) para a legislação brasileira.

5.1 Introdução

O transporte multimodal é a combinação entre vários modos de transporte, de forma a tornar mais rápidas e eficazes as operações de transbordo. O transporte multimodal é aquele em que é necessário mais de um tipo de veículo para conduzir a mercadoria de sua origem até o seu destino final. Serão utilizados desde caminhões, trens, navios, aviões ou qualquer outro tipo de transporte necessário à realização da entrega.

Para a mercadoria chegar até o seu destino, ela necessitará passar por mais de um meio de transporte, podendo ser contratada uma empresa que faça o transporte, sem que o comprador e o vendedor se envolvam nessas alterações ou na escolha dos modais. Essa modalidade é caracterizada e definida pelo termo **porta a porta** ou **door to door**.

Imagem: VLADGRIN | iStockphoto

Figura 5.1 *Transporte multimodal.*

A intermodalidade é uma operação com vários modais de transporte que se realizam pela utilização de pelo menos dois tipos de modais diferentes, ou seja, é transportar uma mercadoria do seu ponto de origem até a entrega no destino final por modalidades diferentes.

A intermodalidade caracteriza-se pela emissão individual de documento de transporte para cada modal, bem como pela divisão de responsabilidade entre os transportadores.

O transporte multimodal é regido por um único contrato, utiliza duas ou mais modalidades de transporte, desde a origem até o destino, e é executado sob a responsabilidade única de um **Operador de Transporte Multimodal (OTM)**.

A operação do transporte engloba também os serviços de coleta, unitização, desunitização, movimentação, armazenagem e entrega da carga ao destinatário e de consolidação e desconsolidação documental de cargas.

O OTM é o responsável por toda a operação, desde os problemas decorrentes do atraso em sua entrega, quando houver prazo acordado, até as ações ou omissões de seus funcionários, agentes, prepostos ou terceiros contratados ou subcontratados para a execução dos serviços de Transporte Multimodal, como se todas essas ações entre todos os modais utilizados fossem próprias.

O OTM foi criado no Brasil através da **Lei 9.611/1998** e do **Decreto 3.411/2000**.

Existem várias vantagens potenciais no Transporte Multimodal, entre as principais, podemos considerar:

- Melhor utilização da capacidade disponível da matriz de transporte;
- Emprego de combinações de modais mais eficientes;
- Melhor utilização da tecnologia de informação;
- Ganhos no processo de todas as operações entre origem e destino, já que no serviço porta a porta, o **OTM** pode agregar valor, oferecendo serviços adicionais;
- Melhor utilização da infraestrutura para as atividades de apoio, tais como armazenagem e manuseio;
- A responsabilidade de gestão da carga, junto ao cliente, entre origem e destino é de apenas uma empresa, o **OTM**.

Para um transporte ser considerado multimodal, é necessário que:

- Seja realizado, pelo menos, por dois modos de transporte;
- Exista um único responsável perante o dono da carga, o OTM;
- Exista um único contrato de transporte entre o transportador e o dono da mercadoria;

- Exista um conhecimento único **(Conhecimento de Transporte Multimodal de Cargas – CTMC)**, válido para todo o percurso.

A intermodalidade pode ser descrita como a não ocorrência de "quebra da carga". Ocorre quando o transporte da mercadoria se faz, no mínimo, por dois modos diferentes de tração, transporte combinado, desde o momento da carga até a descarga. Porém, cada transportador para cada modal emite o seu documento, **CT-e**, Conhecimento de Transporte, correspondente ao transporte realizado.

A multimodalidade opera com os mesmos múltiplos modais, mas emite somente um CTMC, assumindo, desde a origem até o destino final, a responsabilidade total da carga.

Um dos principais setores beneficiados pelo transporte multimodal é o comércio exterior, já que o processo de importação e exportação é essencial para o crescimento do país. O mercado globalizado exige soluções logísticas flexíveis e dinâmicas. As empresas, de forma geral, já empregam constantemente esforços para reduzir custos de fabricação, custos comerciais, administrativos e de marketing. Dentre as várias alternativas, é necessária também a redução do custo logístico.

Quando foi aprovada a lei da multimodalidade, em 1998, ela tinha muitos problemas, e demorou dois anos para ser aprovado o decreto que a regulamentava. Nesse período, foi aprovado que o **OTM** teria que obter uma apólice de seguros, e sem ela não poderia nem sequer ser cadastrado na **ANTT**, o que também levou quase cinco anos para definir qual agência reguladora iria credenciar o **OTM**. A exigência da apólice foi alterada e não mais exigida. Em 2005, a **ANTT** emitiu o primeiro certificado, que foi destinado à Vale.

Até hoje, o **OTM** esbarra na implementação operacional, devido a questões do **ICMS**. O conceito correto da multimodalidade afirma que podemos carregar uma mercadoria em Manaus, trafegar por três, quatro estados diferentes, inclusive pela cabotagem, com um único conhecimento. O **ICMS** é pago na origem, mas o **Conhecimento de Transporte Aquaviário (CTAC)** do armador de cabotagem também o obriga cobrar o **ICMS** na origem, em Manaus. Se o **OTM** emite um **CTMC** da operação total, ocorre a bitributação do armador, e ele não pode ser compensado.

A logística representa atualmente a fronteira da disputa por maior competitividade entre empresas e países, objetivando redução de custos e ganhos de produtividade, que são os aspectos-chave para o comércio exterior de um país.

As igualdades dos processos produtivos, das estruturas, dos procedimentos organizacionais, de gestão e padrões de mão de obra entre os países desenvolvidos levaram à comoditização dos fatores de produção, que são: tecnologia, custo da matéria-prima e trabalho. Nesse contexto, o multimodalismo adquire ainda maior

Espaço para logomarca	Espaço para código de barras
NOME DO EMITENTE ENDEREÇO INSCRIÇÃO: U.F. CNPJ CERTIFICADO DE REGISTRO DO OTM:	CONHECIMENTO DE TRANSPORTE MULTIMODAL DE CARGAS Nº 000.000 – SÉRIE ___ - ___ (SUBSÉRIE) ___ª Via NATUREZA DA PRESTAÇÃO CFOP: _____CST LOCAL E DATA DA EMISSÃO: _____ ___/___/20___
FRETE: ____ PAGO NA ORIGEM ____ A PAGAR NO DESTINO	_____ NEGOCIÁVEL _____ NÃO NEGOCIÁVEL
LOCAL DE INÍCIO DA PRESTAÇÃO	LOCAL DE TÉRMINO DA PRESTAÇÃO
REMETENTE:	DESTINATÁRIO:
END.	END.
MUNICÍPIO: U.F.	MUNICÍPIO: U.F.
INSCRIÇÃO: U.F. CNPJ	INSCRIÇÃO: U.F. CNPJ
CONSIGNATÁRIO:	REDESPACHO:
END.	END.
MUNICÍPIO: U.F.	MUNICÍPIO: U.F.
INSCRIÇÃO: U.F. CNPJ	INSCRIÇÃO: U.F. CNPJ

IDENTIFICAÇÃO DOS MODAIS E DOS TRANSPORTADORES

Nº ORDEM	MODAL	LOCAL DE INÍCIO – MUNICÍPIO – UF	LOCAL DE TÉRMINO – MUNICÍPIO – UF	EMPRESA

MERCADORIA TRANSPORTADA

NATUREZA DA CARGA	ESPÉCIE OU ACONDICIONAMENTO	QUANTIDADE	PESO (Kg)	M3 ou L	NOTA FISCAL Nº	VALOR DA MERCADORIA

COMPOSIÇÃO DO FRETE EM R$

FRETE PESO	FRETE VALOR	GRIS	PEDÁGIO	OUTROS	TOTAL PRESTAÇÃO	NÃO TRIBUTADO	BASE DE CÁLCULO	ALÍQUOTA	ICMS

IDENTIFICAÇÃO DO VEÍCULO TRANSPORTADOR	INFORMAÇÕES COMPLEMENTARES
OBSERVAÇÕES	TERMO DE CONCORDÂNCIA DO EXPEDIDOR _______________, ___/___/20___ Assinatura do expedidor
RECEBIMENTO PELO OTM _______________ ___/___/20___ Assinatura do OTM	RECEBIMENTO PELO DESTINATÁRIO _______________, ___/___/20___ Assinatura do destinatário

Nome, endereço e inscrição estadual e nº CNPJ do Impressor, nº da AIDF, a data e quantidade de impressão, o nº de ordem do 1º e do último impresso e a sua série e subsérie.

Figura 5.2 *Conhecimento de Transporte Multimodal de Carga (CTMC).*

expressão. A racionalização e a definição de alternativas logísticas na realidade multimodal apontam para a revisão da prática do sistema de transportes das empresas em sua totalidade, de maneira conjunta e não fragmentada.

A tendência pela busca da integração de toda a cadeia logística reforça significativamente a operação multimodal.

As grandes empresas que realizam e operam no comércio exterior têm grandes vantagens competitivas sobre as menores, pois, em geral, possuem seu próprio departamento de logística, e em alguns casos veículos e equipamentos próprios. Essas grandes empresas possuem, além de tudo, profissionais com grande conhecimento das necessidades de transporte, bem como do mercado internacional.

Para grandes volumes de venda, essa estrutura em geral apresenta vantagens e permite ganhos nos custos logísticos, uma vez que se tornam hábeis para administrar todo o gerenciamento da cadeia de distribuição e suprimentos, como fretamento de veículos, manuseio de documentos, liberação aduaneira etc.

5.2 Integração de modais

A multimodalidade, apesar de defendida pelos especialistas e profissionais de logística, implica também um aumento de custos para a movimentação.

Para cada alteração e mudança de modal, é necessário um transbordo da carga para utilização dessas interfaces modais seguintes. No local de transbordo, é necessário um armazém, um depósito ou um terminal. Nesses locais, tem que haver infraestrutura de equipamentos de *handling* (movimentação), de carga e descarga.

A conectividade nos transportes engloba não só a multimodalidade, isto é, a utilização no mesmo processo de transportes, com ou sem quebra da carga, de pelo menos dois tipos de transportes. Para que isso aconteça, as cargas devem ser unitizadas e indivisíveis, e a inspeção fiscal deve ocorrer apenas na origem e no destino.

Novos terminais de transporte precisam ser utilizados com mais eficiência e ser adequados às necessidades dos produtos a ser transportados. O mais importante é que eles interajam com os outros modais (a rodovia, a ferrovia e hidrovia), ou seja, que todos operem juntos, dando origem às operações intermodais e, consequentemente, aos terminais intermodais.

O terminal de cargas é o ponto de integração de vários modais de transporte, com a função de receber e expedir materiais em curto espaço de tempo, de modo a viabilizar o processo de transporte.

A integração dos modais, bem como a disponibilidade no transbordo, é uma das funções do terminal, já que consolida a carga para despachá-la pelo modal mais indicado.

Foto: guli studio | iStockphoto

Figura 5.3 *Terminal intermodal marítimo.*

Para evitar qualquer dano ou avaria à carga movimentada, é preciso uma adequação técnica dos equipamentos de movimentação, capaz de assegurar a fluidez dos produtos, a fim de atender a um mercado regional e também em função da velocidade do ciclo de produção/consumo.

Para obtermos uma correta integração dos modais, eles não devem ser vistos como concorrentes, mas como parceiros comerciais. O correto planejamento de um terminal requer que as operações de transporte, quando integradas, viabilizem a logística de um modo geral.

Inicialmente, é preciso entender quais são as operações usuais de um terminal de carga. Dentre as mais importantes, temos:

- Recepção da carga;
- Pesagem e controle;
- Classificação;
- Estocagem;
- Conservação;
- Retirada para embarque;
- Movimentação e carregamento;
- Emissão de documentos, com taxas e impostos; e
- Despacho dos veículos, trens ou navios.

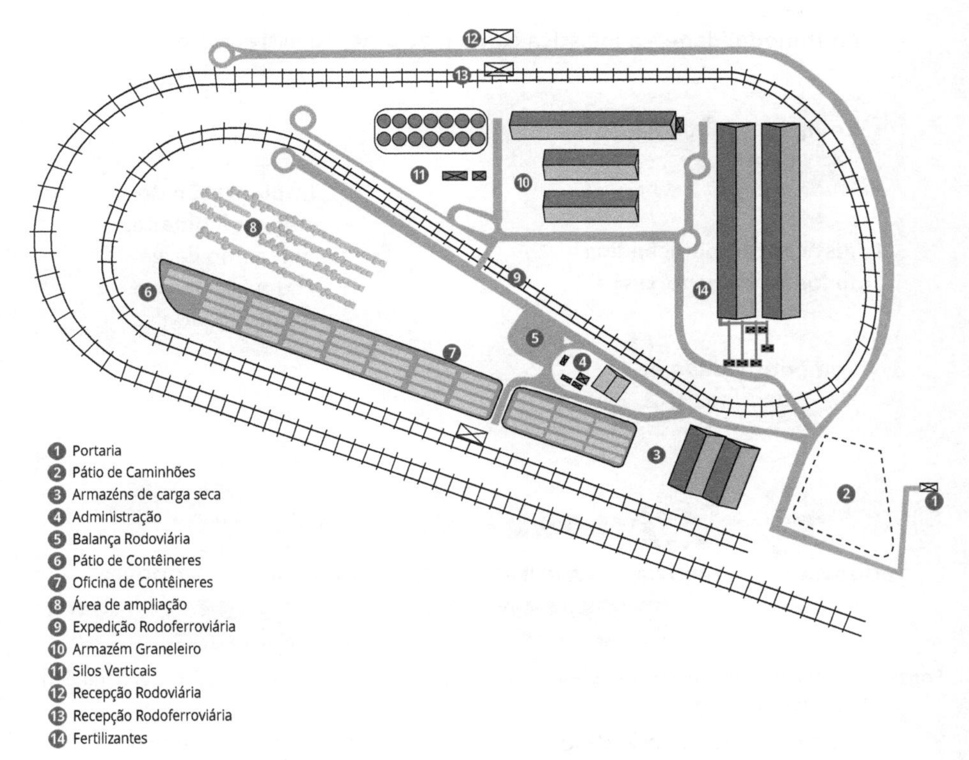

Figura 5.4 *Terminal intermodal de transbordo.*

Pátios e terminais rodoferroviários, hidroferroviários ou até mesmo hidrorrodoferroviários surgiram nos últimos 15 anos ao longo da malha ferroviária, após a privatização e as concessões. A maior parte dos novos empreendimentos é resultado da iniciativa de empresas de armazenagem e embarcadores da ferrovia e marítima, principalmente.

No terminal de movimentação de contêineres, existe um pátio de armazenagem, com pórticos para carga e descarga, um armazém para consolidação, além de equipamentos adequados para movimentação e elevação de cargas.

A falta de locais adequados para a transferência de carga de um modal para outro tem direcionado os embarcadores para a opção rodoviária, menos adequada em relação aos custos, mas, na maioria dos casos, é a única opção.

Para tornar as ferrovias e as hidrovias mais competitivas, é necessário investir em pontos de transbordo e desenvolver a interface de transferência rápida, fácil e segura da carga de um modal para outro, com um custo compensador e competitivo.

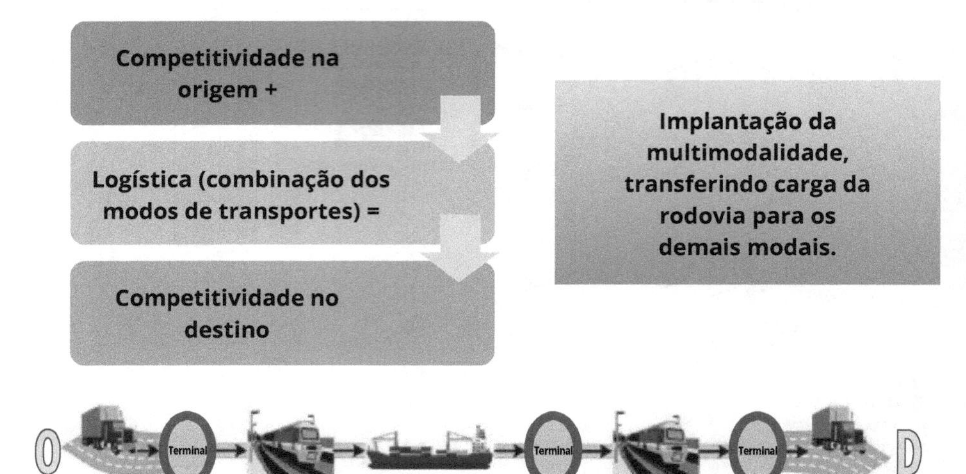

Fonte: Os Caminhos da Engenharia Brasileira II – Projetos Logísticos. Instituto de Engenharia Eng. José Vitor Mamede.

Figura 5.5 *Multimodalidade – a logística como instrumento estratégico.*

5.3 Elementos de transporte intermodal

Ao nos defrontarmos com um problema ou uma nova modelagem de logística de transporte, surge a pergunta: Qual realmente é a melhor modalidade para transporte com as características específicas de produto e para cada mercado? É possível delinearmos os principais critérios para a escolha da melhor alternativa, baseando-nos nas seguintes orientações e premissas:

- **Rodoviário:** destinado a volumes menores ou a produtos de maior sofisticação que exigem prazos relativamente rápidos de entrega. A rodovia para o transporte de carga apresenta boa velocidade, compreendida no intervalo de 50 a 70 km/h.
- **Ferroviário:** destinado a grandes volumes e a grandes massas que possuem custo unitário baixo; nesse caso, o fator tempo não será preponderante, já que a velocidade média nas melhores condições poderá atingir 20 km/h.

- **Aeroviário:** destinado a pequenos volumes classificados em "cargas nobres". A utilização de tal meio deverá somente ser feita quando os prazos de entrega forem imperativos.
- **Hidroviário e marítimo:** deverá levar produtos de baixo custo unitário, cujo tempo de realização da operação não seja fator preponderante no custo de transporte do produto.

Atualmente, é muito comum encontrarmos dentro da área de serviços de transporte o termo "logística". A logística, em termos de aplicação em serviços de transporte, está ligada aos cálculos de distribuição racional de produtos e à definição da faixa apropriada de uso de cada modalidade e das suas vantagens específicas em relação às demais. A escolha de uma ou outra modalidade para a realização de um transporte específico pressupõe a avaliação de três fatores:

- A diferença entre o preço de venda do produto no centro de produção e o preço de venda desse mesmo produto nos mercados consumidores;
- O custo de transporte entre o centro de produção e o mercado;
- A localização do centro de produção e seus vários destinos finais.

O primeiro e o terceiro fatores são sempre conhecidos. Já a determinação e eficácia do segundo apresentam-se como questão a ser definida.

Objetivamente, a formação dos custos de transporte é condicionada por duas ordens de fatores importantes:

- **Características de carga:** localização, volume, densidade, quantidade a transportar e valor unitário da mercadoria, características tecnológicas específicas para manuseio, distância média de transporte e condições de segurança desejáveis, enfim, condições gerais das características da carga.
- **Características dos serviços de transportes:** disponibilidade e condições atuais de infraestrutura (rodovias, ferrovias, hidrovias, portos e aeroportos), condições de operação, nível tecnológico do serviço oferecido, velocidade, custo relativo do meio de transporte, mão de obra envolvida, perdas, tempo de viagem etc.

Todos esses elementos e as peculiaridades de cada mercado são os componentes formadores para os custos globais e, por isso, são insuficientes para individualmente oferecerem uma avaliação isenta e objetiva das vantagens de uma ou outra modalidade. O que ocorre é que a opção do usuário se faz por custos totais financeiros da operação **Door to Door**, que engloba na sua formação os fatores citados.

Na formação desses custos, temos os seguintes itens que assumem real importância:

- **Fator tempo**: decorrente da diferença de velocidade de cada modalidade de transporte, dos tempos despendidos em transbordos e nos terminais ou de esperas em função das interconexões de transporte.
- **Fator manuseio:** as operações de carga e descarga nos pontos de transbordo têm custos próprios em função da modalidade e da natureza da carga. É fato que, conforme a embalagem a ser adotada, ela poderá apresentar maiores ou menores valores de perdas em função da sua real adequação ao produto. Em princípio, podemos dizer que a adequação de embalagens deverá levar em consideração os seguintes fatores:
  - Menores valores de perdas;
  - Custo da embalagem;
  - Maleabilidade para transportes multimodais; e
  - Apresentação de fretes de retorno os menores possíveis.
- **Fator financeiro**: variável em função do valor monetário de cada mercadoria. A observação comparativa das diversas modalidades de transporte mostra que a rodovia geralmente se beneficia da operação **door to door**, devido à sua maior velocidade, e frequentemente oferece menores custos de perdas.
- **Geração de viagens:** o processo de determinação de rotas dependerá das viagens geradas através das necessidades de transporte do produto. Na prática, constatamos dois fatores para decisão de montagem de rotas:
  - A administração deverá ser feita por transporte próprio ou, caso a empresa não o possua, o trabalho deverá ser desenvolvido em parceria com terceiros. Assim, após a delimitação das regiões de atendimento da linha, contratam-se transportadoras para realização da operação mediante remuneração dependente da quantidade de produto a ser transportado.
  - A administração deverá ser feita junto a transportadores credenciados para a operação em questão. Para esses casos, sempre que possível, deveremos estabelecer compromisso de ordem mais formal, como, por exemplo: cartas de intenção, contratos de prestação de serviços etc.

QUESTÕES

1. Explique a diferença entre transporte intermodal e multimodal.
2. Cite três exemplos do benefício do transporte multimodal.

3. Como podemos considerar que um transporte é multimodal?
4. Um terminal de transbordo é fundamental para a multimodalidade. Quais as principais atribuições desse terminal?
5. Quais os fatores para determinação do custo final e total do transporte?

LEITURAS E PESQUISAS

RUMO – <cosan.com.br/pt-br/negocios/logistica/rumo> e <http://ri.rumoall.com/>

Portogente – <https://portogente.com.br/>

ANTT – Agência Nacional de Transportes Terrestres – <www.antt.gov.br/index.php/content/view/4963/Multimodal.html>

comexblog.com – <http://www.comexblog.com.br/direito-em-foco/a-multimodalidade-no-transporte-de-cargas-no-brasil>

BIBLIOGRAFIA

ANTT – Agência Nacional de Transporte Terrestre. Palestras diversas. Disponível em: <www.antt.gov.br>.

ANTAQ – Agência Nacional de Transporte Aquaviário. Disponível em: <www.antaq.gov.br>.

CARIDADE, José Carlos. ADM – Agência de Desenvolvimento da Multimodalidade – diversos.

COSTA, Gustavo. Hamburg Sud – Multimodalismo, maio 2009.

DIAS, Marco Aurélio. *Administração de materiais*: uma abordagem logística. São Paulo: Atlas, 2010.

MAMEDE, Jose Vitor. *Os caminhos da engenharia brasileira II* – Projetos Logísticos. Instituto de Engenharia, 2012.

Ministério dos Transportes. Disponível em: <www.transportes.gov.br>.

PNLT – Plano Nacional de Logística e Transportes – Ministério dos Transportes – Secretaria de Política Nacional de Transportes.

SANTOS, Alysson Silva dos. *O multimodalismo no Brasil*: implicações jurídico-econômicas – SEDEP – Serviços de Entrega de Despachos e Publicações.

Gestão de Transporte

6

Síntese do Capítulo

O transporte rodoviário representa no Brasil quase 70% do volume transportado.
Neste capítulo, você entenderá a importância do rodoviarismo e as causas que levaram a essa alta concentração de cargas movimentadas. Também vai aprender um pouco mais sobre os principais equipamentos utilizados pelas transportadoras e pelos carreteiros autônomos ou agregados.

Objetivos

- Conhecer a formação de tarifas de transportes e seus custos incidentes, tanto os fixos como os variáveis.
- Aprender a identificar a melhor escolha do equipamento de transporte.
- Conhecer e saber como se aplica o frete-valor *ad valorem* e quais as variações de custo no transporte e entrega de uma carga.

6.1 Introdução

A análise da participação de cada modal de transporte na movimentação de cargas no Brasil revela um quase monopólio do transporte rodoviário.

De fato, nada menos que 76,4% das cargas geradas no país são transportadas por rodovias, enquanto as ferrovias movimentaram apenas 14,2% e a cabotagem 9,3% (incluindo-se nesse valor o transporte hidroviário).

A movimentação de carga aérea tem participação muito pequena, de 0,1% do total. Para que se entenda a evolução e a posição da matriz de transporte no Brasil, teríamos que fazer um pequeno levantamento histórico.

O Brasil viveu o grande ciclo do transporte hidroviário no Brasil Colônia. Depois na metade do século passado, vivemos um período de grande entusiasmo pelas ferrovias, principalmente pela grande influência dos ingleses. A partir da década de 1950, com a chegada da indústria automobilística, o Brasil caminhou a passos largos para ser o país do rodoviarismo. Isso foi resultado da campanha promovida pelas indústrias automobilísticas e pelas empresas de construção de rodovias.

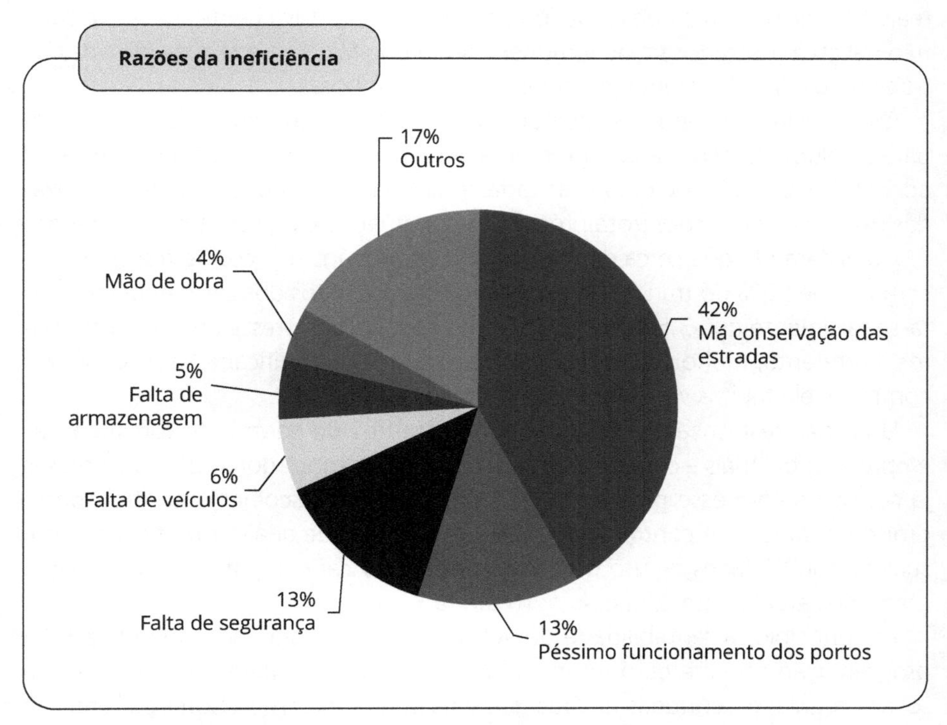

Gráfico 6.1 *Razões da ineficiência nos modais de transporte.*

Os constantes congestionamentos de caminhões nas estradas e nos principais portos do Brasil não deixam dúvidas: a movimentação de carga está cada vez mais concentrada no transporte rodoviário. Apesar dos planos do governo para diversificar a matriz nacional de transportes, o modal rodoviário voltou a ganhar participação no mercado, enquanto a hidrovia seguiu movimento contrário ou estagnou, e a ferrovia cresceu pouco e lentamente.

Um modo bem fácil de acompanhar o avanço da economia é observando o transporte rodoviário. Nele, é suficiente comprar um caminhão e uma carreta e colocá-los na estrada para começar a rodar, mas isso efetivamente não ocorre em outros modais, que necessitam de alto investimento e têm início e retorno de operacionalidade lentos.

Mesmo assim, o sistema rodoviário brasileiro também não possui estrutura compatível com sua importância e apresenta grandes deficiências que não são de fácil eliminação.

Temos ainda uma grande participação dos carreteiros, que não possuem condições de concorrer sozinhos com as transportadoras, já que eles não têm estrutura de atendimento racional com os clientes. Têm, ainda, necessidade de realizar o maior volume de carga, pois dependem exclusivamente do seu veículo, não havendo outra forma de remuneração, o que faz com que suas jornadas de trabalho diárias alcancem em alguns casos até 16 horas.

Os agenciadores de fretes possuem participação a um índice de quase 55% para o volume total de carga movimentada no país. Outro ponto a destacar é que apenas 3,5% das 3.500 empresas cadastradas na ANTT são realmente organizadas exclusivamente com frota própria, sem a atuação e presença de carreteiros.

Considerando que cerca de 7% do PIB é devido aos serviços de transporte de carga e que 50% do transporte rodoviário está nas mãos dos carreteiros, constata-se facilmente que 3,5% do PIB é devido aos serviços prestados pelos carreteiros. Entretanto, muito pouco tem sido feito a fim de modificar essa situação. Ao contrário, ela muitas vezes incentiva os agenciadores.

Uma das responsabilidades mais importantes do segmento logístico das empresas industriais e comerciais é a escolha da transportadora. Muitas empresas já convivem com esse problema; o primeiro passo é escolher entre transporte próprio e transporte contratado. Cada empresa tem de analisar particularmente suas disponibilidades de uso de frota própria e buscar compatibilizar os serviços efetuados atualmente com essa nova tarefa.

Em princípio, a rentabilidade do veículo de carga está condicionada a uma programação que lhe permite rodar sempre carregado. Para quem já tem um serviço regular de entregas na área dos seus principais fornecedores e clientes, a tarefa fica bastante simplificada. Mas, se isso não ocorre, é necessário promover um estudo das transportadoras que operam em cada área e negociar a operação mediante um contrato de serviço.

Quando não se dispõe de antecedentes, é difícil definir normas rígidas para a contratação. Pode-se, contudo, estabelecer algumas premissas que facilitam essa decisão, tais como:

6.1.1 Potencial da empresa

Deve-se considerar o capital, a capacidade em tonelagem rodante de frota própria; a infraestrutura disponível, como terminais de carga na área desejada, comunicação e pessoal; a quantidade e semelhança de seus clientes que operam com material semelhante; prazos de entrega oferecidos nas diversas linhas para cargas completas e cargas fracionadas. Ao fazer essa avaliação, o contratante deve indicar qual a previsão do volume de transporte em toneladas, metros cúbicos ou peças. Para o caso de peças ou unidades, devem ser informados o peso e a dimensão dessas unidades, assim como seu valor aproximado.

6.1.2 Tarifas

O levantamento e a avaliação das tarifas são feitos simultaneamente com o potencial da empresa, e a sua análise deve estar condicionada na pré-seleção. Escolher uma empresa de transporte só pela tarifa não é uma boa norma. Depois de conferidos os dados fornecidos na primeira etapa, especialmente seu conceito junto aos principais clientes, podem-se analisar as tarifas oferecidas e escolher as que proporcionam custos mais baixos. As tarifas de transporte rodoviário são constituídas de duas parcelas básicas:

- Frete;
- Frete-valor (*ad valorem*);
- Os acréscimos de taxas que variam muito entre transportadoras, todas negociáveis entre embarcador e transportadora. Assim, a análise deve ser feita pela soma de todas as parcelas.

Conhecido o valor médio da mercadoria a ser transportada, faz-se o cálculo do custo do frete-valor (*ad valorem*), que normalmente é um percentual sobre o valor da Nota Fiscal do produto a ser transportado e soma-se ao frete-peso. O *ad valorem* é um fator percentual para cobertura da transportadora das despesas do seguro da carga e do seguro obrigatório, que são de sua responsabilidade.

Esse fator é negociado entre a transportadora e o embarcador, nos índices mais adequados entre as partes.

A partir dessas premissas já existem condições de decidir com razoável segurança qual a empresa com que se vai operar. Como elemento comparativo para análise dos fretes oferecidos, podem-se utilizar as tabelas oficiais quando publicadas pela **Associação Nacional do Transporte de Cargas e Logística (NTC).**

Depois de feita a escolha da transportadora, é indispensável montar um sistema de avaliação de desempenho que abranja dois itens básicos:

- Prazo de entrega; e
- Eficiência no transporte.

Ambos podem ser acompanhados no mesmo mapa de controle, cujo preenchimento poderá ser feito pela recepção nos itens relativos a nota fiscal, fornecedor, percurso, datas (nota fiscal e entrega), anormalidades, observações (quebra, amassamento, falta, sobra, avaria de embalagem etc.).

Os dados relativos aos prazos, o previsto e o real, às diferenças e aos percentuais podem ser preenchidos pelo funcionário encarregado de fechar o mapa no final de cada mês, ou de acordo com a periodicidade escolhida, e encaminhá-los ao responsável pelas decisões sobre transportes.

No custo final do produto estará, direta ou indiretamente, incluído o frete desde a sua fonte de produção até a porta do armazém do comprador; esse frete estará embutido no custo do produto. Assim, toda operação de compra tem de levar em conta esse valor, que acaba se tornando significativo à medida que seus custos vão sendo elevados em função, principalmente, dos preços dos combustíveis e demais insumos (pneus, veículos, mão de obra etc.).

As técnicas para avaliação das quantidades a serem compradas precisam considerar o parâmetro custo do transporte. Uma quantidade muito pequena será fatalmente onerada pelo custo do transporte, uma vez que todas as transportadoras cobram um "frete mínimo".

No transporte de carga geral são utilizados na maioria das vezes dois tipos de veículos: o truck, caminhão com dois eixos traseiros e capacidade nominal de 30/40 m^3 e 12 t, e carreta com semirreboque com três eixos traseiros e capacidade nominal de 75 m^3 ou 25 t. Essa opção é devida à limitação de peso por eixo fixado em lei e fiscalizado pela ANTT por meio de balanças colocadas em pontos estratégicos das rodovias, que é a Lei da Balança. Dessa forma, a programação dos lotes de compra deve, sempre que possível, respeitar essas limitações em pesos e dimensões, programando-se remessas que possam ocupar totalmente esses tipos de veículos ou seus múltiplos.

Esse procedimento tem uma substancial redução de custo de transporte, pois sempre se obtêm fretes mais adequados quando da lotação do veículo. Além disso, diminui o tempo de viagem e a consequente redução de prazos de entrega. Por exemplo: uma remessa de 30 t torna obrigatória a utilização de um veículo de 25 t com parte de carga. O saldo de 5 t terá de sofrer as seguintes operações:

- Transporte do fornecedor ao terminal da transportadora;
- Armazenamento no terminal;
- Consolidação com outras cargas.

Assim, num mesmo lote haverá, logicamente, prazos diferentes de entrega e custos adicionais. É ilusório pensar que o frete será o mesmo, embora possa parecer assim. Na verdade, esses custos adicionais sempre serão pagos pela carga. Para não oferecer problemas de transporte e agravamentos de custos operacionais, a carga deve ficar contida nas dimensões internas dos veículos. Se isso não ocorrer, custos adicionais aparecem e oneram a operação. Portanto, também ao programar a compra de materiais de grandes dimensões, com excesso de peso, deve-se ter em conta esse fator de compatibilização do produto com as disponibilidades normais do transporte rodoviário, sempre com vistas à contenção de custos.

As peças com excesso de largura e comprimento devem ser evitadas, e cabe à área de logística manter os demais departamentos da empresa informados sobre esse tipo de problema.

A relação peso/volume-padrão para transporte rodoviário é de 300 kg/m^3. Toda carga cujo peso for inferior a essa constante sofre um acréscimo relativo de custo de transporte, que se pode verificar nas tabelas de frete e que varia de 5% a 50%.

É indispensável que a embalagem seja igualmente adequada ao transporte e que possa resistir aos embates do carregamento, da viagem e da descarga, que sofrem as tensões normais de sua acomodação no caminhão.

Por força das regras do Código Comercial, as transportadoras são responsáveis pela carga desde a coleta até o destino final, isto é, até deixá-la no local estabelecido. Legalmente, são obrigadas a cobrir indenizações decorrentes de avarias causadas à mercadoria. Do ponto de vista operacional, tanto mais eficiente é a empresa quanto menos venha a pagar por danos causados na mercadoria. Porém, salvo em caso de sinistro, boa parcela dessa ineficiência é devida a problemas de embalagens cujas características não se adaptam ao transporte rodoviário.

6.2 Aspectos do transporte rodoviário

O transporte rodoviário no Brasil é regulamentado e controlado pela **Agência Nacional de Transporte Terrestre (ANTT)**.

Pelas pesquisas da ANTT, temos 1.765.000 km de estradas, sendo 212.000 km pavimentados até no ano de 2013.

O **Registro Nacional de Transporte Rodoviário de Cargas (RNTRC)** emitiu, até o final do ano de 2013, 1.287.579 registros de transportadores. Os números da ANTT mostram que esses transportadores registraram um total de 2.130.662 veículos de carga.

Os constantes congestionamentos de caminhões nas estradas e portos no Brasil não deixam dúvidas: a movimentação de carga no modal rodoviário está cada vez mais crescente.

O crescimento da economia foi absorvido na logística em boa parte pelo transporte rodoviário, que gerou uma demanda interna em 2010 de cerca de 1,4 bilhão de **tku** (toneladas por quilômetro útil). O transporte rodoviário foi responsável por 66% de toda carga movimentada no ano de 2013, as ferrovias transportaram 19,45, as hidrovias 11,3%, os dutos 3,4% e o aéreo 0,05%.

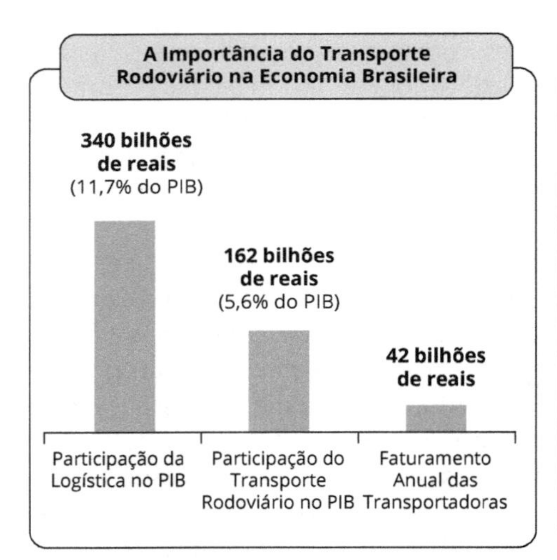

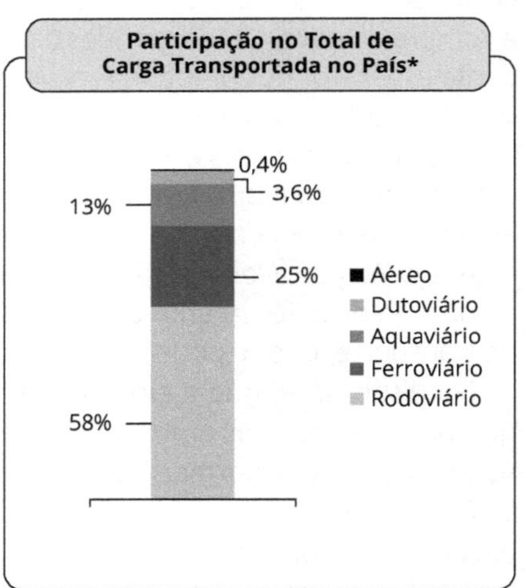

(*) % No total de Toneladas por km Útil (TKU)

Fonte: ANTT-MT/PNLT-IBGE

Gráfico 6.2 *Importância do transporte rodoviário na economia brasileira.*

Gráfico 6.3 *Participação no total de carga transportada no país.*

O transporte rodoviário atende a uma grande diversidade de tipos de carga que precisam trafegar pelo país. A ANTT classificou esses tipos da seguinte forma:

- Produtos embalados, ensacados e envasados – 48,3%

- Cereais, areia, minérios e outros granéis – 18,4%
- Fertilizantes explosivos e perigosos – 5,5%
- Produtos em paletes e caixas – 5,7%
- Veículos – 5,5%
- Combustíveis e gás – 5,1%
- Outras cargas (máquinas, líquidos, mudanças, malotes) – 11,5%

Para vencer as grandes distâncias de um país de dimensões continentais e de precária infraestrutura, o setor de transporte rodoviário teve de ser criativo. Nos últimos anos, por exemplo, houve uma grande mudança no tipo de caminhão usado para o transporte de grãos. De uma composição que possuía capacidade de 25/30 toneladas, migrou-se para o chamado bitrem ou treminhão, que carrega acima de 40 toneladas. Os resultados são evidentes: para se movimentar por 2.000 a 3.000 km, transportando 1.000 toneladas de grãos, são necessários 25 bitrens ou 35 composições convencionais.

Está sendo utilizado também o rodotrem, com uma composição que carrega entre 50/55 toneladas.

O início de utilização do bitrem e do rodotrem se deu pela necessidade de reduzir custos logísticos das *commodities* agrícolas, mas também foi influenciado pelo surgimento da competitividade ao transporte rodoviário com o renascimento das ferrovias.

Porém, tudo isso traz novos desafios; um deles diz respeito às condições para transportar com eficiência cada vez mais crescente volumes de matérias-primas, equipamentos, peças, produtos agrícolas, fertilizantes, combustíveis e produtos manufaturados.

Um fato é certo: grande quantidade do que é usado para produzir nas fábricas, nas importações, nas exportações, abastecer o comércio e chegar às residências dos consumidores, independentemente das soluções escolhidas, vai chegar ao seu destino na carroceria de um caminhão.

O transporte rodoviário é responsável por seis de cada dez quilos de carga transportados no Brasil. Trata-se de um complexo sistema que envolve mais de 60.000 empresas, 700.000 transportadores autônomos, gera 2.500.000 de empregos e tem características que diferem de boa parte do mundo.

A carga transportada no Brasil supera a cada ano os 500 bilhões de toneladas por quilômetro útil, que é o tku. Esse volume de carga viaja sobre os eixos de uma frota que está próxima de 2.000.000 de caminhões.

Apesar da importância do modal rodoviário na movimentação de carga, o país conta apenas com 1.600.000 de quilômetros de estradas, dos quais menos de 200.000 são pavimentados.

É uma malha de densidade reduzida para um território de 8,5 milhões de km^2. Isso é um enorme gargalo para uma economia que precisa ter competitividade e quer conquistar mais espaço no exterior.

Pela pesquisa realizada pelo **NTC** em 2013, três de cada quatro quilômetros das principais rodovias estão em estado de conservação ruim ou péssimo. Essa situação decorre dos anos de baixo investimento na infraestrutura rodoviária, e isso tem um alto preço para as operações. Com estradas em boas condições, o custo operacional de transporte poderia reduzir em torno de 20%.

A discrepância entre a conservação das estradas sob responsabilidade do governo e a do setor privado é enorme. Nos 15.374 km de vias sob concessão, 48% são ótimas, 38,9% são boas, 12% são regulares e apenas 1,1% é ruim; nenhuma foi considerada péssima. Já nos 77.373 km de rodovias sob gestão pública, federal ou estadual, apenas 5,6% foram consideradas ótimas, 28,2%, boas e 34,25%, regulares. As ruins chegam a 21,5%, e as péssimas a 10,5%.

Todas essas deficiências podem ser consideradas a maioria decorrentes do estado do pavimento, de sinalização e da geometria viária.

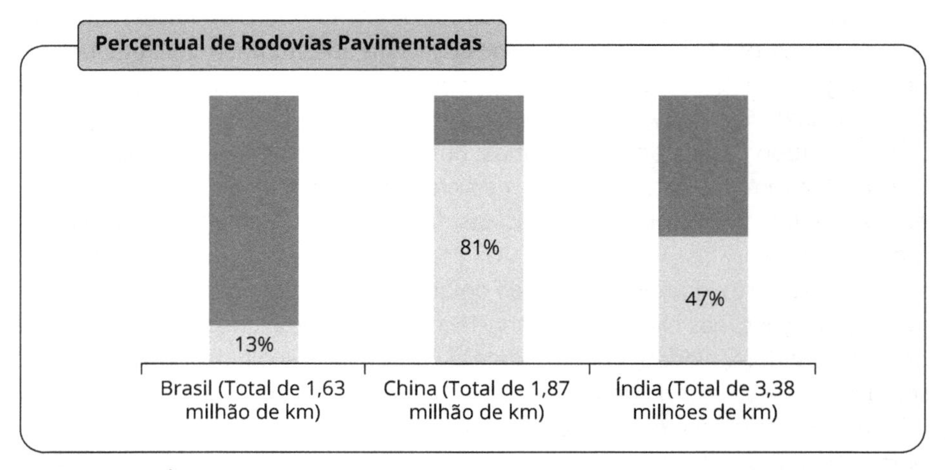

Fonte: NTCLOGÍSTICA-2013

Gráfico 6.4 *Percentual de rodovias pavimentadas.*

Veículos pesados, que representavam 32% da frota de caminhões em 2013, dobro dos 16% referentes ao ano 2000, transportam com frequência mais tonelagem do que a permitida. Estão entre os grandes responsáveis pelo desgaste prematuro das vias, pois a fiscalização é deficiente ou inexistente. Isso aumenta a insegurança e os custos de transporte rodoviário para todos os usuários do sistema.

Quase todas as rodovias brasileiras estão em um quadro de paralisação de suas obras, e em quase todos os projetos.

A sinalização é outro aspecto crítico: placas, painéis e marcas no pavimento são essenciais para a segurança de tráfego, mas são frequentemente negligenciados pelos órgãos responsáveis pela fiscalização das estradas.

O setor de transporte rodoviário também tem outro problema a ser resolvido: é necessária a renovação da frota.

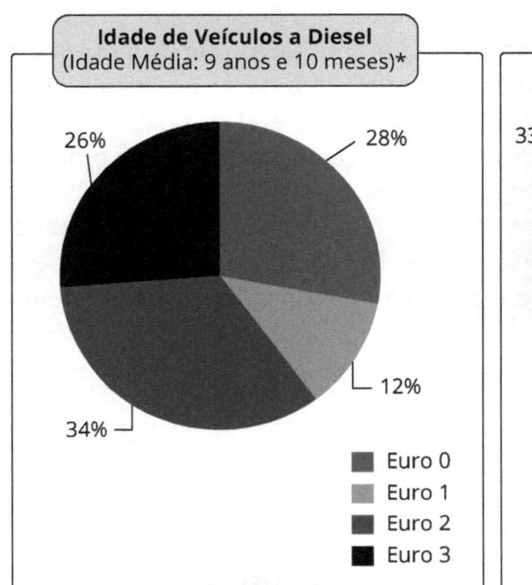

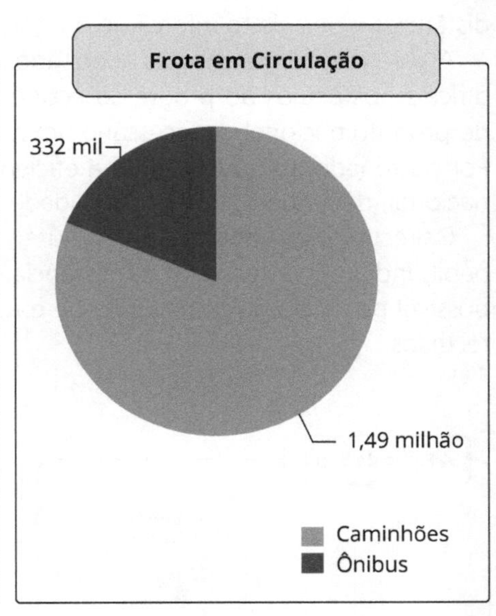

(*) caminhões

Fonte: ANFAVEA e SINDIPEÇAS-2013

Gráfico 6.5 *Idade de veículos a diesel.*

Gráfico 6.6 *Frota em circulação.*

A frota em circulação no Brasil tem em média 16,4 anos, muito acima da faixa de 10 anos, considerada ideal. O número é ainda maior, 21,5 anos, quando se considera somente o universo dos carreteiros autônomos.

As exportações brasileiras de *commodities* cresceram nas contas externas desde o ano 2000, porém a infraestrutura logística e rodoviária está longe de ter acompanhado o mesmo ritmo; continua mantendo-se cara e ineficiente. Nesse período, o país aumentou em 384% a quantidade de toneladas que circulam e congestionam as rodovias em direção ao exterior.

É dito por muitos, e a expressão também já virou modismo, que estamos à beira, ou para outros, já vivemos o "apagão logístico". A logística, no entanto, não pode ser vista somente pela lógica das obras a serem realizadas ou das necessárias, mas sim pelo desempenho do transporte. Não se resolve o problema logístico brasileiro transigindo com a boa forma de fazer.

6.3 A importância do transporte rodoviário

O transporte rodoviário é de grande importância, na medida em que reduz as distâncias e permite o intercâmbio de bens entre as mais diversas comunidades.

A carência de transportes adequados pode ser apontada como um dos mais difíceis obstáculos ao progresso econômico-social. Para haver um incremento do produto nacional, é necessário um acréscimo considerável no fluxo de carga. Por outro lado, para termos uma eficiente distribuição e transporte do produto nacional, dependemos da racionalidade desse fluxo.

Os recursos disponíveis só serão úteis se estiverem no local certo e em tempo hábil, independentemente da distância. O atendimento a esses fatores só será possível por meio do transporte. Ele é a atividade que dá utilidade de lugar aos recursos.

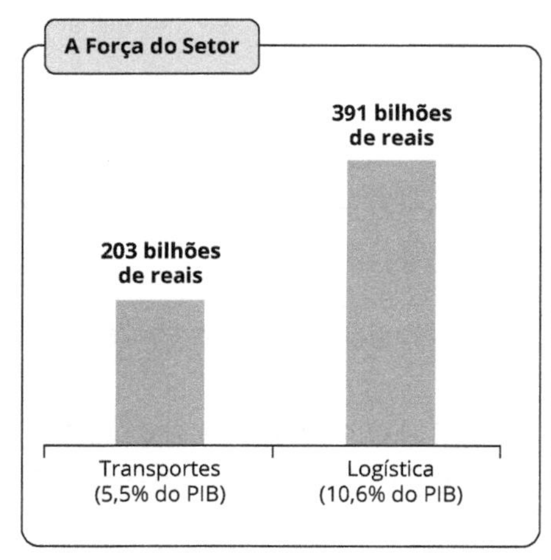

(*) Toneladas por Km Útil (TKU)

Fonte: NTCLOGÍSTICA-2013

Gráfico 6.7 *A força do setor.*

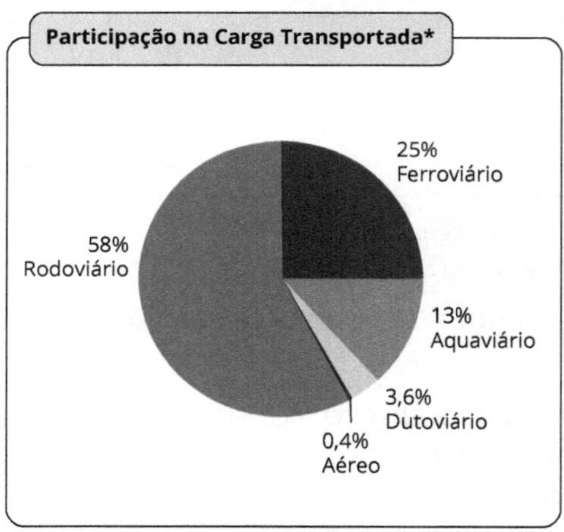

(*) Toneladas por quilômetro útil (TKU)

Gráfico 6.8 *Participação na carga transportada.*

Ele cria utilidade de tempo, na medida em que se reduz o período de trânsito desses recursos. Também determina a extensão geográfica que se pode atingir com tais recursos. A conjugação desses fatores tem sido alvo constante de estudo através dos tempos, visando ao aprimoramento dos meios de transporte. A utilidade de lugar, que é o recurso certo no lugar certo. A utilidade de tempo, que é o recurso certo na hora certa. A extensão geográfica, que é o raio de ação de autonomia de alcance.

Se por um lado o transporte representa o meio de distribuição e constitui, portanto, poderosa arma sob o ponto de vista mercadológico, por outro lado, a utilização do sistema ou meio de distribuição não representa somente um custo adicional para uma empresa, mas sim fator relevante na formação do preço final da sua mercadoria.

A importância que adquiriu o caminhão como meio de transporte é um dos fenômenos de maior significado em nossos dias. Isso decorre não só do elevado volume de carga movimentado entre fabricantes, distribuidores e consumidores, mas também do fato de ser fatalmente necessário na interligação entre pontos de origem ou destino das mercadorias.

A imensa vantagem que oferece o caminhão sobre os demais meios de transporte é a possibilidade do deslocamento de mercadorias "porta a porta" e a velocidade da disponibilidade do produto. As vendas via internet no comércio eletrônico vieram definitivamente provar essas necessidades, assim como demostrar o alto gargalo logístico que as empresas ponto.com têm como grande problema.

Adicionam-se a isso o seu menor preço inicial, a sua flexibilidade e a possibilidade de escolha de rotas e diferentes capacidades de carga oferecidas. Analisados esses elementos, compreende-se imediatamente a razão de sua ascensão à posição que hoje ocupa.

O custo de seus equipamentos em relação aos outros modais muitas vezes viabiliza a atuação de pequenas e médias empresas na atividade de transporte ou serviços.

Outras características próprias do transporte rodoviário e que resultam em fatores favoráveis à sua preferência são as seguintes:

- Maior rapidez, pela eliminação de pontos intermediários de desembarque e reembarque;
- Embalagens mais simples, mais leves e mais baratas, como consequência do menor manuseio a que estão sujeitas as mercadorias;
- Tarifas competitivas em relação às cobradas pelos demais modais para cargas pequenas e/ou distâncias curtas;
- Serviço mais personalizado, tanto para quem recebe como para quem envia a mercadoria.

6.4 Avaliação e escolha do veículo

Diante de uma realidade alcançada atualmente, e graças ao estágio de desenvolvimento do setor, a cada instante surge uma pergunta de vital importância: **Qual é o veículo ideal para atender a determinada necessidade de transporte?**

Existe sempre uma alternativa correta para cada necessidade ou problema de transporte de carga, que só poderá ser encontrada depois de uma análise econômica das opções tecnicamente viáveis.

6.4.1 Características da carga

Primeiramente, temos sempre que definir o que transportar. Para ajudar nessa avaliação, é necessário estabelecer algumas premissas:

- Tipo da carga (sólida, líquida, granel, sacaria etc.);
- Peso específico (kg/m^3) ou unitário;
- Fragilidade;
- Tipo de embalagem e dimensões;
- Limite de empilhamento;
- Possibilidade de unitização;
- Temperatura de conservação;
- Nível de umidade admissível;
- Prazo de validade;
- Legislação.

6.4.2 Características do transporte

Definição e características do lugar de carga e descarga, ou seja, para onde transportar:

- Identificação dos pontos de origem e destino;
- Determinação da demanda e frequência de abastecimento/atendimento;
- Sistemas de carga e descarga (identificação/compatibilização);
- Horários de funcionamento dos locais de origem e destino;
- Dias úteis disponíveis por mês;
- Tempo de carga e descarga (espera, pesagem, conferência e emissão de documentos).

6.4.3 Características das rotas

- Distância entre os pontos de origem e destino;
- Tipo de estrada (pavimento e trânsito);
- Topografia (rampa máxima e altitude);
- Pesos máximos permitidos em pontes e viadutos;
- Limites de altura dos túneis e viadutos;
- Legislação de trânsito (federal, estadual, municipal e interestadual);
- Distância máxima entre os pontos de abastecimento, assistência técnica etc.

6.4.4 Características do veículo

Podem-se citar os seguintes itens:

- Relação potência/peso;
- Tipo de tração;
- Tipo de cabine (simples ou leito);
- Tipo de composição (simples, articulada ou combinada);
- Peso bruto total;
- Carga líquida;
- Tipo de suspensão;
- Autonomia (combustível);
- Tipo e dimensões de carroçaria;
- Equipamentos auxiliares para carga e descarga;
- Revestimentos especiais da carroçaria;
- Dispositivos especiais relativos à carga (equipamentos de refrigeração, bomba, dispositivos de amarração e fixação da carga) etc.

A determinação das características técnicas necessárias é muito complexa e particularizada em função dos diversos segmentos do transporte rodoviário de carga.

Todavia, partindo-se da premissa de que o caminhão é um bem de produção, e de que, como tal, quanto mais utilizado, melhor será sua produtividade, podem-se traçar algumas diretrizes para a escolha de veículos analisando a seguinte fórmula:

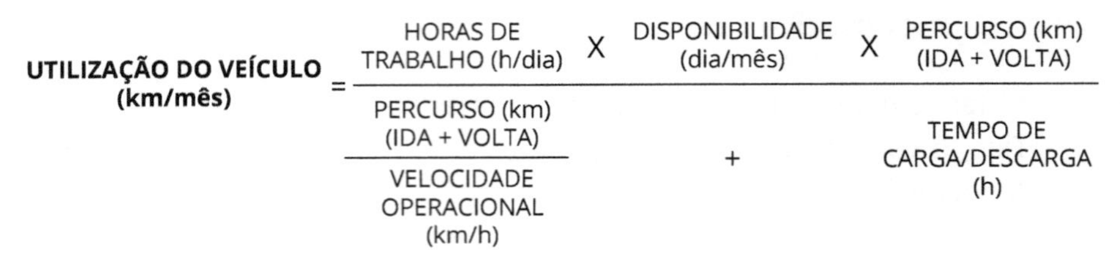

Figura 6.1 *Fórmula para escolha de veículos.*

6.4.5 Velocidade operacional

O aumento da velocidade operacional implica sempre um aumento da utilização do veículo, porém, como nos mostra a tabela abaixo, esse aumento é mais ou menos significativo ao considerarmos a distância do percurso onde se irá encontrar.

Num percurso de 100 km (50 ida + 50 volta), o aumento de 30 para 40 km/h implicaria um aumento de 4,5% na quilometragem mensal de um veículo, resultando em 0,58 viagens a mais por mês.

Já o mesmo aumento da velocidade para um percurso de 3.000 km (1.500 ida + 1.500 volta) implicaria um aumento de 33% na quilometragem mensal, resultando em 0,83 viagens a mais por mês.

Partindo-se da premissa de que mensalmente devam ser realizadas 100 viagens, teremos, com esse aumento na velocidade operacional, a seguinte alteração na frota necessária de veículos:

Percurso (ida + volta) x = 100 km

Velocidade Operacional	Nº Mensal de viagens p/ veículo	Necessidade Mensal	Frota Necessária
30 km	13,0	100	7,7
40 km	13,5		7,4 (–3,9%)

Percurso (ida + volta) x = 3.000 km

Velocidade Operacional	Nº Mensal de viagens p/ veículo	Necessidade Mensal	Frota Necessária
30 km	2,5	100	40
40 km	3,3		30,3 (–24,2%)

Desse exemplo conclui-se que, quanto maior o percurso, mais significativos serão os resultados obtidos com o aumento da velocidade operacional. Por outro lado, pouco benefício se consegue com o aumento da velocidade em pequenos percursos.

6.4.6 Tempo de carga e descarga

O tempo de carga e descarga é o tempo total despendido em espera, pesagem, conferência, emissão de nota fiscal e romaneio e nas operações de carregar e descarregar propriamente ditas. Esse item tem grande importância no grau de utilização do veículo, porém sua influência também sofre variação dependendo da distância do percurso em que se irá operar.

Conforme a tabela abaixo, uma redução de 16 para 12 horas no tempo total proporciona, num percurso de 100 km (50 ida + 50 volta), um aumento de 27,6% na quilometragem mensal do veículo, permitindo que se realizem 3,73 viagens a mais mensalmente.

Porém, essa mesma redução permite, para um percurso de 3.000 km (1.500 ida + 1.500 volta), somente um aumento de 4,6% na quilometragem mensal, o que implicará a realização de apenas 0,13 viagens a mais no mesmo período.

Com relação à frota necessária, admitindo a necessidade de serem realizadas 100 viagens por mês, teríamos o seguinte modelo:

Percurso (ida + volta) x = 100 km

Tempo de Carga e Descarga	Nº Mensal de viagens p/ veículo	Necessidade Mensal	Frota Necessária
16 h	13,51	100	7,4
12 h	17,24		5,8 (–21,6%)

Percurso (ida + volta) x = 3.000 km

Tempo de Carga e Descarga	Nº Mensal de viagens p/ veículo	Necessidade Mensal	Frota Necessária
16 h	2,75	100	36,4
12 h	2,87		34,8 (–4,4%)

Observa-se que, quanto menor o percurso, maior será a influência do tempo de carga e descarga. Em longos percursos, sua atuação é pouco significativa.

A redução do tempo de carga e descarga pode ser obtida por meio da utilização de equipamentos e da modificação dos procedimentos de expedição e embarque. Podem ser avaliados:

- Equipamentos: empilhadeira, ponte rolante, esteiras, básculas, carroçarias intercambiáveis, guindaste etc.;
- Procedimentos: emissão de documentos *on-line*, utilização de frotas modulares, paletização, unitização, ampliação e reescalonamento dos horários de coleta e entrega, desenvolvimento de embalagens que facilitem as operações de movimentação e manuseio etc.

6.4.7 Horas de trabalho

Horas de trabalho é o período em que o veículo será operado de forma ativa, rodando, ou passiva, carregando ou descarregando, podendo ser aumentado por horas extras ou aumento de números de turnos.

Ao contrário das variáveis anteriormente abordadas, o número de horas de trabalho, quando aumentado, resulta em um aumento proporcional para percursos de curta, média e longa distâncias. Em outras palavras, se triplicarmos o turno de trabalho, triplicam-se a quilometragem mensal e o número de viagens/mês e qualquer percurso.

Tomando como exemplo a necessidade de cumprir 100 viagens num mês, teremos:

Percurso (ida + volta) x = 100 km

Horas de Trabalho	Km/mês	Nº Mensal de viagens p/ veículo	Necessidade Mensal	Frota Necessária
8	1.081	10,81	100	9,25
24	3.243 (+200%)	32,43 (+200%)		3,08 (–66,7%)

Percurso (ida + volta) x 3.000 km

Horas de Trabalho	Km/mês	Nº Mensal de viagens p/ veículo	Necessidade Mensal	Frota Necessária
8	6.594	2,2	100	45,45
24	19.780 (+200%)	6,6 (+200%)		15,15 (–66,7%)

Pelo exemplo, ficou demonstrado que os ganhos em produtividade foram proporcionalmente iguais nos dois percursos.

As variáveis "Disponibilidade" e "Percurso" também podem ser otimizadas. A primeira em virtude de uma manutenção adequada, pois está provado que veículos submetidos a programas de manutenção preventiva param menos, e sua vida útil é maior. Quanto à segunda, por meio de planejamento e programação de rotas, pode-se conseguir benefícios no grau de utilização do veículo e da frota.

Em curtos percursos, o uso de veículos pesados se inviabiliza em operações cujo tempo de carga e descarga for demasiadamente elevado. Em longos percursos, o uso de veículos com elevada relação potência/peso é vantajoso. Ainda para os longos percursos, o uso de veículos com cabina leito visando ao trabalho de dois motoristas no sistema revezamento é recomendável.

Já para curtos percursos, devem-se buscar equipamentos ou sistemas de transporte que diminuam o tempo de carga e descarga (carroçarias intercambiáveis, plataformas elevatórias, unitização de cargas).

Independentemente do(s) veículo(s) selecionado(s), também devem ser considerados nas soluções do problema de transporte:

- As condições de acesso aos locais de coleta/entrega;
- A distância e a conservação das vias de acesso;
- O trânsito e a facilidade de estacionamento;
- O tempo de espera e o sistema de operação de carga e descarga (manual ou mecanizado);
- O tipo de carga (fracionada ou unitizada);
- O horário destinado às operações de carga e descarga;
- A possibilidade de retornar carregado;
- O tipo e a resistência da embalagem.

A eficiência do sistema pode e deve proporcionar ao transportador e ao usuário uma redução dos custos de operação e transporte via aproveitamento mais racional dos veículos.

6.5 Lei da Balança

A chamada Lei da Balança constitui-se em um conjunto de artigos extraídos do Código de Trânsito Brasileiro (CTB) e das Resoluções do Conselho Nacional de Trânsito (CONTRAN) que influem diretamente nas limitações das dimensões e no peso dos veículos de carga e passageiros nas estradas brasileiras. A primeira redação do então denominado Código Nacional de Trânsito foi elaborada na década de 1960 e posta em prática a partir de 1974. Desde então, vem sendo atualizada e aperfeiçoada através de leis, decretos e resoluções dos órgãos governamentais. A Lei nº 9.503, de 23 de setembro de 1997, instituiu o CTB e atribuiu ao CONTRAN competência para regulamentar e estabelecer normas complementares especialmente no tocante a pesos, dimensões, configurações e segurança dos veículos rodoviários de carga.

Toda normatização de dimensões, pesos e capacidades de caminhões para o transporte rodoviário de carga começa na determinação no **Peso Bruto Total (PBT).** Essa é a principal informação para o claro entendimento da Lei da Balança.

O Peso Bruto Total máximo permitido é definido pelo fabricante do caminhão. É esse peso que vai ser utilizado pelos órgãos rodoviários nos postos de pesagem. São muito comuns problemas na hora da pesagem devido a discrepâncias entre o peso máximo permitido, constante do documento do veículo, e aquele utilizado pelos postos de pesagem, com base na informação fornecida pelo fabricante. Para se precaver quanto a esse problema, convém consultar o site do Departamento Nacional de Infraestrutura de Transportes (DNIT), que informa o peso máximo permitido de todos os veículos produzidos no país.

Somente as combinações de veículos com comprimento acima de 16,00 metros podem transitar com peso bruto total superior a 45 toneladas.

Um fato que tem gerado muita dúvida é a impossibilidade de as carretas com menos de 16,00 m de comprimento, mesmo aquelas com seis eixos (carreta de três eixos, tracionada por cavalo 6x2 ou 6x4), poderem carregar mais de 45,0 t.

Os limites máximos de peso bruto total e peso bruto transmitido por eixo de veículo, nas superfícies das vias públicas, são os seguintes:

- Peso bruto total ou peso bruto total combinado, respeitando os limites da **Capacidade Máxima de Tração (CMT)** da unidade tratora determinada pelo fabricante:
  - **a)** Peso bruto total para veículo não articulado: 29 t;
  - **b)** Veículos com reboque ou semirreboque, exceto caminhões: 39,5 t;
  - **c)** Peso bruto total combinado para combinações de veículos articulados com duas unidades, do tipo caminhão-trator e semirreboque, e comprimento total inferior a 16 m: 45 t;
  - **d)** Peso bruto total combinado para combinações de veículos articulados com duas unidades, do tipo caminhão-trator e semirreboque com eixos em tandem triplo e comprimento total superior a 16 m: 48,5 t;
  - **e)** Peso bruto total combinado para combinações de veículos articulados com duas unidades, do tipo caminhão-trator e semirreboque com eixos distanciados, e comprimento total igual ou superior a 16 m: 53 t;
  - **f)** Peso bruto total combinado para combinações de veículos com duas unidades, do tipo caminhão e reboque, e comprimento inferior a 17,50 m: 45 t;

g) Peso bruto total combinado para combinações de veículos articulados com duas unidades, do tipo caminhão e reboque, e comprimento igual ou superior a 17,50 m: 57 t;
h) Peso bruto total combinado para combinações de veículos articulados com mais de duas unidades e comprimento inferior a 17,50 m: 45 t;

- Para a **Combinação de Veículos de Carga (CVC)**, com mais de duas unidades, incluída a unidade tratora, o peso bruto total poderá ser de até 57 toneladas, desde que cumpridos os seguintes requisitos:
  a) Máximo de sete eixos;
  b) Comprimento máximo de 19,80 m e mínimo de 17,50 m;
  c) Unidade tratora do tipo caminhão trator;
  d) Estar equipadas com sistema de freios conjugados entre si e com a unidade tratora atendendo ao estabelecido pelo CONTRAN.

6.5.1 Configurações autorizadas

Conforme a Portaria Denatran 63/2009, seguem as configurações autorizadas a circular nas rodovias brasileiras.

Tabela 6.1 *Configurações autorizadas a circular nas rodovias brasileiras.*

Configurações de Veículos Usadas	Peso Máximo Permitido por Eixo	PBT	Tolerância (5% PBT)	CMT mínima	Lotação (PBT - Tara)	Comprimento mínimo	Comprimento máximo	Precisa AET
Caminhão	6 + 10	16,0 t	800,00 kg	16,0 t	-	-	14,0 m	não
Caminhão Trucado	6 + 17	23,0 t	1.150,00 kg	23,0 t	-	-	14,0 m	não
Caminhão Simples	6 + 25,5	31,5t	1.575,00 kg	31,5t	-	-	14,0 m	não
Caminhão Duplo Direcional Trucado	6 + 6 + 17	29,0 t	1.450,00 kg	29,0 t	-	-	14,0 m	não
Caminhão + Reboque	6 + 10 + 17	33,0 t	1.650,00 kg	33,0 t	-	vide nota (2)	19,80 m	não
Caminhão + Reboque	6 + 10 + 10 + 17	43,0 t	2.150,00 kg	43,0 t	-	vide nota (2)	19,80 m	não
Caminhão Trucado + Reboque	6 + 17 + 10 + 17	50,0 t	2.500,00 kg	50,0 t	-	17,50 m vide nota (2)	19,80 m	não

Tabela 6.1 *(Continuação)*

 Romeu e Iulieta	6 + 17 + 10 + 17	50,0 t	2500,00 kg	50,0 t	-	17,50 m vide nota (2)	19,80 m	não
Caminhão Trator + Semirreboque 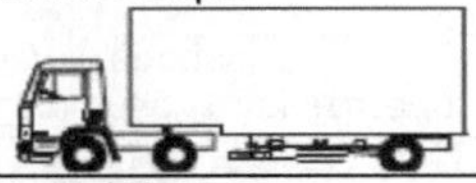	6 + 10 + 10	26,0 t(1)	1300,00 kg	26,0 t(1)	-	-	18,60 m	não
Caminhão Trator + Semirreboque 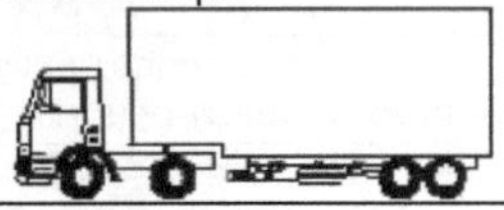	6 + 10 + 17	33,0 t(1)	1.650,00 kg	33,0 t(1)	-	-	18,60 m	não
Caminhão Trator + Semirreboque 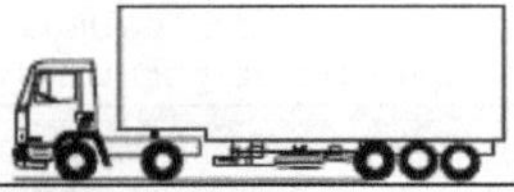	6 + 10 + 25,5	41,5 t(1)	2.075,00 kg	41,5 t(1)	-	-	18,60 m	não
Caminhão Trator + Semirreboque 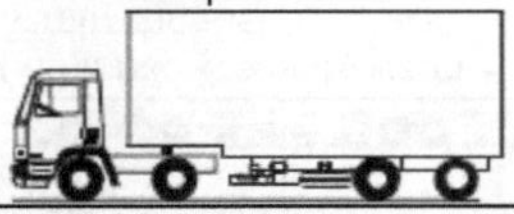	6 + 10 + 20 vide nota (10)	36,0 t(1)	1.800,00 kg	36,0 t(1)	-	-	18,60 m	não
Caminhão Trator + Semirreboque 	6 + 10 + 10 + 17 vide nota (10)	43,0 t	2.150,00 kg	43,0 t	-	-	18,60 m	não
Caminhão Trator + Semirreboque 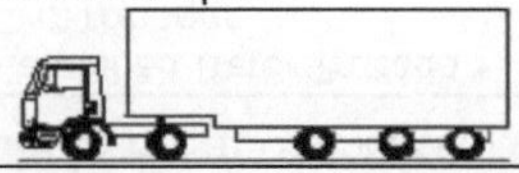	6 + 10 + 10 + 10 + 10 vide nota (10)	46,0 t	2.300,00 kg	46,0 t	-	16,00 m vide nota (1)	18,60 m	não

Tabela 6.1 *(Continuação)*

Caminhão Trator Trucado + Semirreboque	6 + 17 + 10	33,0 t	1.650,00 kg	33,0 t	-	-	18,60 m	não
Caminhão Trator Trucado + Semirreboque	6 + 17 + 17	40,0 t	2.000,00 kg	40,0 t	-	-	18,60 m	não
Caminhão Trator Trucado + Semirreboque	6 + 17 + 25,5	48,5t	2.425,00 kg	48,5t	32,0 t	16,00 m	18,60 m	não
Caminhão Trator Trucado + Semirreboque	6 + 17 + 10 + 10 vide nota (10)	43,0 t	2.150,00 kg	43,0 t	27,0 t	-	18,60 m	não
Caminhão Trator Trucado + Semirreboque	6 + 17+ 10 + 17 vide nota (10)	50,0 t	2.500,00 kg	50,0 t	33,0 t	16,00 m	18,60 m	não
Caminhão Trator Trucado + Semirreboque	6 + 17 + 10 + 10 + 10 vide nota (10)	53,0 t	2.650,00 kg	53,0 t	36,0 t	16,00 m	18,60 m	não
Treminhão	6 + 17 + 10 + 10 + 10 + 10	63,0 t	3.150,00 kg	63,0 t	-	25,0 m(2)	30,0 m	sim

Tabela 6.1 (*Continuação*)

Bitrem –comprimento entre 17,50 a 19,80 m 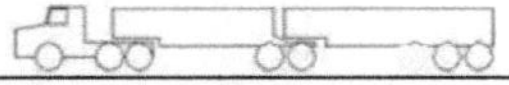	6 + 17 + 17 + 17	57,0 t	2.850,00 kg	57,0 t	38,0 t	17,50 m	19,80 m	não
Bitrem –comprimento entre 19,80 m e 30,00 m 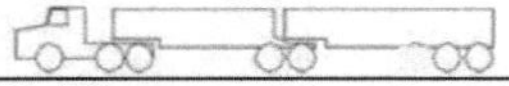	6 + 17 + 17 + 17	57,0 t	2.850,00 kg	57,0 t	38,0 t	19,80 m vide nota (4)	30,0 m	sim
Rodotrem comprimento entre 19,8 m e 25,0 m 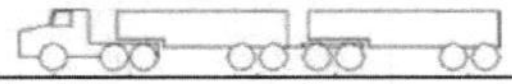	6 + 17 + 17 + 17 + 17	74,0 t	3.700,00 kg	74,0 t	50,0 t	19,80 m vide nota (6) e nota (7)	25,0 m	sim
Rodotrem comprimento entre 25,0 m e 30,0 m 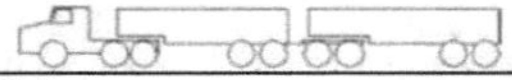	6 + 17 + 17 + 17 + 17	74,0 t	3.700,00 kg	74,0 t	50,0 t	25,0 m	30,0 m	sim
Tritrem 	6 + 17 + 17 + 17 + 17	74,0 t	3.700,00 kg	74,0 t	-	25,0 m	30,0 m	sim
Bitrem de 8 eixos 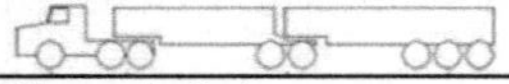	6 + 17 + 17 + 25,5	65,5t	3.275,00 kg	65,5t	-	25,0 m	30,0 m	sim
Bitrem de 9 eixos 	6 + 17 + 25,5 + 25,5	74,0 t	3.700,00 kg	74,0 t	52,0 t	25,0 m	30,0 m	sim vide nota (8)

6.5.2 Tipos de eixos e pesos máximos permitidos

Tabela 6.2 *Eixos e pesos máximos permitidos.*

Tipos de eixos	Configuração de eixos	Peso máximo permitido (t)
Eixo simples com rodagem singela (2 pneus)		6,0 ou a capacidade declarada pelo fabricante do pneumático
Eixo simples com rodagem dupla (4 pneus)		10,0
Eixo duplo direcional com rodagem singela (4 pneus) 1,20 < d ≤ 2,40m	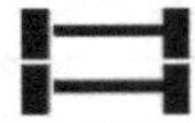	12,0
Eixo duplo com rodagem singela (4 pneus do tipo extralargo)	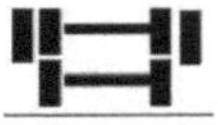	17,0
Eixo duplo, sendo um com rodagem dupla (6 pneus) d < ou igual a 1,20 m		9,0
Eixo duplo, sendo um com rodagem dupla (6 pneus) - tandem 1,20 < d ≤ 2,40 m	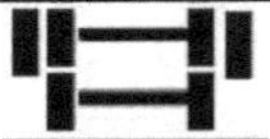	13,5
Eixo duplo com rodagem dupla (8 pneus) - não tandem 1,20 < d ≤ 2,40 m	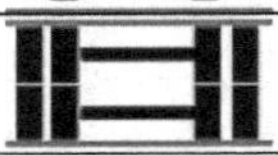	15,0
Eixo duplo com rodagem dupla (8 pneus) - tandem 1,20 < d ≤ 2,40 m		17,0
Eixo duplo com rodagem dupla (8 pneus) - tandem d > 2,40 m	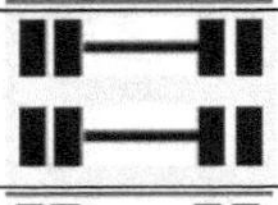	20,0
Eixo triplo com rodagens duplas (12 pneus) - tandem 1,20 < d ≤ 2,40 m		25,5
Eixo triplo, sendo uma rodagem singela e duas duplas (12 pneus), esta em tandem, estando o primeiro eixo distanciado mais de 2,40 m	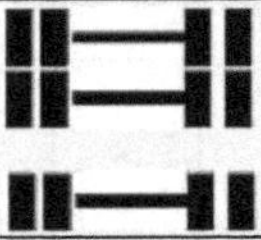	27,0
Eixo triplo com rodagens duplas (12 pneus) - tandem d > 2,40 m	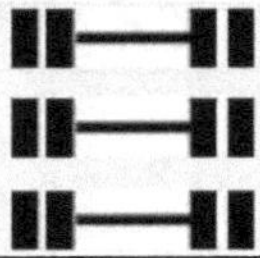	30,0
Peso bruto total por unidade	-	45,0
Peso bruto total por Combinação de Veículos de Carga - CVC, com duas ou mais unidades, incluída a unidade tratora, observados os incisos IV, V e VI do artigo 2º da Resolução nº 68/98 - Contran.	-	57,0
Potência/peso	-	5,71 CV/t

6.5.3 Tolerâncias ao excesso de peso

A tolerância não poderá ser incorporada. A Resolução Contran nº 258/2007 reafirma o princípio de que a tolerância é da balança, não podendo ser incorporada durante o carregamento.

Essa determinação atende também ao artigo 6º Resolução Contran 258/2007 d. Quem lançar mão da tolerância de 5% no carregamento estará elevando o peso por eixo.

Outra novidade é a volta imediata da multa por eixo, que havia sido suspensa pela Resolução nº 104/99 do CONTRAN, embora esteja prevista indiretamente por lei. Os parágrafos 4º e 5º do artigo 259 do CTB dispõem que o excesso de peso por eixo constitui infração de trânsito.

Foi abolida a tolerância de 5% na nota fiscal prevista na Resolução nº 104/99. Essa permissão era ilegal, pois o parágrafo 2º do artigo 100 do CTB só admite tolerância na aferição de peso por balanças.

A Resolução nº 114/99 só permitia verificação por meio de nota fiscal nas rodovias onde não houvesse balanças. Agora, na impossibilidade de se usar balança, essa aferição pode ser feita em qualquer tempo ou local.

6.5.4 Dimensões máximas dos veículos de transporte

Tabela 6.3 *Dimensões máximas dos veículos de transporte.*

Medidas	Especificação	Dimensões Máximas
Largura		2,60 m
Altura		4,40 m
Comprimento	Veículos não articulados	Máximo 14,00 m
	Veículos articulados com duas unidades do tipo caminhão ou ônibus e reboque	Máximo de 19,80 m
	Veículos articulados com duas unidades, do tipo caminhão-trator e semirreboque.	Máximo de 18,60 m
Balanço Traseiro	Nos veículos não articulados de transporte de carga	- Até 60% (sessenta por cento) da distância entre os dois eixos, não podendo exceder a 3,50 m (três metros e cinquenta centímetros);

Tabela 6.3 (*Continuação*).

		- Até 4,20 metros, excepcionalmente para os veículos não articulados licenciados até 13 de novembro de 1996, o balanço traseiro pode ser superior a 3,50 metros e limitado a 4,20 metros, respeitados os 60% da distância entre os eixos, mediante Autorização Específica fornecida pela autoridade com circunscrição sobre a via, com validade máxima de um ano e de acordo com o licenciamento e renovada até o sucateamento do veículo.
OBSERVAÇÕES Veículos com Dimensões Excedentes		

- **Autorização Específica Definitiva:** para veículos que tenham como dimensões máximas até 20,00 metros de comprimento, até 2,86 metros de largura e até 4,40 metros de altura, será concedida Autorização Específica Definitiva, fornecida pela autoridade com circunscrição sobre a via, devidamente visada pelo proprietário do veículo ou seu representante credenciado, podendo circular durante as 24 horas do dia, com validade até o seu sucateamento, e que conterá os seguintes dados:
  a) Nome e endereço do proprietário do veículo;
  b) Cópia do Certificado de Registro e Licenciamento do Veículo (CRLV);
  c) Desenho do veículo, suas dimensões e excessos.
- **Autorização Específica:** para os veículos cujas dimensões excedam os limites previstos no inciso I, poderá ser concedida Autorização Específica, fornecida pela autoridade com circunscrição sobre a via e considerando os limites dessa via, com validade máxima de um ano e de acordo com o licenciamento, renovada até o sucateamento do veículo e obedecendo aos seguintes parâmetros:
  a) Volume de tráfego;
  b) Traçado da via;
  c) Projeto do conjunto veicular, indicando dimensão de largura, comprimento e altura, número de eixos, distância entre eles e pesos.

6.6 Classificação de veículos

Os primeiros caminhões que circulavam pelas estradas brasileiras tinham poucas diferenças, e de acordo com sua utilização precisavam efetuar adaptações que levavam tempo e tinham alto custo. Atualmente, a indústria brasileira oferece opções para todas as categorias de caminhões, dos VUCs, leves, médios, semipesados, pesados, extrapesados com capacidade de carga superior a 45 toneladas, e fora de estrada, atendendo aos mais diferentes setores de atividade.

Na busca de mais eficiência na relação custo x investimento, uma tendência importante entre as transportadoras é o aumento da capacidade de carga, utilizando uma única composição de veículos.

Atualmente, o bitrem, sete eixos, e o rodotrem, ou bitrenzão, ou tritrem de nove eixos, estão com cada vez mais destacados no segmento de transporte rodoviário de carga. Com um cavalo mecânico e dois ou mais semirreboques e com comprimento de 25 ou 30 metros, o rodotrem transporta até 74 toneladas.

O bitrem é uma combinação de veículos de carga composta por um total de sete eixos, que permite o transporte de um peso bruto total combinado PBTC de 57 toneladas. Os semirreboques dessa combinação são interligados por um engate do tipo B (quinta-roda) e podem ser tracionados por um cavalo-mecânico 6 × 2 (trucado).

6.6.1 Rodotrem

É uma combinação de veículos de carga (dois semirreboques) composta por um total de 9 eixos que permite o transporte de um Peso Bruto Total Combinado (PBTC) de 74 toneladas. Os dois semirreboques dessa combinação são interligados por um veículo intermediário denominado **dolly**, que possui a característica de acoplar no semirreboque dianteiro por um engate e fazer a ligação com o semirreboque traseiro através de um engate do tipo B (quinta-roda). Essa combinação só pode ser tracionada por um cavalo-mecânico 6 × 4 (traçado) e necessita de um trajeto definido para obter Autorização Especial de Trânsito (AET).

Figura 6.2 *Rodotrem (caminhão trator trucado + dois semirreboques com* dolly*).*

Por definição, o **bitrem** é um conjunto que possui duas articulações (quinta-roda do caminhão e a quinta-roda do semirreboque dianteiro) e o **rodotrem** é um conjunto que possui três articulações, quinta-roda do caminhão, engate dianteiro do dolly e quinta-roda do dolly.

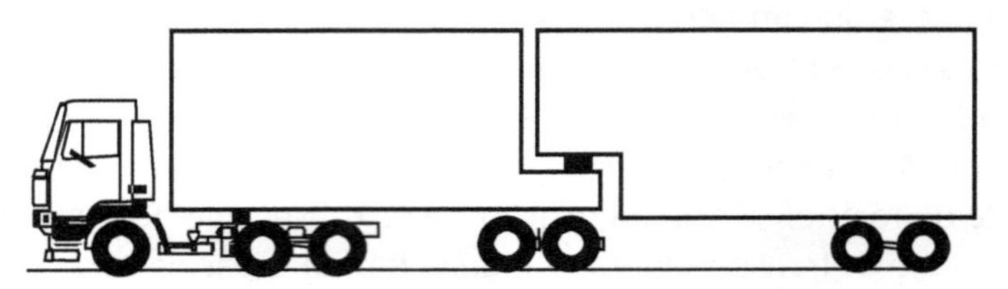

Figura 6.3 *Bitrem articulado (caminhão trator trucado + dois semirreboques).*

6.6.2 Tritrem

É uma **Combinação de Veículo de Carga (CVC)** formada por três semirreboques interligados através de quinta roda, ou seja, com engates do tipo B, como acontece na combinação bitrem. Essa CVC possibilita um PBTC de 74 toneladas, a mesma do rodotrem, mas, devido às características específicas, é desenvolvido especialmente para o transporte florestal e canavieiro.

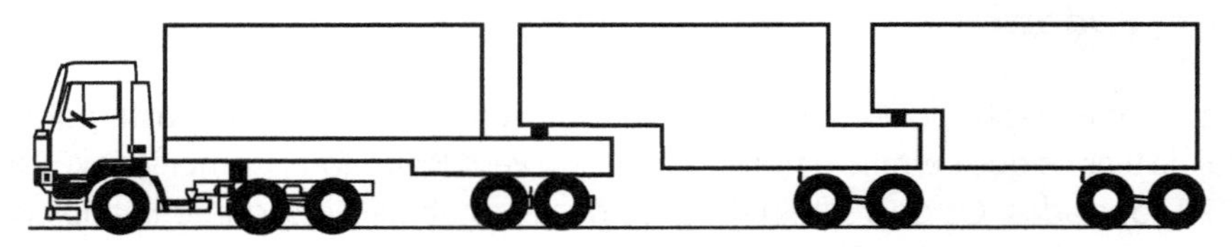

Figura 6.4 *Tritrem (caminhão trator trucado + três semirreboques).*

6.6.3 Romeu e Julieta

É um caminhão que traciona dois reboques.

Figura 6.5 *Romeu e Julieta (caminhão trucado + reboque).*

6.6.4 Treminhão

É um caminhão tracionando dois ou mais reboques, engatados por meio de ralas.

Figura 6.6 *Treminhão (caminhão trucado + dois reboques).*

6.6.5 Veículo Urbano de Carga (VUC)

O VUC é um caminhão pequeno, muito apropriado para áreas urbanas. Esse veículo deve respeitar as seguintes características: largura máxima de 2,2 metros; comprimento máximo de 6,3 metros e limite de emissão de poluentes. A capacidade do VUC é de até três toneladas.

6.6.6 Toco

Caminhão que tem eixo simples na carroceria, ou seja, um eixo frontal e outro traseiro de rodagem simples. Sua capacidade é de até 6 toneladas, tem peso bruto máximo de 16 toneladas e comprimento máximo de 14 metros.

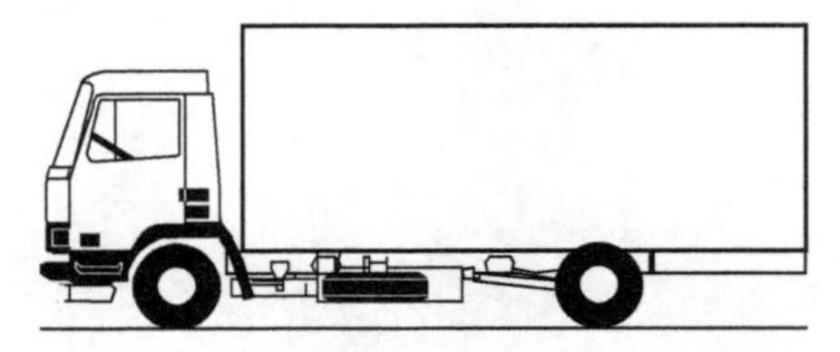

Figura 6.7 *Toco.*

6.6.7 Truck

Caminhão que tem o eixo duplo na carroceria, ou seja, dois eixos juntos. O objetivo é carregar carga maior e proporcionar melhor desempenho ao veículo. Um dos eixos traseiros deve necessariamente receber a força do motor. Sua capacidade é de 10 a 14 toneladas, possui peso bruto máximo de 23 toneladas e seu comprimento é também de 14 metros, como no caminhão toco.

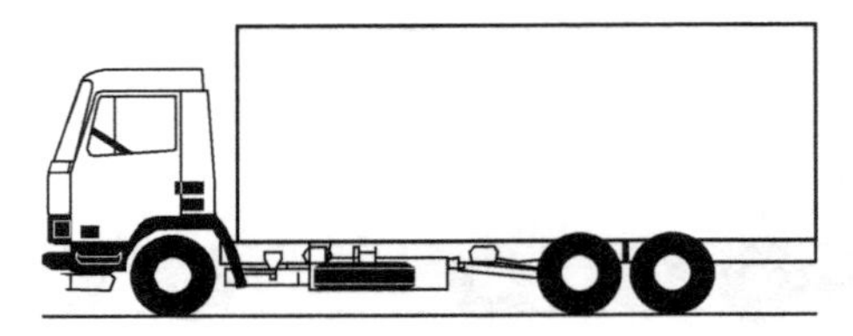

Figura 6.8 *Truck.*

6.6.8 Carretas

É uma categoria de conjunto de equipamento em que uma parte possui a força motriz (motor), rodas de tração e a cabine do motorista, o caminhão, ou cavalo mecânico, e a outra parte recebe a carga, a carreta ou o semirreboque.

Veja abaixo alguns modelos:

- **Cavalo mecânico ou caminhão extrapesado**

É o conjunto formado por cabine, motor e rodas de tração do caminhão com eixo simples (apenas duas rodas de tração). Pode ser engatado em vários tipos de carretas e semirreboques, para o transporte.

Foto: Taina Sohlman | iStockphoto

Figura 6.9 *Cavalo mecânico ou caminhão extrapesado.*

- **Cavalo mecânico trucado**

Tem o mesmo conceito do cavalo mecânico, mas com o diferencial de ter eixo duplo em seu conjunto, para poder carregar mais peso. Assim, o peso da carga do semirreboque distribui-se por mais rodas, e a pressão exercida por cada uma no chão é menor.

- **Carreta 2 eixos**

Utiliza um cavalo mecânico e um semirreboque com dois eixos cada. Possui peso bruto máximo de 33 toneladas e comprimento máximo de 18,15 metros.

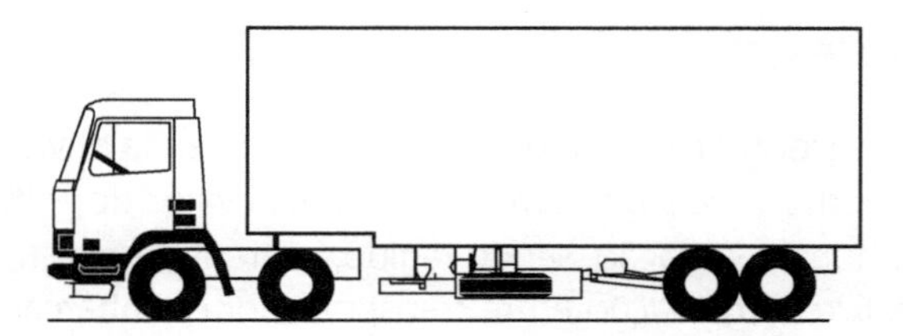

Figura 6.10 *Caminhão trator + semirreboque 2 eixos.*

- **Carreta 3 eixos**

Utiliza um cavalo mecânico simples (2 eixos) e um semirreboque com 3 eixos. Possui peso bruto máximo de 41,5 toneladas e comprimento máximo de 18,15 metros.

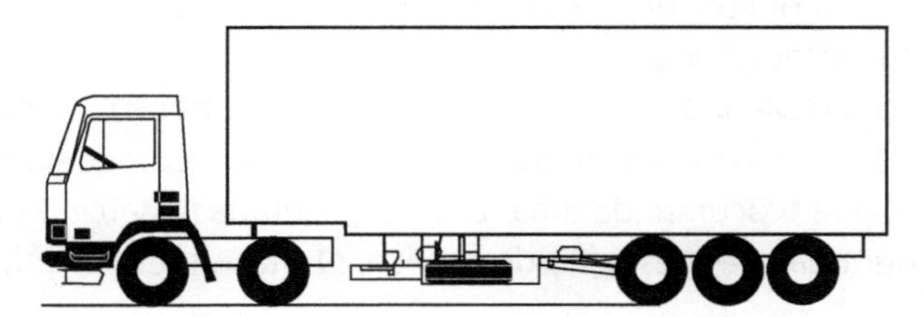

Figura 6.11 *Caminhão trator + semirreboque 3 eixos.*

- **Carreta cavalo trucado**

Utiliza um cavalo mecânico trucado e um semirreboque também com três eixos. Possui peso bruto máximo de 45 toneladas e comprimento máximo também de 18,15 metros.

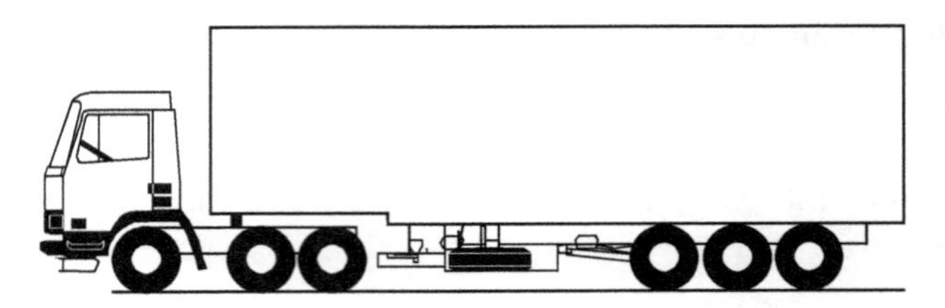

Figura 6.12 *Caminhão trator trucado + semirreboque 3 eixos.*

6.7 Composição de tarifa e custos

6.7.1 Conceitos

O segmento do transporte rodoviário de cargas (TRC) é uma atividade econômica sujeita exclusivamente às leis de mercado. Assim, o valor do frete cobrado não está sujeito a nenhuma legislação, sendo regido, portanto, pelos usos e costumes, assim como pela livre negociação entre transportador e embarcador.

A tarifa de frete é composta pelo frete-peso, pelas Despesas Administrativas e de Terminais (DAT), pelo *Ad Valorem*, ou frete-valor, pela taxa de gerenciamento de risco (GRIS), pelas taxas adicionais, muito conhecidas também como generalidades, pelos impostos e pelo lucro desejado.

O valor do frete-peso corresponde à parcela de maior importância, já que é constituído da soma dos custos fixos e variáveis. Dentre os custos fixos indicam-se os salários, encargos sociais e benefícios dos motoristas e ajudantes e a depreciação do veículo e do equipamento. Entre os custos variáveis, temos o combustível, a manutenção e os pneus; em alguns casos, os gastos com pedágios também assumem grande importância.

De acordo com o *Manual de Cálculo de Tarifas e Formação de Preços* da **NTC & Logística**, a tarifa do transporte rodoviário de carga é composta basicamente de três parcelas, que procuram de uma forma equilibrada ressarcir o transportador das despesas oriundas da prestação do serviço. Os itens mencionados são:

- Frete-peso;
- Frete-valor;
- Taxas.

Ainda de acordo com o *Manual NTC*, o frete-peso é a parcela da tarifa e serve para remunerar as despesas pelo transporte do bem entre os pontos de origem e destino. No frete-peso estão inseridos os custos diretos de transporte e os custos indiretos, tais como despesas administrativas e de terminais, capital imobilizado e outros, além da taxa de lucro operacional. O conjunto dessas despesas é denominado custos operacionais da empresa, e são particularizados para cada empresa e tipo de serviço de transporte realizado.

O frete-valor, outro componente tarifário, comumente chamado de "*Ad Valorem*", é elemento fundamental para o equilíbrio social dos custos de transporte, por ser proporcional ao valor das mercadorias transportadas.

Visa primordialmente ressarcir o transportador dos riscos de sua atividade ligados ao tempo em que o bem fica em poder da empresa para que se efetue o transporte.

As taxas destinam-se à remuneração de serviços adicionais necessários à prestação do serviço e são cobradas quando estes são efetivamente prestados, variando, em alguns casos, em função do peso transportado.

As taxas adicionais cobradas em relação ao frete-peso original vêm ganhando importância e é cada vez maior a sua participação no custo total de transporte, principalmente nas entregas urbanas.

Uma das taxas mais conhecidas é a **Taxa de Dificuldade de Entrega (TDE)**, aplicada a clientes cujo recebimento das mercadorias seja ineficiente. Ela tem o objetivo de ressarcir o transportador pelos custos adicionais quando a entrega for dificultada por recusa da mão de obra da transportadora, solicitação de agendamento prévio, recebimento por ordem de chegada independente da quantidade, recebimento precário que gere filas e tempo excessivo na descarga, exigência de separação de itens no recebimento, exigência de ajudantes superior à do veículo para carga e descarga e disposições contratuais que agravem o custo operacional.

Normalmente é cobrada como um percentual adicional do frete. O valor foi calculado em 20% a ser acrescido ao frete original, com mínimo, que é negociado entre as partes, transportador × cliente. Na prática, os valores podem chegar a até 100% do valor do frete original, pois algumas transportadoras estão classificando os clientes em TDE 1, para os quais se aplicaria a taxa tradicional; TDE 2, com um valor 50% superior ao frete; e TDE 3, com valores 100% superiores, ou seja, o dobro do frete convencional.

Outra taxa normalmente aplicada às operações de carga fracionada é a **Taxa de Coleta e Entrega**. Normalmente é cobrado um valor por fração de 100 kg ou por **Conhecimento de Transporte Rodoviário de Carga (CTRC)**, emitido para cobrir os custos operacionais do veículo de coleta e entrega. Essa taxa poderá sofrer redução de até 50% se a carga for entregue pelo remetente no terminal de origem, retirada pelo destinatário no terminal de destino ou até dispensada, caso ocorram ambas as situações para um mesmo despacho.

A **Taxa de Despacho** remunera as despesas relacionadas às atividades administrativas com a documentação de transporte. Deveria estar embutida nas despesas administrativas da transportadora, mas atualmente é comum vermos algumas transportadoras cobrarem uma taxa para a emissão do **CTRC**.

A **Taxa de Administração da Secretaria da Fazenda (TAS)** foi oficializada pelo Conselho Nacional de Estudos e Tarifas (CONET) da NTC & Logística em 2003. Essa taxa tem como finalidade ressarcir as transportadoras dos altos custos "invisíveis" gerados pelos trabalhosos procedimentos adotados pelas Secretarias de Fazenda dos Estados. Ela é cobrada sempre do pagador do frete, tanto para cargas interestaduais quanto para cargas transportadas dentro do próprio Estado. No caso de cargas fracionadas, é cobrado por CTRC e por 100 kg ou fração, no caso de lotações.

A mais recente de todas é a **Taxa de Restrição de Trânsito (TRT)**, que visa ressarcir os custos adicionais com coletas e entregas em municípios que adotaram severas regras para a circulação de caminhões, como São Paulo, Brasília e Rio de Janeiro. É cobrada na forma de percentual adicional sobre os fretes das cargas que tenham como origem ou destino essas localidades. O valor foi calculado em 15% a ser acrescido ao frete original, com mínimo que é negociado também entre as partes.

Outras taxas estão sendo cobradas pelas transportadoras para ressarci-las dos custos adicionais decorrentes da maior complexidade operacional; são elas:

- Taxa de dificuldade de acesso;
- Taxa de paletização ou unitização de cargas;
- Taxa para agendamento de entregas;
- Taxa pela estocagem temporária no terminal de cargas;
- Taxa para veículo dedicado;
- Taxa para coletas ou entregas emergenciais;
- Taxa para coletas ou entregas em horários alternativos;
- Taxa para a devolução/digitalização dos canhotos.

Grande parte dessas taxas deveria estar embutida no frete-peso ou nas **Despesas Administrativas e Terminais (DAT)**. Como está cada vez mais difícil renegociar tarifas de fretes com os embarcadores, as transportadoras optaram pela cobrança desses valores adicionais por meio das taxas. Fica difícil para as transportadoras criar um modelo de planilha de custos para distribuição urbana que contemple todas as variáveis possíveis que estão sempre surgindo entre o ponto de coleta e o ponto de entrega.

Na prática, todas elas correspondem a uma resposta ao aumento de custos, em função do aumento da complexidade operacional, das várias solicitações de serviços adicionais impostos pelos clientes e do surgimento de restrições de tráfego ao congestionamento urbano.

6.7.2 Frete-peso

Os custos operacionais são determinados por meio de estudos técnicos, que devem ser amplamente debatidos e analisados. Esses custos variam em função de cada empresa em particular. Daí a necessidade de o transportador ter clara consciência da importância do levantamento preciso de tais despesas, pois somente assim será possível uma análise realista do desempenho econômico de um serviço a ser realizado.

Sem uma análise real, fica impossível para o administrador decidir objetivamente a viabilidade de determinado transporte de bens.

Deve ser observado que a estrutura básica de custos é a mesma para a grande maioria das empresas de transporte de carga, e a variação citada refere-se aos valores de alguns parâmetros que devem ser analisados caso a caso.

6.7.3 Custos operacionais

Os custos operacionais de uma transportadora compõem-se de duas parcelas principais: custo administrativo e de operação de terminal e custo de transferência. O custo de transferência corresponde à despesa de transporte da carga entre terminais, e está subdividido em duas partes:

- **Custos fixos:** são as despesas de operação do veículo que não variam com a distância percorrida, isto é, continuam existindo mesmo com o veículo parado. Esses custos devem ser expressos em R$ (reais) por mês.
- **Custos variáveis:** são as despesas que variam com a distância percorrida, ou seja, esses custos não existem caso o veículo permaneça parado. São expressos por quilômetro. As Despesas Administrativas e de Terminais são da administração da empresa e da operação do terminal de carga, ou seja, são aquelas que não estão diretamente ligadas ao processo de deslocamento do veículo para a transferência das mercadorias transportadas.

6.7.4 Custo Fixo (CF)

O custo fixo é composto das seguintes parcelas:

A. Remuneração Mensal do Capital (RC);
B. Salário do Motorista (SM);
C. Salário de Oficina (SO);
D. Reposição do Veículo (RV);
E. Reposição do Equipamento (RE);
F. Licenciamento (LC);
G. Seguro do Veículo (SV);
H. Seguro do Equipamento (SE);
I. Seguro de Responsabilidade Civil Facultativo (RCF).

A. Remuneração Mensal do Capital (RC):

É o ganho que seria obtido no mercado financeiro caso esse capital não tivesse sido utilizado para a aquisição de um veículo.

$$RC = \frac{(\text{valor do veículo completo} \times 0{,}13)}{12} \tag{6.1}$$

O coeficiente 0,13 corresponde à taxa anual de 12% de juros para remunerar o capital mais a taxa de 1% a.a. para remunerar o capital utilizado em peças de reposição.

B. Salário do Motorista (SM):

São as despesas mensais com o salário do motorista acrescidas dos encargos sociais, que correspondem a 96,14%.

$$SM = 1{,}9614 \times \text{salário do motorista} \tag{6.2}$$

C. Salário de Oficina (SO):

São as despesas com pessoal de manutenção do veículo acrescidas dos encargos sociais; essa situação ocorre se a empresa tiver oficina própria ou a participação de algum reparo interno.

Por hipótese, admite-se que um mecânico tem capacidade de prover a manutenção mensal de dois veículos.

$$SO = \frac{1{,}9614 \times (\text{salário do mecânico})}{2} \tag{6.3}$$

D. Reposição do Veículo (RV):

É um valor que deve ser alocado mensalmente, como um fundo destinado à aquisição de um veículo 0 km, ao final da vida útil do veículo atualmente em operação.

Considera-se que ao final da vida útil de veículo (VU) é possível a obtenção de um valor de revenda de 20% do valor de um veículo 0 km. Assim, será necessário acumular durante esse período a quantia correspondente aos 80% restantes.

$$RV = \frac{(0{,}80 \times \text{valor do veículo “0 km”, sem pneus})}{VU} \qquad \textbf{(6.4)}$$

No valor do veículo 0 km não está incluído o preço dos pneus, pois estes estão considerados no item (E) "Reposição do Equipamento (RE)" do custo variável.

E. Reposição do Equipamento (RE):

Da mesma forma que se mantém um fundo para reposição do veículo, deve-se manter outro para a reposição do equipamento.

Considera-se que ao final da vida útil do equipamento (VE) obtém-se um valor de revenda equivalente a 5% do valor de um equipamento novo.

Assim, será necessário acumular durante esse período a quantia correspondente aos 95% restantes.

$$RE = \frac{(0{,}95 \times \text{valor do equipamento novo sem pneus})}{VE} \qquad \textbf{(6.5)}$$

F. Licenciamento (LC):

Representa os tributos fiscais que a transportadora deve recolher para que lhe seja permitido transitar nas vias públicas. É composto pelos valores do Imposto sobre a Propriedade de Veículos Automotores (IPVA) e do Seguro por Danos causados por Veículos Automotores em vias terrestres (DPVAT), seguro obrigatório.

$$LC = \frac{(IPVA + DPVAT)}{12} \qquad \textbf{(6.6)}$$

G. Seguro do Veículo (SV):

Representa uma despesa mensal que deve ser alocada para pagamento de um seguro, que deve ser feito para ressarcimento de eventuais sinistros ocorridos com o veículo.

Essas despesas são determinadas de acordo com as normas estabelecidas pelas companhias de seguros, que podem ser:

$$\text{Prêmio de Referência} \times C_1 = V_1 \quad \textbf{(6.7)}$$

Prêmio de Referência: é o valor-base a ser pago à seguradora, fixado em função do tipo de veículo. "C_1" é um coeficiente que varia conforme o tipo de utilização do veículo.

$$\text{Importância Segurada} \times C_2 = V_2 \quad \textbf{(6.8)}$$

Importância Segurada: é o valor do veículo segurado. "C_2" é um percentual que varia conforme o tipo de utilização do veículo.

$$SV = \frac{[(V_1 + V_2 + \text{Custo de Apólice}) \times 1{,}04]}{12} \quad \textbf{(6.9)}$$

O coeficiente de 1,04 corresponde ao Imposto sobre Operações Financeiras (IOF). É efetuada a divisão por 12, pois o seguro é anual e deseja-se determinar o custo mensal desse seguro.

Todos os valores apresentados na formulação são obtidos nas tabelas fornecidas pelas seguradoras.

H. Seguro do Equipamento (SE):

Representa uma despesa mensal que deve ser alocada para pagamento de um seguro, que deve ser feito para ressarcimento de eventuais sinistros ocorridos com o equipamento.

Da mesma forma que o seguro do veículo, o seguro do equipamento é determinado de acordo com normas estabelecidas pelas companhias de seguros, conforme descrição abaixo:

$$\text{Prêmio de Referência} \times C_3 = V_3 \quad \textbf{(6.10)}$$

Prêmio de Referência: é o valor-base a ser pago à seguradora, o qual é fixado em função do tipo de equipamento utilizado no veículo. C3: É um coeficiente variável de acordo com a função do equipamento.

$$\text{Importância Segurada} \times C_4 = V_4 \qquad \textbf{(6.11)}$$

Importância Segurada: é o valor do equipamento segurado. "C4" é um percentual variável de acordo com o tipo de equipamento.

$$SE = \frac{[(V_3 + V_4 + \text{Custo de Apólice}) \times 1{,}04]}{12} \qquad \textbf{(6.12)}$$

O coeficiente de 1,04 corresponde ao IOF. É efetuada a divisão por 12, pois o seguro é anual e deseja-se determinar o custo mensal desse seguro.

I. Seguro de Responsabilidade Civil Facultativo (RCF):

É uma despesa mensal para o pagamento de um seguro que visa à cobertura de eventuais danos materiais e/ou pessoais causados a terceiros.

As seguradoras estabeleceram níveis de capital para essa cobertura; a cada nível corresponde a importância segurada.

Os valores a serem pagos à seguradora variam de acordo com o nível de capital e o tipo de veículo segurado (categoria).

$$RCF = \frac{[(\text{PR.DP.} + \text{PR.DM.} + \text{Custo de Apólice}) \times 1{,}04]}{12} \qquad \textbf{(6.13)}$$

Onde:
PR.DP. = Prêmio de Danos Pessoais
PR.DM. = Prêmio de Danos Materiais

O custo fixo mensal total é obtido através da soma das 9 parcelas acima.

$$CF = RC + SM + SO + RV + RE + LC + SV + SE + RCF \qquad \textbf{(6.14)}$$

Sendo CF expresso em reais/mês (R$/mês).

6.7.5 Custo Variável (CV)

O custo variável é composto das seguintes parcelas:

A. Peças, Acessórios e Material de Manutenção (PM);
B. Combustível (DC);
C. Lubrificantes (LB);

D. Lavagens e Graxas (LG);
E. Pneus e Recauchutagens (PR).

A. Peças, Acessórios e Material de Manutenção (PM):

São as despesas mensais com peças, acessórios e materiais de manutenção do veículo. Uma vez determinadas essas despesas, divide-se o valor obtido pela distância percorrida no mês pelo veículo, obtendo-se o custo correspondente por quilômetro.

Admite-se que essa despesa mensal corresponde a 1,35% do valor do veículo completo e sem pneus. Este é um parâmetro que deve ter seu valor individual determinado para cada transportadora.

Admitindo o valor de 1,35%, a fórmula de cálculo é a seguinte:

$$PM = \frac{[(\text{Valor do Veículo Completo Sem Pneus}) \times 0{,}0135]}{DM} \quad \textbf{(6.15)}$$

Onde:
DM = Distância Mensal Percorrida pelo Veículo (km)

B. Combustível (DC):

São as despesas com combustível para cada quilômetro percorrido pelo veículo.

$$DC = \frac{PC}{CM} \quad \textbf{(6.16)}$$

Onde:
PC = Preço Unitário do Combustível (R$/L)
CM = Consumo Médio de Combustível (km/L)

C. Lubrificantes (LB):

Lubrificantes do Motor (LM): são as despesas da lubrificação interna do motor. Para o cálculo dessa despesa, admite-se que existe a reposição de 1 (um) litro de lubrificante a cada 1.000 (mil) quilômetros, e que ao final da quilometragem de troca (estabelecida pelo fabricante) será reposta uma quantidade igual à capacidade do cárter.

Assim, a fórmula de cálculo fica:

$$LM = \frac{[PLM \times (VC + VR)]}{QM} \quad \textbf{(6.17)}$$

Onde:
P.LM = Preço Unitário do Lubrificante do Motor (R$/L)
VC = Capacidade do Carter do Veículo (L)
VR = Volume de Reposição (1 litro a cada 1.000 km)
QM = Quilometragem de Troca de Óleo do Motor

Note que, caso a quilometragem de troca (QM) seja 10.000 km, VR será igual a 9 litros, pois terão sido efetuadas nove reposições de 1 litro a cada 1.000 km.

Lubrificantes da Transmissão (LT): são as despesas decorrentes da lubrificação da transmissão do veículo (diferencial e câmbio).

Nesse caso, é somada a capacidade da caixa do diferencial e do câmbio para determinação do volume de óleo consumido. Essa soma é multiplicada pelo valor unitário do óleo e em seguida dividida pela quilometragem de troca de óleo, obtendo-se assim o custo correspondente por quilômetro.

$$LT = \frac{[(VD + VCC) \times PLT]}{QT} \quad \textbf{(6.18)}$$

Onde:
VD = Capacidade da Caixa Diferencial (L)
VCC = Capacidade de Caixa de Câmbio (L)
PLT = Preço Unitário do Lubrificante da Transmissão (R$/L)
QT = Quilometragem de Troca de Óleo de Transmissão

Portanto, o custo total de lubrificação é:

$$LB = LM + LT \quad \textbf{(6.19)}$$

Onde:
LB = Lubrificantes
LM = Lubrificantes do motor
LT = Lubrificantes da transmissão

D. Lavagens e Graxas (LG):

São as despesas com lavagem e lubrificação externa do veículo. O valor dessa despesa é calculado através da divisão do preço de uma lavagem completa, pela quilometragem recomendada pelo fabricante do veículo, para lavagem periódica.

Portanto, tem-se:

$$LG = \frac{PL}{QL} \quad \textbf{(6.20)}$$

Onde:

PL = Preço da Lavagem Completa do Veículo (R$)

QL = Quilometragem Recomendada pelo Fabricante do Veículo

E. Pneus e Recauchutagem (PR):

São as despesas do consumo dos pneus utilizados no veículo e no equipamento, quando necessários. Por hipótese, admite-se uma perda de 20% dos pneus, ou seja, a cada cinco pneus, perde-se um. Além disso, considera-se que cada pneu sofre uma recauchutagem durante o período de vida útil (VP).

Assim, a fórmula de cálculo é a seguinte:

$$PR = \frac{\{[1{,}2 \times (P + C + PP) \times NP] + (R \times NP)\}}{VP} \quad \textbf{(6.21)}$$

Onde:

P = Preço do Pneu Novo

C = Preço da Câmara Nova

PP = Preço do Protetor Novo

NP = Número de Pneus (veículo e equipamento)

R = Preço de Recauchutagem

VP = Vida Útil do Pneu com Recauchutagem (km)

O coeficiente de 1,2 corresponde à perda de 20%; o custo variável total por quilômetro é obtido pela soma das cinco parcelas descritas acima.

$$CV = PM + DC + LB + LG + PR \quad \textbf{(6.22)}$$

Onde:

CV = Custo variável

PM = Peças, acessórios e material de manutenção

DC = Despesas com combustível

LB = Lubrificantes

LG = Lavagens e graxas
PR = Pneus e recauchutagem

Sendo CV expresso em reais/quilômetro (R$/km).

6.7.6 Despesas Administrativas e de Terminais (DAT)

As despesas administrativas e de terminais estão subdivididas em duas grandes parcelas: a primeira são os salários e encargos sociais de pessoal não diretamente envolvido na operação dos veículos, a exemplo do pessoal de escritório, gerência, diretores etc. A segunda são as despesas diversas, necessárias ao funcionamento da empresa, que podem ser: aluguel, impostos, materiais de escritório, depreciação de máquinas e equipamentos etc.

A sugestão de uma relação desses itens é a seguinte:

Despesas com Salários

- Salários de Pessoal de Armazéns e Escritórios;
- Gratificações, Prêmios e Comissões;
- Horas Extras;
- Encargos Sociais;
- Honorários da Diretoria.

Despesas Diversas

- Aluguéis de Áreas (Armazéns, Escritórios, Estacionamento);
- Aluguéis de Equipamentos;
- Impostos e Taxas;
- Água/Luz, Internet/Telefone/Correio;
- Material de Escritório e Serviços de Cópias;
- Serviços de Manutenção, Conservação e Limpeza;
- Serviços Profissionais de Terceiros;
- Serviços de Informática;
- Viagens, Estadias e Condução;
- Refeições e Lanches;
- Depreciação: Máquinas, Equipamentos, Móveis e Utensílios;
- Seguro Contra Fogo, Instalações, Vida e Saúde;
- Despesas Legais;
- Jornais e Revistas;
- Contribuições, Doações e Brindes;
- Uniformes;

- Plano de Integração Social (PIS);
- Despesas de Promoção, Propaganda e Publicidade;
- Outras Despesas.

6.7.7 Tarifas

O valor das tarifas finais é resultante da composição do custo de deslocamento com o custo de carga e descarga do veículo. A eles devem ser somadas as despesas da administração e operação de terminais, e nesse resultado deve ser acrescida a taxa de lucro operacional desejado.

Esse tipo de composição da tarifa pode ser visto como regra geral, válido para os diversos tipos de serviços de transporte oferecidos pelas transportadoras.

Apesar de diferentes serviços terem o mesmo tipo de custo, nem sempre esses custos distribuem-se da mesma forma. Isso significa que o método de alocação dessas despesas pode variar, uma vez que cada serviço tem características próprias em relação ao tipo de operação, às necessidades administrativas, aos tipos de equipamentos etc.

Deve ser observado também que, apesar das diferenças, ainda assim a maioria das especialidades de transporte se enquadra no mesmo tipo de formulação, alterando-se apenas o valor de alguns parâmetros de entrada das fórmulas. Mas a estrutura geral do método de cálculo é a mesma, e essa modelagem aborda a maioria das necessidades atuais. É apresentada a tarifa para carga comum, que engloba grande parte das especialidades do transporte de carga. Com base em cada um desses itens, será possível efetuar o cálculo de qualquer valor de frete para qualquer distância, sem grandes dificuldades, bastando seguir passo a passo a metodologia.

6.7.7.1 *Carga Comum*

A forma de apropriação de custos para determinação da tarifa de carga comum é aplicável a várias especialidades de transporte, que possuem características operacionais semelhantes entre si. Como dito anteriormente, existem diferenças nos valores de alguns dos parâmetros das fórmulas que são aplicáveis a esse tipo de serviço, não havendo alteração, porém, na estrutura das fórmulas.

As especialidades de transporte para as quais se aplica a formulação apresentada são:

- Carga Comum;
- Carga Industrial;

- Lotações;
- Grandes Massas;
- Fertilizantes e Componentes.

A fórmula geral para o cálculo do valor do frete:

$$F = [A + (B \times X) + DI] \times \frac{1 + L}{100} \quad \textbf{(6.23)}$$

Onde:
F = Frete-peso (R$/ton.)
X = Distância de Viagem (km)
L = Lucro Operacional (%)
A = Custo do Tempo de Espera durante a Carga/Descarga (R$/ton. km)
B = Custo de Transferência (R$/ton. km)
DI = Despesas Indiretas (R$/ton.)

Observa-se que a fórmula nada mais é do que a soma do custo de imobilização do veículo durante a operação de carga e descarga, mais o custo de transferência, mais as despesas indiretas de administração e operação de terminais. Soma-se ainda uma taxa de lucro da empresa. A multiplicação do termo **B (Custo de Transferência)** pela Distância de Viagem **(X)** resulta um custo por tonelada para aquela distância.

Como os termos **A** e **B** já são custos por tonelada, a soma das três parcelas representa o custo total por tonelada transportada. Multiplicando essa soma pela taxa de lucro, obtém-se o valor final do frete-peso.

As formas para determinação de cada um dos termos **A**, **B** e **DI** são descritas a seguir:

Carga/Descarga (R$/ton.):

$$A = \frac{[(CF/H) \times Tcd]}{CAP} \quad \textbf{(6.24)}$$

Onde:
A = Custo do Tempo de Espera Durante Carga/Descarga (R$/ton.)
CF = Custo Fixo (R$/mês)
H = Nº de Horas Trabalhadas no Mês
Tcd = Tempo de Carga e Descarga (horas)

CAP = Capacidade do Veículo com Ociosidade (ton.)

A divisão de CF por H fornece um custo fixo por hora trabalhada. Quando se multiplica esse valor pelo tempo de carga e descarga (Tcd), tem-se o custo daquele tempo. Dividindo esse resultado pela Capacidade do Veículo (CAP), tem-se o custo de carga/descarga por tonelada.

Custo de Transferência (R$/ton. km):

$$B = \frac{[(CF/H/V) + CV]}{CAP} \quad \textbf{(6.25)}$$

Onde:
B = Custo de Transferência (R$/ton. km)
V = Velocidade Média do Veículo (km/h)
CV = Custo Variável (R$/km)

Como no caso anterior, aqui também se tem a divisão de CF por H, que fornece o custo fixo por hora trabalhada. Dividindo esse valor pela Velocidade Média do Veículo (V), obtém-se o custo fixo por quilômetro percorrido. Uma vez que o Custo Variável (CV) já é um custo por quilômetro, a soma deste com aquele resultado fornece um custo total por quilômetro. Efetuando a divisão desse valor pela Capacidade do Veículo (CAP), obtém-se um custo por tonelada-quilômetro.

Despesas Indiretas (R$/ton.):

$$DI = \frac{DAT}{TEXP} \times C \quad \textbf{(6.26)}$$

Onde:
DI = Despesas Indiretas (R$/ton.)
DAT = Despesas Administrativas e de Terminais por Mês (ton./mês)
TEXP = Tonelagem média expedida por mês (ton./mês)
C = Coeficiente de Uso dos Terminais

Nesse caso, a simples divisão do DAT, que é uma despesa mensal, pela tonelagem da carga expedida mensalmente (TEXP) fornece o custo indireto por tonelada.

Assim, C será maior que 1 para cargas fracionadas e menor que 1 para lotações. O resultado final continua fornecendo o custo indireto por tonelada.

6.7.8 Frete-Valor – *Ad Valorem*

Todas as atividades econômicas fundamentam-se na geração de uma receita, que proporcione ao empresário a remuneração dos custos de produção de seus investimentos, que gere um lucro operacional e compense os riscos da atividade a que ele se dedica.

Essa regra geral é válida para o transporte, que possui formas distintas de ressarcir cada um dos custos oriundos da operação, que é, sem dúvida, uma atividade complexa e de fundamental importância à economia de forma geral.

Já foram abordadas as formas de remuneração dos custos de produção, representados pelos custos operacionais e pelas despesas de administração e de terminais. Tais custos, como já mencionado, são remunerados pelo frete-peso.

O frete-peso, determinado a partir de custos operacionais e de despesas administrativas e de terminais, inclui também um percentual referente ao lucro operacional sem qual o negócio não seria atrativo. Além disso, quando da apuração dos custos de produção, são também incluídos os investimentos. Dessa forma, o frete-peso é o responsável pela remuneração dos custos, investimentos e lucro. O aumento causado por distorções de custos por fatores específicos da operação, tais como trajeto de percurso, densidade da carga, uso de equipamentos especiais de carga e descarga e outros, é remunerado através de acréscimos e decréscimos. Os custos de produção podem ainda sofrer distorções devido a fatores não relacionados à operação em si, fatores esses que estariam vinculados a serviços necessários para que a operação de transporte possa ser concretizada.

Assim, nesta análise remanesce ainda um fator sem remuneração, que é aquele referente aos riscos, que devem ser compensados para que a atividade atraia novos investidores.

Os riscos referidos não são os empresariais normais, presentes em qualquer tipo de negócio. Estes ou são mensuráveis e estão embutidos nos custos geradores do frete-peso, ou não são e, nessa hipótese, são compensados pela margem de lucro.

Trata-se, portanto, dos riscos específicos inerentes ao transporte de determinada mercadoria, tornando-se inviável fixar um valor para remuneração deles em função do peso, do bem transportado ou da distância a ser percorrida para o transporte.

Salvo em circunstâncias excepcionais previstas em lei (erro ou negligência do usuário, deficiência da embalagem, vício intrínseco do bem transportado, greves, bloqueios de tráfego, caso fortuito e força maior), a serem comprovadas pelo transportador, em nenhuma outra hipótese ele pode se eximir da sua responsabilidade pela integridade dos bens que lhe foram confiados para transporte.

Essa responsabilidade estende-se desde a coleta até a entrega final do bem e é limitada apenas pelo valor declarado no conhecimento de transporte.

São inúmeros os casos em que o transportador poderá ser obrigado a indenizar o usuário. Dentre eles, citam-se, a título meramente exemplificativo: avaria total ou parcial decorrente de colisão, capotamento, tombamento, incêndio em veículos ou armazéns; má-estiva, carregamento inadequado, água de chuva, inundação; desaparecimento total ou parcial, em consequência de perda durante o transporte ou apropriação indébita, furto ou roubo etc.

Há, além dessas, diversas outras situações em que o transportador poderá ser responsabilizado por danos causados a terceiros em razão da carga transportada: perecimento ou contaminação do produto, atrasos anormais na execução do transporte, acidentes provocados pela carga, danos à saúde pública ou ao meio ambiente (em especial no transporte de produtos perigosos) etc.

Resta ainda mencionar as multas a que se expõe o transportador, geralmente proporcionais ao valor da mercadoria, mas desproporcionais à intensidade da culpa ou ao prejuízo causado, muitas vezes de responsabilidade de funcionários subalternos, o que impossibilita a transferência do prejuízo, seja ao usuário, seja ao empregado responsável.

Fica evidenciado que tais riscos não ocorrem com o mesmo grau de intensidade em todos os casos. Ao contrário, eles variam em função do tipo e do valor das mercadorias, do tempo de permanência da carga em poder do transportador e dos lugares a serem percorridos.

Diante dessas situações, o transportador é obrigado a gerenciar seus riscos. Em primeiro lugar, tratando de identificar e analisar os riscos a que está exposto, inclusive levantando a natureza, o valor e a frequência dos sinistros já ocorridos e dos que presumivelmente possam vir a ocorrer; em seguida, adotando medidas de controle de perdas de reparações financeiras dos danos.

O controle de perdas compreende o estabelecimento de medidas físicas e/ou operacionais que conduzam à completa eliminação do risco e de minimização das perdas, uma vez que se verifique o sinistro. Considerando que, mesmo adotando todas as medidas possíveis de eliminação do risco ou minimização das perdas, ainda remanescem riscos potencialmente importantes, é preciso que o empresário adote medidas tendentes a assegurar a reparação financeira dos danos, caso estes venham a se materializar. São elas, basicamente:

- Retenção de perdas, utilização de recursos da própria empresa para ressarcimento dos danos, seja com recursos correntes, seja através de fundos ou reservas especiais criados para esse fim (autosseguro);
- Transferência de perdas, repasse para terceiros das perdas acidentais, seja mediante contratos de seguro, seja através da contratação de empresas ou indivíduos para execução de determinados serviços, com cláusula específica de responsabilidade.

Destaca-se que tais medidas traduzem uma decisão empresarial a partir do exame de variáveis como: potencialidade do risco, probabilidade de que ele se materialize, custos financeiros da transferência etc.

No transporte rodoviário, essa decisão é condicionada por disposições legais, que impõem compulsoriamente a transferência em determinados casos sob a forma de seguro obrigatório, de taxas nem sempre compatíveis com os riscos e com as coberturas oferecidas.

Verifica-se, assim, que, ao gerenciar os riscos que assume pelo fato de ter em seu poder e sob sua responsabilidade bens de terceiros, o empresário de transporte suporta custos nada desprezíveis como medidas de prevenção, redução e transferência de perdas e ainda continua exposto a um residual elevado de risco, a ser enfrentado com recursos próprios. Para ressarcir-se desses custos e compensar esses riscos residuais é que no preço do transporte deve ser incluída mais uma parcela além do frete-peso e das taxas, denominada frete-valor.

De fato, não é sustentável que todos os produtos tenham o mesmo valor de frete; isso aconteceria se ele fosse determinado somente a partir do frete-peso, pois, como visto anteriormente, o frete-peso é determinado a partir de custos operacionais da empresa, e não tem relação com o tipo de bem que se transporta.

Esse fato não ocorre com o frete-valor, pois ele é determinado a partir de percentuais aplicáveis sobre o valor da nota fiscal do bem que se transporta; tais percentuais são crescentes com a distância da viagem, gerando assim um aumento do frete-valor proporcional ao tempo em que o bem fica sob responsabilidade do transportador.

O frete-valor estabelece o equilíbrio em relação ao bem transportado, pois é fixado a partir do valor das mercadorias em trânsito, sendo os bens de primeira necessidade mais baratos e consequentemente com um frete-valor menor do que o de um produto de consumo mais elitizado.

Para o transportador, a manutenção do frete-valor é de fundamental importância, pois se trata da única maneira de ele se ressarcir das despesas oriundas dos riscos a que está sujeito. Para o usuário, o frete-valor representa um dos itens mais importantes na escolha da empresa que deverá operar o transporte de seus produtos, uma vez que, diante de um transportador que não efetuar tal cobrança, ele há de ter fundadas razões para temer pelo seu patrimônio em trânsito, já que, no mínimo, esse empresário não tem a mais remota noção de gerência de riscos, o que constitui um risco apreciável para o próprio usuário.

6.7.9 Taxas

Na composição final da tarifa de transporte de qualquer mercadoria, figuram ainda algumas taxas e tributos, que são conhecidos como generalidades.

Como já mencionado, a atividade de transporte pressupõe uma série de serviços necessários à operação propriamente dita.

Tais serviços geram despesas, que são perfeitamente mensuráveis e previstas na composição dos custos operacionais. Quando da alteração de algum desses custos, particularizando um transporte específico, instituíram-se os acréscimos e os decréscimos, os quais procuram manter a correta remuneração dos serviços prestados.

Embora se tenha procurado uma formulação matemática da tarifa de todos os encargos do transportador, algumas despesas estão diretamente ligadas à documentação e às atividades não relacionadas com o volume ou peso do bem transportado.

Esse fato torna extremamente difícil a inclusão de custos dessa natureza no frete-peso e frete-volume. A solução encontrada foi a instituição de taxas, que procuram ressarcir a empresa desse tipo de custo. Essas taxas são descritas a seguir:

- **Despacho:** visa remunerar as despesas de elaboração de todos os documentos de tráfego inerentes aos bens confiados para o transporte.
- **Custo Adicional de Transporte (CAT):** taxa com a finalidade de ressarcir a empresa de transporte das despesas de coleta e entrega.
- **Adicional de Emergência:** taxa variável com o valor do bem transportado, aprovado pela 36ª Reunião Ordinária do Conselho Nacional de Estudos Tarifários (CONET), aplicável para gerar condições mínimas de segurança nas operações, no que se refere a roubos e assaltos nas cidades e rodovias do país.

6.7.10 Acréscimos e decréscimos

Em todo e qualquer serviço prestado por uma empresa, seja ela de transportes ou não, serão necessários alguns funcionários, equipamentos etc., ou seja, algum tipo de recurso é requisitado para a execução de uma tarefa. Por isso, torna-se evidente que sempre haverá custos envolvidos no processo.

Entretanto, é prática comum entre as empresas de transporte a prestação de alguns serviços, em alguns casos, sem nenhuma despesa para o cliente.

Devido a esses custos adicionais é que foram determinados os acréscimos e decréscimos, constantes do Sistema Tarifário da NTC, os quais são de fundamental importância para o transportador.

Acréscimos e decréscimos, portanto, são aumentos e reduções introduzidos na Tabela de Tarifas (frete-peso, frete-valor e taxas), em função de circunstâncias que agravam ou amenizam o custo operacional. Eles se aplicam como segue:

- Quando a carga a ser transportada ou as condições de operação exijam a utilização de serviços não previstos;
- Quando a distorção de custo referir-se a itens relativos à utilização do veículo e seu aproveitamento e/ou à variação dos riscos de transporte;
- Quando a execução ou complementação do transporte exija, eventualmente, prazos, equipamentos ou quaisquer recursos não incluídos nos cursos normais.

Na hipótese de, num mesmo despacho, coexistirem várias circunstâncias que provoquem acréscimo e/ou decréscimo, o fator aplicável deve corresponder ao resultado da aplicação conjunta dos respectivos índices de correção.

A. Acréscimos

A.1 Cubagem

Densidade inferior a 300 kg/m³.

Forma de acréscimo: No frete-peso.

As tarifas para o transporte rodoviário são calculadas considerando uma densidade de 300 kg/m³ de carga. Em consequência, a carga leve, com densidade inferior a esta, deve ser cobrada com acréscimo no preço respectivo, para restabelecer o equilíbrio entre o custo e a tarifa. O acréscimo deve ser calculado como segue:

$$IA = \frac{DI}{DP} \tag{6.27}$$

Onde:

IA = Índice de Acréscimo

DI = Densidade Ideal (300 kg/m³)

DP = Densidade do produto a ser transportado (kg/m³)

A densidade do produto é determinada por meio da fórmula abaixo:

– Comprimento × Largura × Altura = Volume (m³)

– Peso/Volume = Densidade (kg/m³)

Os valores de comprimento, largura e altura devem estar expressos em metros; o peso, em quilos.

Nos serviços especializados, os acréscimos aplicar-se-ão sobre a respectiva tabela.

A fórmula final para cobrança da tarifa de cubagem é a seguinte:

$$TCC = TFP \times IA \tag{6.28}$$

Onde:

TCC = Tarifa Corrigida da Cubagem
TFP = Tarifa de Frete-peso do Serviço Utilizado

A.2 Armazenagem de responsabilidade do usuário

Forma de acréscimo: Taxa por quilo.

Pelo armazenamento de mercadorias, além do tempo estritamente necessário ao transporte e trânsito, será cobrada uma taxa de armazenagem para cobertura de custos e locação de armazém, imposto predial, serviços de vigilância, despesas com seguro etc. A taxa será cobrada pela utilização de 1m² de solo à altura máxima de 2 metros, por período de 30 dias. A fórmula para cobrança da tarifa de armazenagem de carga, válida por 30 dias, é apresentada abaixo:

$$TA = \frac{(CM^2 \times AO)}{0{,}8} \tag{6.29}$$

Onde:
TA = Taxa de Armazenagem
CM^2 = Custo de Armazenagem Por Metro Quadrado
AO = Área Ocupada pela Carga Armazenada em m^2
0,8 = Taxa de Remuneração do Serviço de Armazenagem de carga, sendo que:

$$CM^2 = \frac{CLM^2 + [(IP + SV + SA + DL + LE + CM)]}{AUA} \tag{6.30}$$

Onde:
CLM^2 = Custo de Locação do Armazém Por Metro Quadrado (Preço do mercado locado)
IP = Imposto Predial do Armazém
SV = Custo de Serviço de Vigilância
SA = Seguro de Área do Armazém (Contra fogo, roubo e avarias)
DL = Despesas de Limpeza de Armazém (Mão de obra e materiais)
LE = Custo de Iluminação do Armazém
CM = Custo de Manutenção do Armazém (Mão de obra e materiais)
AUA = Área Útil do Armazém em Metros Quadrados

A.3 Riscos e avarias

Forma de acréscimo: Cobrança da Taxa de R.R.

Mercadorias extremamente frágeis ou com forte expectativa de furto, segundo experiência prévia, devem ser averbadas por apólice de Risco Rodoviário (R.R.), transferindo-se o respectivo custo ao usuário mediante prévio entendimento com este e com a companhia seguradora.

A.4 Cargas não limpas

Forma de acréscimo: Taxa por 100 kg ou fração.

O transporte de cargas perigosas ou restritas que exijam limpeza, manutenção extra e cuidados especiais com o veículo, obrigando, ainda, a sua paralisação para esses serviços, está sujeito ao pagamento de uma taxa para ressarcimento desses custos.

A cobrança dessa taxa, quando aplicável, será feita por 100 quilos ou fração, sendo o preço encontrado pela aplicação da seguinte fórmula:

$$CNL = \left[\frac{(CLV + 3 \times CPV)}{9.140}\right] \times \frac{100}{0,8} \tag{6.31}$$

Onde:

CNL = Carga Não Limpa

CLV = Custo de Lavagem do Veículo

CPV = Custo de Paralisação do Veículo

3,00 = Tempo-padrão de Lavagem de um Caminhão (em horas)

9.140 = Capacidade de Carga Utilizada (em kg)

100 = Taxa por 100 kg

0,8 = Taxa de Remuneração do Veículo Paralisado para Lavagem

6.7.11 Coletas e entregas

A. Em andares:

Forma de acréscimo: Taxa por 100 kg ou fração para coleta ou entrega do 1º ao 3º andar, mais 10% por andar adicional.

A coleta ou entrega em andares, mesmo com uso de elevadores, exige tempo superior ao da entrega no andar térreo. Esse excedente é calculado em 10 minutos para cada 100 kg entregues até o 3º andar e mais 10%, isto é, mais um minuto por andar excedente ao 3º.

Para ressarcimento desse custo adicional, cobrar-se-á uma taxa por 100 kg ou fração do despacho, cujo valor é calculado como segue:

(Entregas realizadas do 1º ao 3º andar.)

$$CEA\ 1\ a\ 3 = \left[\frac{(SA \times 1,9614 \times NA)}{(230 \text{ x } 60)}\right] \times \frac{10}{0,8} \tag{6.32}$$

Onde:

CEA 1 a 3 = Custo de Entregas em Andares do 1º ao 3º andar por 100 kg ou fração

SA = Custo do Salário do Ajudante de Entregas por Mês

1,9614 = Encargos Sociais de 96,14%

NA = Número de Ajudantes Utilizados na Operação de Entregas

0,8 = Taxa de Remuneração do Serviço Especial de Entrega

60 = 60 Minutos

10 = 10 Minutos

230 = Tempo de Trabalho Mensal do Ajudante (horas)

Para os andares superiores ao 3º andar, o preço deve ser acrescido em 10% por andar adicional.

B. Calçadões/ruas interditadas:

Forma de Acréscimo: Taxa por 100 kg ou fração.

A coleta e entrega em locais onde o veículo não tem acesso exige seu estacionamento em lugar distante, aumentando o tempo gasto com a operação e exigindo mais auxiliares para transportar a carga.

Além da ociosidade a que se submete o veículo, o tempo maior despendido pelo entregador nesse serviço deve ser ressarcido.

Calcula-se que esse tempo seja em média de 7 minutos por entrega.

C. Manuseio de carga diferente à operação contratada

Forma de acréscimo: Taxa de mão de obra extra.

Sempre que o transportador for obrigado a:

- Movimentar e manusear carga alheia àquela envolvida na operação de coleta e entrega que estiver realizando;
- Executar serviços no interior da instalação do usuário fora das áreas de carga e descarga e não relacionados com essa operação;
- Executar quaisquer outros serviços de responsabilidade do usuário.

Deverá ressarcir-se dessa despesa pela cobrança do tempo de serviço de seu pessoal, calculando como segue:

$$MEC = \left\{\frac{[(SM + SA \times N) \times 1{,}9614]}{230}\right\} \times 2 \qquad (6.33)$$

Onde:
MEC = Valor por Hora do Manuseio Especial de Carga
SM = Salário do Motorista (Mensal)
SA = Salário do Ajudante (Mensal)
N = Número de Ajudantes Utilizados na Operação
1,9614 = Encargos Sociais de 96,14%
230 = Tempo de Trabalho Mensal (horas)
2 = Remuneração da Operação

D. Fora dos dias normais de operação

Forma de Acréscimo: Taxa de Serviços Extras.

A coleta e entrega fora dos dias e horários normais de operação, inclusive à noite, exige o uso de pessoal em regime de hora extra.

Para ressarcimento desse custo operacional será cobrada uma Taxa de Serviços Extras, calculada como segue:

$$SHE = \left\{ \frac{[(SM + SA \times NA) \times 1{,}9614 \times 1{,}50]}{230 \times 60} \right\} \times \frac{Tt}{0{,}8} \qquad \textbf{(6.34)}$$

Onde:
SHE = Custo de Serviços Extras Executados que Implicam Horas Extraordinárias
SM = Salário do Motorista (Mensal)
SA = Salário de Ajudante (Mensal)
NA = Número de Ajudantes Utilizados na Operação
1,9614 = Encargos Sociais de 96,14%
230 = Tempo de Trabalho Mensal (horas)
1,50 = Acréscimo do Tempo de Serviço Resultante das Horas Extras
60 = Tempo de Trabalho Expresso em Minutos
Tt = Tempo de Trabalho em Operação
0,8 = Remuneração do Serviço Extraordinário Pesado

E. Fora do perímetro urbano/em municípios adjacentes

Forma de Acréscimo: no Frete-Peso pela aplicação de Tabelas com Acréscimo.

A coleta ou entrega fora do perímetro urbano é feita em distâncias muito superiores àquelas para as quais foi calculado o frete-peso respectivo. Nesses casos, para ressarcimento do custo adicional o frete-peso será corrigido, aplicando-se a tabela com 10% de acréscimo para a mesma distância.

Quando a operação, por erro de endereço, realizar-se em cidade diferente daquela para a qual foi calculado o frete, porém adjacente a esta, o frete-peso será corrigido para a tabela com 20% de acréscimo para a mesma distância.

F. Pesos indivisíveis/utilização de equipamentos especiais

Forma de Acréscimo: Taxa de Serviços Adicionais.

Cargas indivisíveis, com pesos que não permitem, em condições normais de segurança e com aplicação de esforço físico normal, seu carregamento, descarregamento e movimentação, estão sujeitas à aplicação desse acréscimo. O acréscimo aplicar-se-á pela cobrança de taxa correspondente ao preço de mercado para aluguel de equipamento exigido mais o custo de administração do serviço, calculado como segue:

$$TEE = \frac{CAE}{0{,}8} \tag{6.35}$$

Onde:
TEE = Tarifa com o Uso de Equipamentos Especiais para Carga e Descarga
CAE = Custo de Aluguel de Equipamento
0,8 = Remuneração do Custo do Serviço Prestado

Esse acréscimo não será devido quando a empresa utilizada for especializada no ramo, cobrando tarifas que já incorporem esses custos.

G. Ruas de horário restrito

Forma de Acréscimo: Taxa adicional cobrada com base no CAT.

A coleta e entrega em ruas de horário restrito exige a consolidação da carga e, além disso, para que seja possível a realização de toda a operação dentro do prazo permitido, utiliza-se um número maior de veículos e de pessoal, aumentando o custo do serviço.

Para ressarcimento desse custo adicional, as coletas e entregas em ruas de horário restrito serão acrescidas de um percentual sobre a taxa de CAT na seguinte proporção:

Tempo Permitido	Adicional s/ o CAT
1 hora	50%
2 horas	40%
3 horas	30%
4 horas	20%
+ de 4 horas	Normal

H. Pessoal extra

Forma de Acréscimo: Taxa por hora.

Sempre que pessoal adicional for utilizado nas operações de coleta e entrega por solicitação ou exigência do usuário, o valor corresponde a seu custo será cobrado como segue:

$$THA = \frac{\left\{\dfrac{[(SA \times NA) \times 1{,}9614]}{230}\right\}}{0{,}8} \tag{6.36}$$

Onde:

THA = Taxa de Horas Adicionais, por Solicitação do Usuário de Maior Número de Ajudantes

SA = Salário do Ajudante

NA = Número de Ajudantes Utilizados na Operação

1,9614 = Encargos Sociais de 96,14%

230 = Tempo de Trabalho Mensal do Ajudante (horas)

0,8 = Remuneração do Serviço Extraordinário Prestado

I. Embalagem deficiente

Forma de Acréscimo: Taxa de Reparo de Embalagem.

Sempre que por deficiência de embalagem o transportador for obrigado a reembalar as mercadorias despachadas, esse serviço será cobrado como segue:

$$SR = \frac{[(SA \times NA) \times 1{,}9614 \times 1{,}1]}{230 \times 60} \times \frac{5}{0{,}8} \tag{6.37}$$

Onde:

SR = Serviço de Reembalagem da Mercadoria

SA = Salário do Ajudante
NA = Número de Ajudantes na Operação
1,9614 = Encargos Sociais de 96,14%
230 = Tempo de Trabalho Mensal do Ajudante (horas)
60 = 60 Minutos
1,1 = Custo Material de Embalagem
5 = Tempo de Trabalho Utilizado na Operação de Reembalagem da Carga (minutos)
0,8 = Remuneração do Serviço de Embalagem

J. Despachos de pequenos volumes a granel

Forma de Acréscimo: Taxa por volume excedente.

Considera-se peso ideal de um volume, incluindo embalagem, aquele que um homem normal possa carregar sozinho e sem auxílio de equipamentos, situando-se esse peso ao redor de 25 quilos. Paralelamente, o índice de produtividade do pessoal que manuseia carga está diretamente ligado à quantidade de unidades (volumes) abrangida por um mesmo despacho: quanto maior o número de volumes próximos do peso ideal, maior a velocidade de manuseio, a produtividade e, consequentemente, menor o custo do trabalho.

Por outro lado, o despacho com volumes de pesos muito inferiores à média de 25 kg tem seu manuseio e conferência obviamente prolongados, o que encarece o custo do serviço a cada processamento, entrega e respectivas conferências.

Para compensar esse custo adicional, deverá ser cobrada uma taxa por volume:

- Volumes excedentes a 4 nos despachos até 20 kg;
- Volumes excedentes a 4 até 20 kg, mais 1 por 10 quilos ou fração de peso excedente nos despachos acima de 20 kg.

A taxa adicional por volume excedente será calculada como segue:

$$TAV = \frac{[(SA \times 1{,}9614 \times NA)]}{(230 \times 60)} \times \frac{6}{0{,}8} \qquad \textbf{(6.38)}$$

Onde:
TAV = Taxa Adicional Por Volume
SA = Salário do Ajudante
NA = Número de Ajudantes na Operação
1,9614 = Encargos Sociais de 96,14%
230 = Tempo de Trabalho Mensal do Ajudante (horas)

60 = 60 Minutos
6 = 6 Minutos
0,8 = Remuneração do Serviço de Embalagem

K. Entrega

Contra Cobrança do Valor da Mercadoria
Forma de Acréscimo: Cobrança de taxa adicional de venda à vista.

A cobrança do valor de mercadoria que está sendo entregue exige do transportador que executa esse serviço a montagem de uma estrutura com a finalidade de controlar todas as fases do processo, desde o recebimento da mercadoria para transporte até o pagamento do valor recebido ao remetente. Para cobrir esses custos e os custos adicionais de seguros exigidos, será cobrada uma taxa de "Venda à Vista" calculada sobre o valor da cobrança, como segue:

Valor da Cobrança (em BTN*)	Taxa Mínima em BTN
Até 52,85	1,42
De 52,85 até 528,42	5,69
De 528,42 até 1.045,72	15,65
Acima de 1.045,72	31,28

* BTN: Bônus do Tesouro Nacional

L. Devolução do Comprovante de Entrega

Forma de Acréscimo: Taxa de devolução de comprovantes.

O conhecimento de transporte assinado pelo destinatário é o documento hábil para comprovação de entrega da mercadoria. Esse documento pertence ao arquivo da transportadora, que deverá exibi-lo quando solicitada a respectiva comprovação de entrega. Assim, a devolução de canhotos ou de vias de notas fiscais assinados ao remetente para comprovação das entregas é serviço adicional, não incluído nos custos normais da transportadora, que, quando solicitada a fazê-lo, deve ressarcir-se dos custos com funcionários, móveis, máquinas, formulários etc. necessários à sua execução.

O custo desse serviço varia em função da distância a ser percorrida para a devolução do canhoto (ou via nota fiscal), sendo cobrado por canhoto devolvido. Esse valor deve ser cobrado como Taxa de Devolução do Comprovante de Entrega sempre que o serviço for solicitado.

Quando o usuário desejar que o pagamento dos fretes seja condicionado à devolução do comprovante de entrega, além da taxa mencionada, aplicar-se-á um adicional ao total da fatura para cobertura das despesas financeiras originárias pela dilatação do prazo de cobrança pelo tempo necessário ao recebimento.

M. Segunda entrega e seguinte

Forma de Acréscimo: Taxa de entrega.

Sempre que, por responsabilidade do usuário, a entrega não puder concretizar-se na primeira tentativa, a segunda entrega e as seguintes deverão ser cobradas, calculando-se o respectivo preço pela aplicação de frete-pago adicional correspondente à distância de ida e volta entre o estabelecimento de destino da mercadoria e o polo ou terminal da transportadora mais próxima, acrescido de 50% da Taxa de CAT.

A Tabela de Tarifas aplicável será sempre a mesma pela qual tiver sido calculado o frete original.

N. Imobilização do veículo

Forma de Acréscimo: Taxa por Hora Parada.

O custo fixo de operação do veículo, incluídos remuneração do capital, salário do motorista e de oficina, reposição do veículo e da carroçaria, licenciamento e seguro de casco, não são remunerados pela tarifa quando a imobilização nas operações de carga e descarga ultrapassa os prazos normais, assim considerados:

- Tempo de espera para início e finalização da operação: 20 minutos;
- Tempo de carga e descarga para operação com 1 ajudante:
  - Carga: 25 kg por minuto
  - Descarga: 30 kg por minuto

Quando for utilizado mais de um ajudante na operação, o peso por minuto deve ser aumentado proporcionalmente.

Dessa forma, quando a imobilização do veículo superar os prazos normais acima indicados, o respectivo custo deve ser ressarcido pela cobrança de uma taxa por imobilização do veículo, como segue:

Veículo	Cap. Carga (kg)	Hora Parada (BTN)
Furgão Diesel	1.000	32,05
Leve	3.500	43,09
Médio (Toco)	6.000	48,79
Médio (Truck)	12.000	53,95
Carreta	20.000	80,84
Carreta	25.000	93,66

Deve ser cobrado também o tempo adicional dos ajudantes em serviço na operação, calculados conforme item de coletas e entregas.

O. Volumes sem marcação

Marcação a cargo da transportadora.

Forma de Acréscimo: Taxa por volume marcado.

A marcação individual dos volumes, com as indicações mínimas exigidas pelo fisco, é de responsabilidade do embarcador.

A inexistência dessa marcação, além de contrária à lei, dificulta a conferência da carga, razão pela qual, quando a marcação não for feita pelo embarcador, deverá ser feita pela transportadora.

Não estando esse serviço computado nos custos de transporte, sempre que exigido, deverá ser cobrada do usuário uma taxa por volume marcado, calculada como segue:

$$TVM = \frac{[(SMC \times 1{,}9614)]}{(230 \times 60)} \times \frac{2}{0{,}8} \tag{6.39}$$

Onde:

TVM = Taxa Por Volume Marcado

SMC = Salário Mensal do Conferente

1,9614 = Encargos Sociais de 96,14%

230 = Tempo de Trabalho Mensal do Ajudante (horas)

60 = 60 Minutos

2 = 2 Minutos

0,8 = Remuneração da Operação

P. Tipos de estradas

Restrição de Peso Por Eixo.

Forma de Acréscimo: No frete-peso.

Nos casos de restrições de peso por eixo, deve ser utilizado um índice de acréscimo ao Frete-Peso destinado à recomposição da tarifa. O cálculo para determinação da nova tarifa é o seguinte:

$$AFP = \frac{CCV}{PMA} \times TNF \qquad \textbf{(6.40)}$$

Onde:

AFP = Frete-Peso pelo Transporte de Carga com Peso Inferior à Capacidade do Veículo em Razão da Restrição por Deficiência da Estrada

CCV = Capacidade da Carga do Veículo Expressa em Quilos

PMA = Peso Máximo Admitindo na Estrada (Inferior à capacidade do veículo)

TNF = Tarifa Normal de Frete (Frete-Peso)

Q. Pedágios e meios auxiliares de passagem

Forma de Acréscimo: Taxa por 100 kg ou fração.

Sempre que no percurso normal para o ponto de destino houver passagem obrigatória por postos de pedágio, travessia por balsa, chatas, navios ou utilização de quaisquer meios auxiliares para a passagem do caminhão, os respectivos custos serão transferidos ao usuário, como segue:

$$TMAP = \frac{CSU}{9.140} \times \frac{100}{0{,}8} \qquad \textbf{(6.41)}$$

Onde:

TMAP = Taxa de Meios Auxiliares de Passagem do Veículo (pedágio, chatas, balsas, navios etc.) Para cada 100 kg de Carga

CSU = Custo do Serviço a Ser Utilizado

9.140 kg = Peso da Carga do Veículo (médio)

100 = Peso Mínimo da Carga a Ser Cobrado (100 kg)

0,8 = Taxa de Remuneração Pelo Uso de Serviço

QUESTÕES

1. Quais os principais problemas na eficiência do transporte rodoviário?
2. Cite cinco fatores importantes para a escolha de uma transportadora.
3. O que é *ad valorem* e para que serve?
4. Quais os principais fatores de benefício e escolha do transporte rodoviário?
5. Para uma melhor decisão de escolha do veículo para transportar determinada carga, quais seriam as principais características da carga a ser avaliadas?
6. Qual a importância do fator tempo, de carga e descarga, do caminhão no transporte rodoviário?
7. Faça um estudo e descreva com as principais características os tipos de veículos utilizados no transporte rodoviário de cargas.
8. O que é peso bruto total definido para cada caminhão?
9. Quais as parcelas que compõem a tarifa de frete do transporte rodoviário?
10. Descreva o que é custo fixo e custo variável do transporte.
11. Quais são os custos fixos de uma frota de veículos?
12. Quais são os custos variáveis?
13. Dê três exemplos de acréscimos que devem incidir na tarifa do frete de acordo com o local de entrega.

LEITURAS E PESQUISAS

Blog do caminhoneiro – <http://blogdocaminhoneiro.com/2015/05/contran-regulamenta-tolerancia-de-pesagem/>.

Frota & Cia. *on-line* – <http://www.frotacia.com.br/>.

NTC & Logística – <www.portalntc.org.br/ntcnamidia/resolucao-489-nao-impacta-pavimentos1/54342>.

NTC & Logística – <http://www.ntcelogistica.org.br/>.

Transpo *on-line* – <http://transpoonline.com.br/>.

BIBLIOGRAFIA

BNDES – Banco Nacional de Desenvolvimento Econômico e Social. Perspectivas do Setor de Transporte Interior de Cargas.

CARIDADE, José Carlos da Silva. *O avanço do multimodalismo* – transporte Moderno.

CNT – Confederação Nacional dos Transportes. Sugestões para uma Política de Desenvolvimento de Transportes Rodoviários no Brasil.

DIAS, Marco Aurélio. *Administração de materiais*: uma abordagem logística. São Paulo: Atlas, 2010.

_____. *Transportes e distribuição física*. São Paulo: Atlas, 1987.

GAVANHA FILHO, Armando Oscar. *Logística*: novos modelos. São Paulo: Qualitymark.

NAHAS, Kamal. *Logística integrada*: lucro e qualidade assegurada.

NOVAES, Antonio Galvão; VALENTE, Amir Mattar; PASSAGLIA, Eunice; VIEIRA, Heitor. *Gerenciamento de transportes e frotas*. São Paulo: Pioneira-CNT/IDAC.

NTC & Logística – Associação Nacional das Empresas de Transporte Rodoviário de Carga. *Manual do Sistema Tarifário*

______. Estudos sobre Entregas Urbanas.

PARREIRAS, Reinaldo; MENDONÇA, Darcy. *Marketing de Transporte de Cargas*. McGraw Hill.

SECAF, Walter. *Manual de Procedimentos para a Reposição de Veículos de uma Frota*. Edição do autor.

WANKE, Peter F. *Logística e transporte de cargas no Brasil* – COPPEAD-UFRJ. São Paulo: Atlas, 2010.

Tecnologia de Informação Aplicada à Logística

7

Síntese do Capítulo

Como a consolidação de informação e seu gerenciamento transformaram a logística em uma principal ferramenta de gestão e de informação para as empresas. A evolução da tecnologia computacional, saindo dos controles manuais, e a veloz troca de dados entre as empresas e seus provedores criaram na verdade uma nova logística.

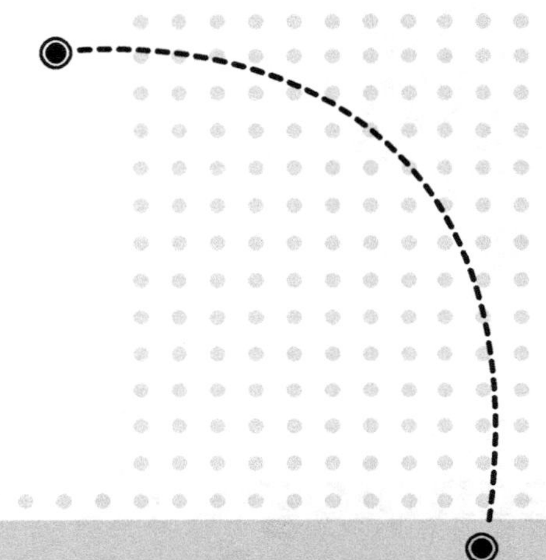

Objetivos

- Apresentar alguns *softwares*, sem se dedicar a muitos detalhes e especificidades da modernização que trouxeram às operações logísticas.
- Conhecer os principais produtos e suas aplicações para melhor eficiência de controle e gestão, tanto para a intralogística quanto para o segmento de *inbound* e *outbound*. A logística no comércio eletrônico e a utilização dos *softwares* aplicados e dirigidos a ela.

7.1 Introdução

Cuidar de estoques sempre causou muita dor de cabeça às empresas. Afinal, produto guardado significa dinheiro parado. Se um dia a fabricação sob demanda se tornar realidade, talvez possamos ver o fim da prateleira, mas isso não será hoje, nem amanhã. Até alguns fabricantes que podem ser exemplos de uma boa sintonia entre vendas e produção precisam de depósitos para a guarda de seus produtos. Já que não é possível, por enquanto, acabar com os estoques, as empresas tentam ao menos reduzi-los, e é a TI, Tecnologia de Informação, que vem ajudando nessa tarefa.

Graças à tecnologia, empresas que guardavam o equivalente a um mês inteiro de produção passaram a operar com estoques de uma semana, e às vezes até menos. Isso também é possível por causa do novo tipo de prestador de serviços, que cada vez mais tem chamado a atenção nos últimos tempos, que são os operadores logísticos.

A principal atividade de um operador logístico é armazenar e/ou transportar toda variedade de carga, e para isso acontecer de forma eficiente, chegam a níveis de sofisticação tecnológica que impressionam aqueles que acham que um estoque é composto apenas de caixas, estantes e empilhadeiras. São sistemas de gestão, controle de estoques, logística e redes de comunicação, tudo isso são peças-chaves nesses novos centros de distribuição. Para os clientes do operador logístico, o fluxo de informação é tão importante quanto o fluxo de bens materiais.

Para que os clientes tenham plena sensação de controle sobre o manuseio e a entrega dos produtos, a "conversa" entre os sistemas das duas partes é fundamental. Esses clientes querem ter controle total sobre o fluxo de mercadorias, e não somente mover caixas ou paletes.

Nos modernos centros de distribuição são armazenados até 12.000 itens diferentes, e em alguns até mais, onde se guarda desde pequenos componentes até produtos do tamanho de uma geladeira. Muitas vezes, diversos desses itens precisam ser colocados juntos e enviados ao mesmo cliente. É nessas operações que a tecnologia faz toda a diferença. Receber, conferir, guardar toda essa variedade de produtos e encontrar, recolher e despachar alguns deles são uma tarefa impossível sem a ajuda de *softwares* especiais.

Todas essas centrais de distribuição têm cérebro. São os chamados sistemas de gestão de depósitos, ou WMS, sigla em inglês para *Warehouse Management System.* Esse programa tem um mapa dos endereços do armazém e sabe exatamente onde está cada produto. Ele determina todos os passos necessários para completar um pedido.

Para apanhar uma caixa que está no alto de uma estante, o WMS sabe que não adianta levar até lá um equipamento que movimenta cargas apenas no nível do solo. É preciso enviar uma empilhadeira. Além disso, o programa determina a melhor rota do galpão para que os itens de um pedido sejam recolhidos no menor tempo possível, sem idas e vindas desnecessárias. Isso não é uma tarefa trivial, devemos lembrar que existem centrais de distribuição com 30.000 m^2, que são divididas normalmente em quatro longos corredores, chamados de avenidas, e em 24 corredores mais estreitos, as ruas. Em cada rua há 70 estantes, os prédios, alguns com até seis andares. Em cada andar, há duas posições para paletes, os apartamentos, no total são mais de 20.000 apartamentos.

Um sistema de informação bem planejado e bem implantado é um grande fator de sucesso para o funcionamento e a operacionalidade da logística. Esse sistema vai permitir que se tenha toda a visão do processo logístico da empresa. Ele deve iniciar e suprir as informações do controle de pedidos de compra, controle de estoque, emissão de notas fiscais, entregas e coletas de produtos, e várias outras necessidades. As informações vão permitir realizar previsões e dar respostas aos fornecedores e clientes em tempo real.

O sistema de controle e informação é uma peça fundamental no processo logístico, desempenhando um conjunto de funções necessárias a uma boa gestão, que podem ser:

- Permitir às empresas aperfeiçoar seus ciclos de fluxos de materiais, obtendo um gerenciamento de todos os processos necessários para a circulação de produtos;
- Aperfeiçoar a utilização dos recursos físicos, colocando tudo em seus lugares dentro da cadeia logística;
- Montar um banco de dados colocando à disposição ferramentas de suporte para alocar recursos e usá-los com mais eficiência;
- Fornecer informações para o controle de desempenho operacional e para os indicadores logísticos;
- Fornecer informações de suporte à decisão para que os gestores dirijam a cadeia de suprimentos global.

7.2 Principais *softwares*

A logística utiliza várias ferramentas de gestão operacional com alta tecnologia de *software*. Podemos considerar que as principais utilizadas pela maioria dos operadores logísticos são:

7.2.1 *Warehouse Management System* (WMS)

É um sistema de automação e gerenciamento de depósitos, armazéns e linhas de produção. Para o WMS, existem vários fabricantes e desenvolvedores. É um sistema importante da cadeia de suprimentos ou *supply chain* e fornece a rotação dirigida de estoques, diretivas inteligentes de *picking*[5] (veja Glossário), consolidação automática e *cross docking*[6] para maximizar o uso do espaço dos depósitos e armazéns. Permite gerir a entrada da mercadoria, o controle de remessas, estoques, a gestão de lotes e a rastreabilidade do fabricante ao ponto de venda. Assim, é possível traçar um caminho, a história, a aplicação, o uso e a localização de uma mercadoria ou de uma carga em tempo real.

É antiga a preocupação de todos os envolvidos nas atividades logísticas, com a precisão das informações de estoque. Erros, para mais ou para menos, causam faltas e excessos em estoque, além de provocar sérios problemas de atendimento ao cliente.

Com a tendência, tanto no comércio real quanto no virtual, de compras cada vez em menores lotes e com maior frequência, existe uma enorme pressão de aumento da eficiência nas operações de separação de pedidos de clientes. Existem empresas que comercializam pela internet e emitem milhares de notas fiscais de venda por dia. Isso obriga ao uso de sistemáticos processos de *picking* bastante elaborados, tanto para atender aos aspectos de velocidade quanto para evitar que erros sejam cometidos na separação dos pedidos.

O uso de equipamentos de movimentação automatizados, controlados pelo próprio sistema computadorizado, a utilização de coletores de dados através de códigos de barras e a comunicação *on-line* por radiofrequência tornaram-se imprescindíveis para que as transações de estoque sejam realizadas velozmente e com alto grau de certeza, evitando os erros de expedição e atendendo aos clientes em prazos cada dia menores.

Lotes menores, maior frequência dos pedidos e a necessidade de menores prazos de entrega causam aumento de custos logísticos que obrigam os responsáveis pelos armazéns e centros de distribuição a buscar soluções de processos que aumentem a produtividade do pessoal e dos equipamentos do depósito.

Os sistemas **WMS**, através da sua habilidade em trabalhar com equipamentos de movimentação automatizados, propiciam grande redução de custos com pessoal, além de diminuir a necessidade de equipamentos para a mesma quantidade de movimentações se estas fossem feitas através de sistemas tradicionais.

---

[5] É a separação e a preparação dos pedidos dentro do armazém para a entrega aos clientes.

[6] É um sistema de distribuição em que as mercadorias recebidas não são estocadas, e sim direcionadas diretamente para a entrega ao cliente.

Todos os *softwares* **WMS** devem ter algumas características e funcionalidades básicas como as seguintes:

- Os sistemas **WMS** devem se integrar a sistemas **ERP** (veja Glossário) de sua empresa em interface com o cadastro de materiais, as carteiras de pedidos de clientes e de fornecedores, a contabilização de estoques, o planejamento de compras e de produção, os sistemas de transportes, os ambientes de SAC etc.

Atualmente, as últimas versões de sistemas **ERP** já começarem a oferecer alternativas com os módulos de **WMS** incorporados. Porém, na maioria dos casos, os sistemas de gerenciamento de depósitos precisam ser integrados com ERPs antigos ou mesmo com sistemas de gestão desenvolvidos internamente pelas empresas. Sendo assim, uma das características altamente desejáveis nos WMS são a facilidade e a confiabilidade com que a troca de dados com os demais sistemas da empresa possa ser feita.

- O conceito de vários locais de armazenagem pode ser entendido como a existência de vários armazéns em um único local de um único CNPJ ou de vários armazéns em locais geograficamente separados, com vários CNPJs. O sistema deve manter o controle de um mesmo item em vários depósitos de uma mesma empresa.
- Quando se utiliza um sistema WMS na coordenação de atividades de um operador logístico ou de um armazém-geral, é necessário identificar as transações efetuadas com as mercadorias de cada uma das empresas para as quais o operador presta serviços. O sistema deverá ter a habilidade de ser consultado e receber dados de cada uma dessas empresas através dos diversos sistemas de comunicação, mantendo a privacidade das informações das demais empresas que compartilham os locais de armazenagem do operador logístico ou do armazém-geral.
- Existe uma grande necessidade de aumentar a produtividade do pessoal do armazém. Logo, a importância de trabalhar o conceito de "zero erro" obriga que os sistemas WMS tenham a habilidade de efetuar transações *on-line* e utilizar códigos de barras. O uso de coletores de dados que permitem a leitura de dados escritos em linguagem de código de barras e a possibilidade de transmitir essas informações entre cada ponto do armazém através de radiofrequência são hoje requisitos fundamentais para tais sistemas.

Todas as movimentações, recebimentos, separações, expedições e outras atividades cadastradas nas regras de negócio do sistema devem ser registradas em tempo real, inclusive quanto à identificação do operador ou equipamento que

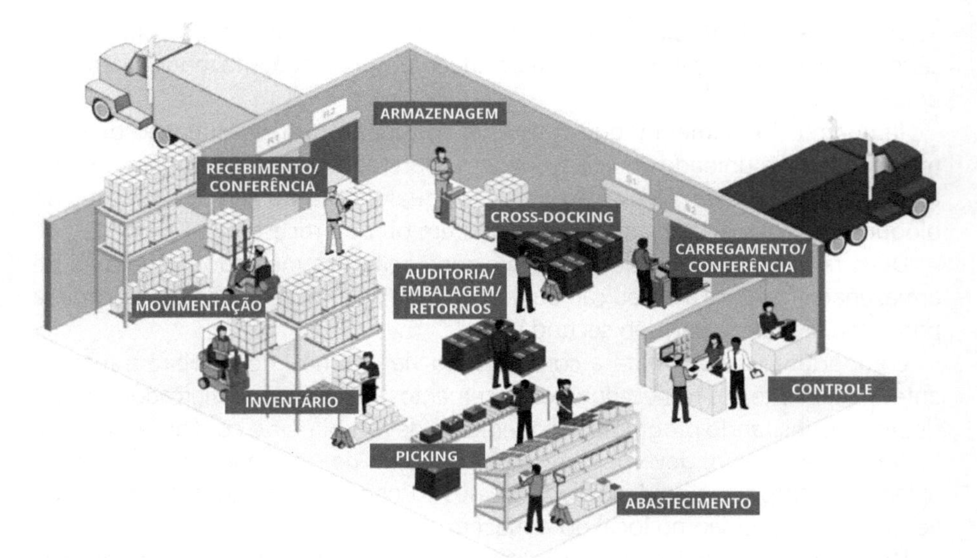

Figura 7.1 *WMS.*

realizou a tarefa, permitindo, portanto, a recuperação da "história" de cada uma das atividades realizadas no armazém.

Através de regras parametrizadas pelo próprio usuário, o sistema convocará operadores para a realização de inventários rotativos ou gerais, sejam inventários orientados por item ou por endereço.

Com o cadastramento de "centros de trabalho", como docas de recebimento, docas de expedição, operadores, empilhadeiras etc., e do consumo de recursos de cada uma das tarefas, pode-se fazer um planejamento de atividades como agendamento de entregas dos fornecedores ou separação de pedidos de clientes, com a possibilidade de analisar antecipadamente os "gargalos", de maneira a tomar medidas de realocação de recursos com a necessária antecedência.

Através do mapeamento dos locais de armazenagem, é possível identificar para o sistema todos os endereços e as características dos itens que possam ser armazenados em cada um dos locais.

Tendo as características dos itens, o sistema convocará os operadores a colocar os materiais em endereços adequados para a correta proteção e máxima produtividade das movimentações dos itens movimentados.

O sistema deve manter o registro em cada uma das unidades de armazenagem dos lotes de fabricação de produtos sujeitos a esse tipo de controle, de maneira a permitir a identificação futura de para quais clientes as mercadorias de um lote foram enviadas.

De forma análoga, para aqueles itens que tenham controle por número de série, o sistema deve permitir a rastreabilidade das transações fazendo referência àquele número.

Também é fundamental que o sistema consiga informar a situação de cada material em sua unidade de armazenagem. Normalmente pela inspeção de qualidade, em termos de aprovação, rejeição, quarentena ou outras situações de bloqueio exigidas pelas características do item ou do processo.

Deve também permitir que se faça a separação das mercadorias da área de armazenamento para a expedição ou de uma área de armazenamento consolidada para uma área de separação secundária.

É importante que permita a comunicação via internet, de maneira a receber antecipadamente dos fornecedores os documentos de remessa de mercadoria, notas fiscais, possibilitando programar as operações de recebimento com antecedência.

Da mesma forma, deve permitir o recebimento de informações da empresa-cliente, quanto aos pedidos colocados nos fornecedores e das notas fiscais de venda para impressão no local do armazém.

Deve permitir o cadastramento de rotas e controlar os volumes carregados em cada veículo. Documentos de transporte como conhecimentos e manifestos devem ser transmitidos aos transportadores, visando agilizar o tempo de liberação dos veículos. Tal integração com transportadoras deve permitir, também, a transmissão de dados de recebimento pelos clientes, visando permitir a avaliação de desempenho do transportador e informações de rastreabilidade de encomendas.

Pela multiplicidade de funções descritas, percebe-se que um sistema WMS tem uma abrangência bastante complexa com diversas áreas da empresa e com componentes externos tais como fornecedores, clientes e transportadores. Isso exige que a implantação seja feita com base em conceitos de projeto, assegurando a participação dos diversos envolvidos de maneira intensa e responsável.

Especial cuidado deve ser dado ao momento de migração dos sistemas, quando um inventário feito com máxima exatidão deve ser providenciado e os operadores do depósito devem ser treinados para a utilização dos novos *hardwares* e nas transações do *software* em implantação.

Os responsáveis pela implantação devem ser treinados nas diversas funcionalidades do *software* e desenvolver processos robustos para a operação futura do armazém, de maneira a executar a correta parametrização do sistema, obtendo o máximo desempenho deste.

7.2.2 *Transportation Management System* (TMS)

É um *software* utilizado para a melhoria da qualidade e produtividade de todo o processo de transporte e distribuição, além de ser um roteirizador. Planeja a

Foto: Vicente García Marín | iStockphoto

Figura 7.2 *TMS.*

viagem, com a localização, distância e trajeto entre as cidades e bairros. Esse sistema permite controlar toda a operação e gestão de transportes de forma integrada. É desenvolvido em módulos que podem ser adquiridos pelo cliente em função de suas necessidades. Seu objetivo é coordenar a programação, planejar, executar, monitorar e controlar as atividades do transporte.

As principais facilidades e aplicações do **TMS** são:

- **Expedição:** rastreabilidade das informações e emissão do romaneio de carga com as notas fiscais expedidas, e consulta para a montagem dos embarques;
- **Programação dos transportes:** controle dos transportes contratados pelo embarcador. Conferência dos valores de frete entre o negociado e o valor cobrado pela transportadora;
- **Registro de ocorrências:** controle e monitoramento das situações de roubo, avarias, reentrega, devolução, durante o trajeto de transporte;
- **Controle das tabelas de frete** entre o embarcador, os transportadores ou agregados contratados para o transporte; controle dos boletos emitidos para pagamento.

Os principais benefícios e facilidades proporcionados pelo **TMS** são:

- Redução nos custos de transportes e melhoria de serviço;
- Melhor utilização dos serviços de transporte;
- Consolidação de cargas e definição de rotas;
- Redução do tempo para programar a distribuição e preparação de embarques;
- Informação dos custos de transporte por cliente e por produto;
- Análise da evolução dos custos com transporte;
- Disponibilidade de informações *on-line*;
- Indicadores de desempenho para aferir a gestão de transportes.

7.2.3 *Enterprise Resource Planning* (ERP)

Ou SIGE (Sistemas Integrados de Gestão Empresarial), é uma plataforma de informação que integra todos os dados e processos em um único sistema. A integração pode ser vista sob a perspectiva funcional (finanças, contabilidade, recursos humanos, fabricação, marketing, vendas, compras etc.) e sistêmica (processamento de transações, emissão de nota fiscal, sistemas de informações gerenciais, sistemas de apoio à decisão etc.).

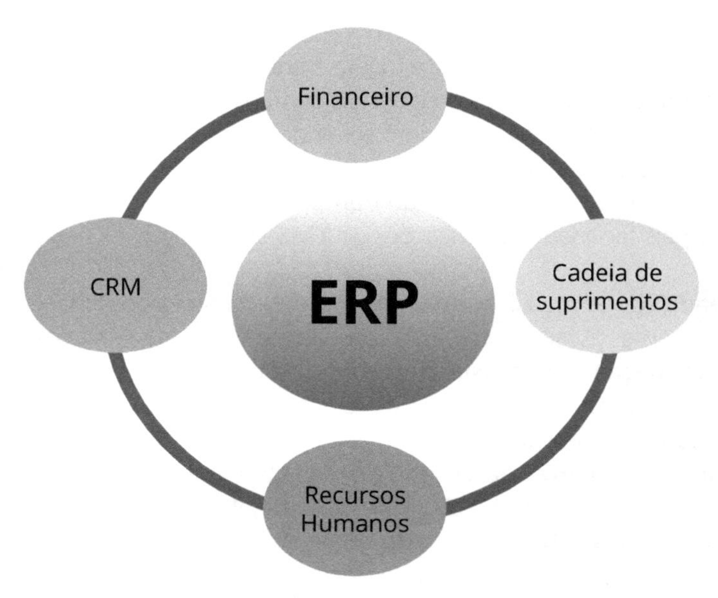

Figura 7.3 *ERP.*

7.2.4 *Order Management System* (OMS) (Proteus 8)

É um sistema de gerenciamento de pedidos e serviços de distribuição. Compreende as fases de captação, avaliação, formação de carga e geração de mapa de separação (também conhecida como lista de separação), gerenciando os estoques, o prazo de entrega padrão, os créditos dos clientes, a prestação de contas, entre outros.

O gerenciamento da distribuição física de materiais é formado por processos operacionais e de controle que permitem transferir os produtos do ponto de fabricação ao ponto de consumo. Gerenciar a distribuição significa levar os produtos certos para os lugares certos, no momento certo, com o nível de serviço desejado, pelo menor custo possível. O ambiente OMS fornece uma variedade de processos que visam garantir essas premissas.

Entre os conceitos existentes no mercado, o ambiente incorpora as seguintes práticas:

- Processamento de pedidos;
- Roteirização;
- Unitização;
- Nível de serviço;
- Distribuição "um para um";
- Distribuição "um para muitos" ou compartilhada;
- Tempo de serviço (carga e descarga);
- Seleção de veículo.

Entre as funções de planejamento e controle, destacam-se:

- **Roteirização automática**
  – Por Código de Endereçamento Postal (CEP);
  – Por ponto de entrega (rota, zona e setor);
  – Para coleta de transportadoras.
- **Gerenciamento dos veículos**
  – Capacidade volumétrica e peso;
  – Disponibilidade do veículo;
  – Veículos mistos (carga seca e refrigerada).
- **Gerenciamento das regras de entrega do cliente**
  – Janela de recebimento;
  – Tipos de veículos permitidos;
  – Calendário de entrega;

  - Tempo de serviço;
  - Unitização.
- **Gerenciamento da pós-entrega**
  - Recebimento de valores;
  - Devoluções;
  - Retornos da carga;
  - Nível de serviço.

7.2.5 *Material Requirement Planning* (MRP)

O Planejamento das Necessidades de Materiais é um sistema que estabelece uma série de procedimentos e regras de decisão, de modo a atender às necessidades de produção numa sequência de tempo logicamente determinada para cada item componente do produto final. O sistema MRP é capaz de planejar as necessidades de materiais a cada alteração na programação de produção, registros de inventários ou composição de produtos. Os principais itens de funcionamento do MRP são:

- **Estrutura do produto:** especificação da quantidade de cada item que monta um produto;
- **Tempo de reposição:** o tempo usado entre a colocação do pedido até o recebimento do material no depósito ou na fábrica;
- **Tempo de fabricação:** tempo gasto entre o início até o final da fabricação;
- **Tamanho do lote de fabricação:** é a quantidade de fabricação de determinado item de forma que otimize o processo;
- **Tamanho do lote de reposição:** é a quantidade de determinado item que se adquire de cada vez, visando também à otimização de custos;
- **Estoque mínimo:** é a quantidade mínima que deve ser mantida em estoque, seja de matéria-prima ou produto acabado;
- **Estoque máximo:** é o nível máximo a que os estoques devem chegar.

7.2.6 *Radio Frequency Identification* (RFID)

É uma etiqueta, chamada também de *tag*, que pode ser lida em qualquer lugar, no armazém, no caminhão, em viagem. A *tag* emite sinais de rádio recuperando e armazenando dados remotamente. Esses dados podem ser registrados com tudo aquilo que o fornecedor ou cliente necessita de informações da carga, do monitoramento do transporte e da entrega.

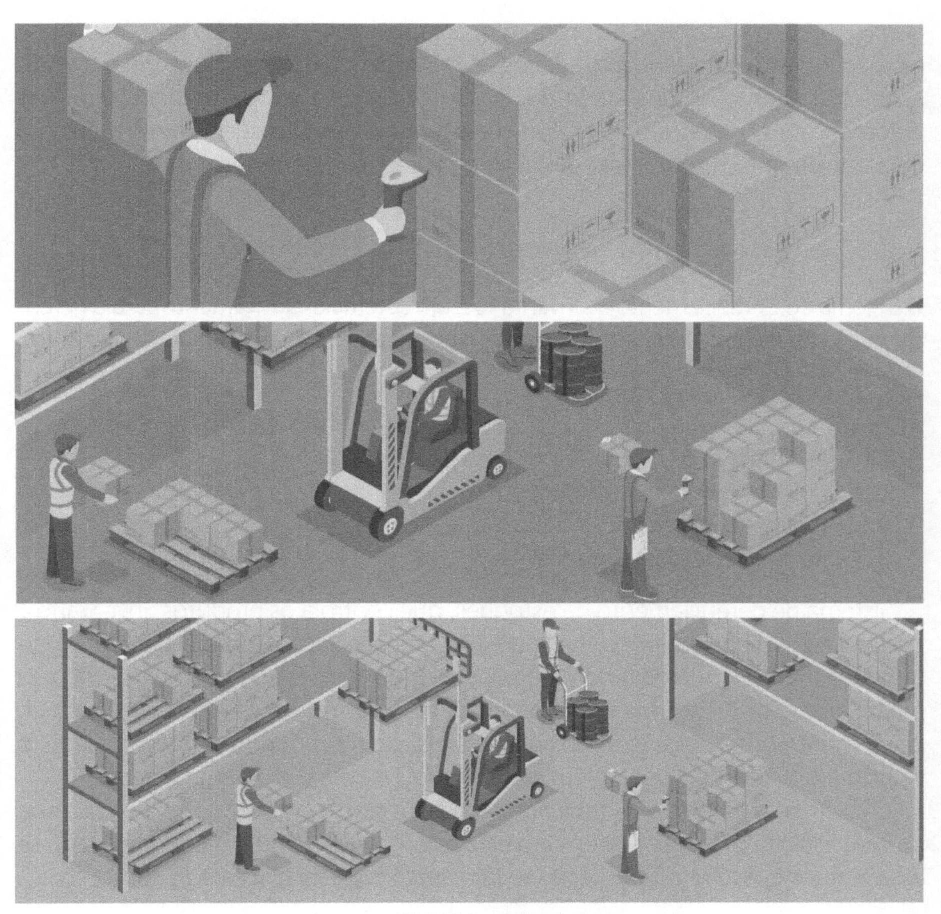

Imagem: TarikVision | iStockphoto

Figura 7.4 *RFID.*

7.2.7 *Manufacturing Execution System* (MES)

É um sistema que gerencia produção e está montado em cinco módulos: *Ready*, *Execute*, *Process*, *Analyse* e *Coordinate*. Integra todas as operações com o sistema de estoque, com o sistema **ERP** e com várias outras áreas da empresa, através do módulo *Coordinate*.

Suas principais funcionalidades são a coleta e o armazenamento de informações, com o monitoramento dos recursos da produção, pessoal e equipamentos. Agrega também a análise de desempenho local e global, com a rastreabilidade de produtos, o controle de documentação, inventários e ajustes automáticos; o monitoramento de quebras e reduções de ritmo; o controle de fluxo de materiais; o monitoramento da qualidade dos produtos e processos de fabricação; baixas automáticas de matérias-primas. Fornece informações e subsidia diversos processos de planejamento, programação e gestão na cadeia de abastecimento.

7.2.8 *Inventory Management System* (IMS)

O Sistema de Gerenciamento de Inventário é um sistema exclusivamente para o gerenciamento de estoques, que desempenha diversas atividades, das quais se destacam:

- Operações de estoque;
- Gestão do inventário, com informações de entrada, saída, valor de compra, valor de estoque médio, e por FIFO e LIFO;
- Saldos de pedido por fornecedor;
- Controle de itens críticos do estoque; e
- Controle de perdas e avarias.

Sistema de gerenciamento de estoques, que controla os produtos, inventário e posição física e financeira, fornecendo informações para a contabilidade e departamento fiscal. Na era do *e-commerce*, da venda com entrega imediata e da alta personalização, o controle de estoques deve garantir o nível de serviço exigido pelos clientes internos e externos da organização, garantindo a confiabilidade, a velocidade e a flexibilidade, além de contribuir para a redução de custos.

O controle de saldos e de movimentações torna-se bastante complexo quando há centenas ou milhares de itens em estoque. Pode ser ainda mais complicado se alguns itens possuírem uma série de características específicas, tais como:

- Tributações diferentes que interferem diretamente no custo dos itens estocados – o processo para a correta manipulação das informações pode em alguns casos até mesmo reduzir o valor contábil em estoque no final de um determinado período e ocasionar ganhos financeiros para a empresa.
- Características físicas diferentes que interferem no tipo de controle a ser adotado – é crescente o uso de controle de rastreabilidade para itens com controle de validade e controle por normas de qualidade. Além da rastreabilidade, é necessário o controle de itens por número de série para produtos com alto valor agregado e controle de endereçamento de estoque nas empresas com grandes armazéns ou produtos de difícil controle.
- Estruturas variadas com composições diversas – produtos com essa característica exigem controle rigoroso das composições e combinações possíveis, que podem gerar milhares de combinações diferentes de produtos acabados.

As funcionalidades de estoque e custos reunidas na solução Proteus 8 permitem o total gerenciamento dos processos de estocagem, armazenagem e custeio na atividade empresarial, respondendo a questões sobre o que a empresa tem armazenado, o custo do estoque, o custo do produto, o preço de venda sugerido para o produto acabado, entre outros. Ela incorpora as melhores práticas de mercado, por meio de funcionalidades como:

- Controle de valores e quantidades em estoque;
- Saldos por armazém;
- Custos em até cinco moedas;
- Quantidade em duas unidades de medida;
- Planilha de formação de preços;
- Formação do preço de venda;
- Consulta de margem de contribuição;
- Custo médio;
- Apropriação sequencial, diária e mensal do custo;
- Custo FIFO (PEPS);
- Custo em partes;
- Custo gerencial;
- Cálculo do custo de reposição de acordo com o último preço de compra, último custo de compra e por estrutura;
- Cálculo do lote econômico, classificação ABC e ponto de pedido;
- Rastreabilidade;
- Controle de lotes, permitindo a rastreabilidade total do lote × produto, indicando a composição de determinado lote e onde este é utilizado;
- Controle de potência dos lotes para produto com composto ativo;
- Controle de número de série e endereçamento;
- Controle de saldos por endereço e/ou por número de série;
- Controle de ocupação dos endereços por quantidade ou por dimensões;
- Inventário com controle de contagens e periodicidade;
- Coletor de dados para contagem;
- Inventário rotativo.

7.3 Códigos de Barras

A tecnologia de colocação de códigos legíveis por computador é um dos meios mais eficazes de identificar produtos mediante a leitura feita por um sensor. O código de barras é uma das mais importantes aplicações de *hardwares* na logística, já que simplifica a entrada de dados nos sistemas informatizados e, consequentemente, facilita as operações nos pontos de venda, despacho e recebimento de mercadorias.

Figura 7.5 *Código de barras.*

7.4 *Electronics Product Code* (EPC)

São etiquetas eletrônicas que servem como identificação por radiofrequência para objetos físicos, unidades de carga, locais de carga e descarga ou outra entidade identificável que desempenham um papel nas operações comerciais. Essa tecnologia é bastante utilizada em itens de maior valor agregado, onde se obtém o controle do rastreamento da posição de coleta ou entrega das mercadorias.

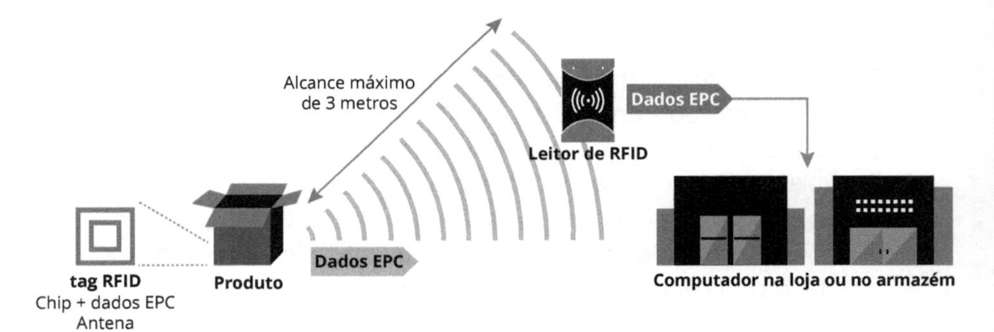

Figura 7.6 *EPC.*

7.5 *Global Positioning Systems* (GPS)

Sistema de posicionamento global que possibilita ao usuário determinar sua posição tridimensional em qualquer lugar do mundo. É muito utilizado para o rastreamento de frotas.

LEITURAS E PESQUISAS

Amplo Logística – <http://www.amplologisticademarketing.com.br/institucional/ler/conteudo/armazenagem-e-controle-de-estoques-em-tempo-real>.

CGI Informática – <http://www.cgiinformatica.com.br/web/index.php?menu=products&sub=logistica>.

MECALUX Logismarket – <https://www.logismarket.ind.br/>.

Totvs – <https://www.totvs.com/>.

BIBLIOGRAFIA

BANZATO, Eduardo. *Tecnologia da Informação Aplicada à Logística*. São Paulo: IMAM, [s.d.].

BSOFT. Disponível em: <www.bsoft.com.br>.

CORRÊA, Henrique Luiz; GIANESI, Irineu Gustavo Nogueira; CAON, Mauro. *Planejamento, programação e controle da produção MRP II/ERP*: conceitos, uso e implantação. São Paulo: Atlas, 2000.

DIVISION SAVOYE. Disponível em: <www.savoye.com>.

ILOS Especialistas em logística e *supply chain*. Disponível em: <www.ilos.com.br>.

STORE AUTOMAÇÃO. Disponível em: <www.storeautomacao.com.br>.

SYTHEX Tecnologia em sistemas. Disponível em: <www.sythex.com.br>.

TECNOVIA. Disponível em: <www.tecnovia.com.br>.

TOTVS. Disponível em: <www.totvs.com>.

Administração de Compras

8

Síntese do Capítulo

Neste capítulo, você irá conhecer mais a fundo a administração de compras. A área de compras, com negociações eficientes, aquisição adequada, atendendo às necessidades de suprimento da empresa, tornou-se um dos principais participantes da logística. A sua eficiência está diretamente ligada à competitividade alcançada no mercado. Dentro da cadeia de suprimentos, o departamento de compras é fundamental para o bom funcionamento da logística. Está também diretamente ligado ao fluxo operacional e/ou comercial das empresas, assim como ao bom fluxo financeiro da empresa.

Objetivos

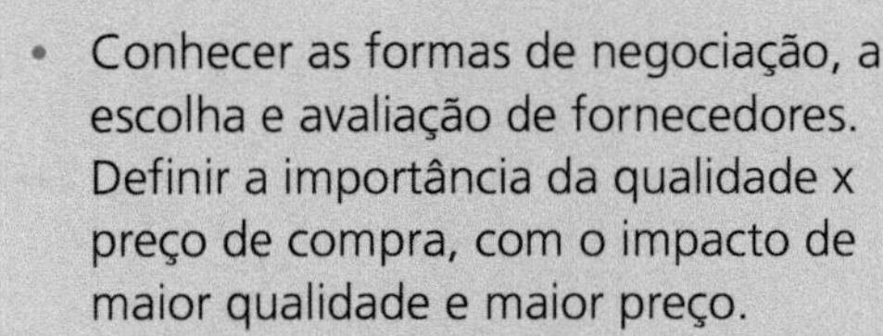

- Conhecer as formas de negociação, a escolha e avaliação de fornecedores. Definir a importância da qualidade x preço de compra, com o impacto de maior qualidade e maior preço.
- Avaliar de forma correta uma tomada de preços, uma concorrência e a ética de comprador e sua relação com os fornecedores.
- Conhecer as formas de classificação de fornecedores e a diferença entre solicitação de compra e pedido de compra, e a estruturação básica de um departamento de compras.

8.1 Introdução – função compra

A função compra é um segmento essencial da logística/suprimentos. Ela tem por finalidade suprir as necessidades de materiais e serviços, planejá-las quantitativamente e satisfazê-las no momento certo com as quantidades corretas. Verificar se entregaram o que foi efetivamente comprado e providenciar o armazenamento. Compras é, portanto, uma operação da área de logística muito importante entre as que compõem o processo de suprimento.

Qualquer atividade industrial e comercial necessita de matérias-primas, componentes, equipamentos ou serviços para que possam operar. No ciclo do processo de fabricação, e antes do início da primeira operação, os materiais e insumos gerais devem estar disponíveis. Deve-se manter com alto grau de certeza a continuidade desse abastecimento, para atender às necessidades ao longo do período. Logo, a quantidade dos materiais e a sua qualidade devem ser compatíveis com o processo produtivo.

Podemos concluir que os objetivos básicos de um departamento de compras seriam:

- Obter um fluxo contínuo de suprimentos para atender os programas de produção ou de vendas;
- Coordenar esse fluxo de maneira que seja aplicado um mínimo de investimento;
- Comprar materiais e insumos aos menores preços, obedecendo a padrões de quantidade e qualidade definidos;
- Procurar sempre dentro de uma negociação justa e honesta as melhores condições para a empresa, principalmente com relação a preço e pagamento.

Um dos tópicos importantes para o bom funcionamento de compras é a previsão das necessidades de suprimento. Nunca é demais insistir na informação dessas quantidades, das qualidades e prazos que são necessários para as necessidades da operação. São essas informações que fornecem os meios eficientes para o comprador executar o seu trabalho. Compras e produção precisam do tempo necessário para negociar, fabricar e entregar os produtos solicitados.

Com os preços de venda extremamente competitivos, a melhora dos resultados da empresa deverá vir do aumento da produtividade, da melhor gestão de material e de compras mais econômicas. A necessidade de comprar cada vez melhor é essencial para todas as empresas, assim como a necessidade de estocar em níveis adequados e de racionalizar o processo produtivo. Comprar bem é um dos meios que a empresa deve usar para reduzir custos e aumentar sua rentabilidade.

Existem certos princípios e regras que definem como comprar bem, que incluem a verificação de:

- Prazos;
- Preços;
- Qualidade;
- Volume.

Manter-se bem relacionado com os fornecedores, prevendo eventuais problemas que possam prejudicar a empresa nas suas metas de produção, é também importante, principalmente na época de escassez e altos preços.

A seleção de fornecedores é considerada igualmente um ponto-chave do processo de compras. O potencial do fornecedor deve ser verificado, assim como suas instalações e seus produtos, e isso é muito importante. O aspecto financeiro deve ser cuidadosamente analisado, pois em algumas situações a saúde financeira do fornecedor pode prejudicar os fornecimentos de longo prazo. Com um cadastro atualizado e completo e com cotações de preços feitas semestralmente, muitos problemas serão evitados.

8.2 Organização de compras

Independentemente do porte da empresa, os princípios básicos da organização de compras têm normas fundamentais, que devem ser:

- Autoridade para compra;
- Registro de compras e preços;
- Registro de estoques e consumo;
- Registro de fornecedores;
- Arquivos, especificações e catálogos.

Completando a organização, podemos incluir como atividades típicas da seção de compras:

- Pesquisa dos fornecedores
  Estudo do mercado, e dos materiais; análise dos custos; investigação das fontes de fornecimento; inspeção das fábricas dos fornecedores; desenvolvimento de fontes de fornecimento e de materiais alternativos.

- Aquisição
  Conferência de requisições; análise das cotações; decidir comprar por meio de contratos ou no mercado aberto; entrevistar vendedores; negociar contratos; efetuar as encomendas de compras; acompanhar o recebimento de materiais.
- Administração
  Manutenção de estoques mínimos; transferências de materiais; evitar excessos e obsolescência de estoque; padronizar o que for possível.
- Diversos
  Fazer estimativa de custo; dispor de materiais desnecessários, obsoletos ou excedentes; cuidar das relações comerciais recíprocas.

Essas atividades não estão completas, pois variam para cada empresa, devendo adaptar-se ao tipo de organização de cada uma.

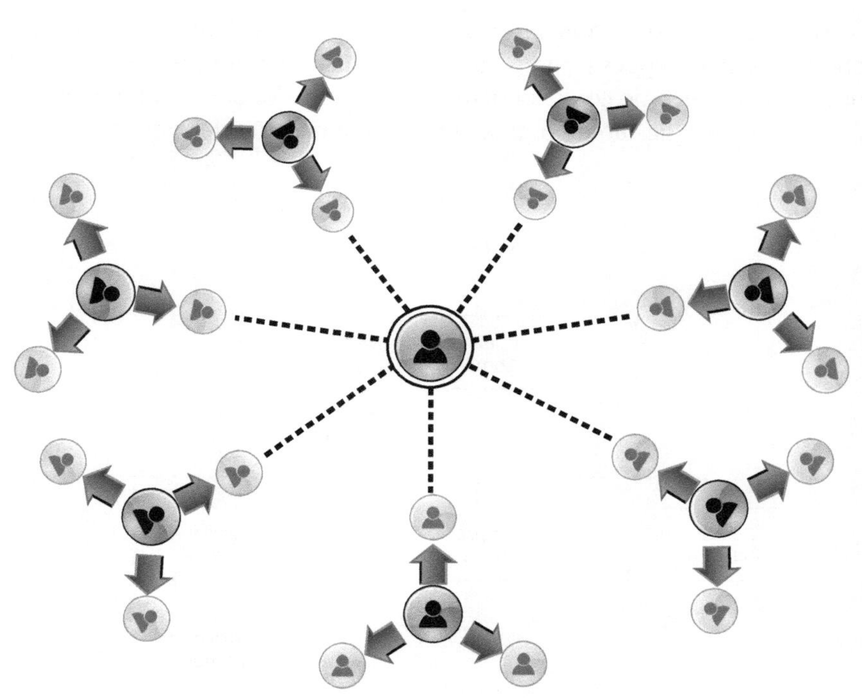

Figura 8.1 *Organização de compras.*

Às vezes, grandes empresas envolvem várias fábricas. O volume de compras, dependendo do tamanho da empresa, pode alcançar grandes quantidades. Nesse caso, é necessário saber se todas as compras da organização devem ser feitas em um ponto centralizado ou estabelecer-se em seções de compras separadas para cada fábrica. Ambos os métodos poderão ser empregados. As razões para avaliar a descentralização das compras podem ser:

- Distância geográfica;
- Tempo necessário para a aquisição de materiais;
- Facilidade de diálogo.

A centralização completa das compras reúne certas vantagens:

- Oportunidade de negociar maiores quantidades de materiais;
- Homogeneidade da qualidade dos materiais adquiridos;
- Controle de materiais e estoques.

A organização de compras por divisão de grupos é funcional quando tais atribuições são entregues a compradores individuais. Os itens de cada grupo são especificados de acordo com a origem, necessidade e valor do material. A Figura 8.2 mostra uma sugestão de organograma de uma seção de compras.

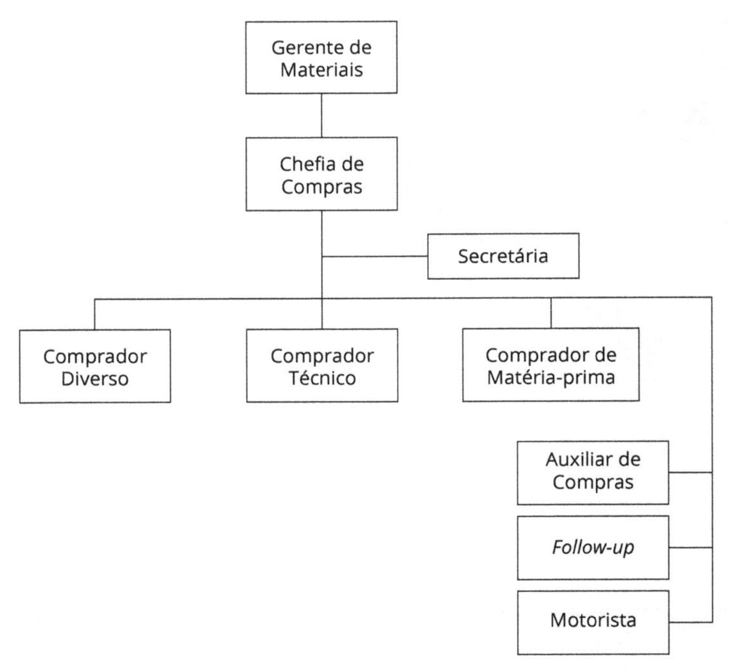

Figura 8.2 *Organograma da seção de compras.*

A pesquisa é o elemento básico para a própria operação de compras. A busca e a investigação estão vinculadas diretamente às atividades básicas de compras:

- A determinação e o encontro da qualidade certa;
- A localização de uma fonte de suprimento;
- A seleção de um fornecedor adequado;
- O estudo para determinar se o produto deve ser fabricado ou comprado.

Mais do que nunca as compras requerem procura sistemática e análise dos fatos para conhecer novos desenvolvimentos e novas técnicas, bem como da estrutura econômica dos fornecedores com os quais negocia.

Uma descrição de cargos adequada e bem generalizada para todos os envolvidos na função compra poderia ser:

- **Chefe de compras**: estudar e analisar as solicitações de compra de matérias-primas, máquinas e equipamentos em geral; inteirar-se das necessidades e detalhes técnicos exigidos pelos requisitantes; coordenar pesquisa de fornecedores e coleta de preços; organizar concorrências e estudar os seus resultados, optando pelo que melhores condições oferecer; manter contato com fornecedores; solicitar testes de qualidade das matérias-primas adquiridas; assessorar as várias seções com informações e soluções técnicas; controlar prazos de entrega; elaborar previsões periodicamente de compras; examinar cadastro geral dos fornecedores; manter contatos com setores de produção; elaborar relatórios e estatísticas de controle geral.
- **Comprador de materiais diversos**: efetuar e acompanhar pequenas compras de materiais sob supervisão da chefia da seção; classificar e analisar requisições de compras remetidas por outros setores; pesquisar cadastro de fornecedores e efetuar coleta de preços; estudar preços e qualidades, optando pelo que obter melhores condições; efetuar as compras e controlar a entrega dos materiais; manter arquivo de catálogos e fornecedores.
- **Comprador técnico**: efetuar compras de materiais especiais de produção mediante a supervisão e orientação da chefia; classificar e analisar solicitações de compra; estudar e analisar necessidades técnicas; pesquisar cadastro de fornecedores; preparar concorrência; analisar informações recebidas e informar à chefia as melhores condições; manter e atualizar cadastro geral de fornecedores; assessorar as várias seções com informações técnicas; acompanhar e controlar a entrega dos materiais.
- **Comprador de matéria-prima**: efetuar compras de matérias-primas utilizadas em uma ou várias unidades fabris, sob supervisão da chefia da seção;

classificar e analisar solicitações de compra remetidas por outros setores; pesquisar cadastro de fornecedores; consultar em publicações específicas as cotações dos produtos; organizar pequenas concorrências; analisar as informações e opinar sobre as melhores ofertas; providenciar as compras e acompanhar as suas entregas.

- **Auxiliar de compras**: controlar o recebimento de solicitações de compras e efetuar conferência dos valores anotados; pesquisar arquivo de publicações técnicas; elaborar relações de fornecedores para cada material, emitir pedidos de compra; controlar arquivo de catálogos e documentos referentes às compras efetuadas.
- **Acompanhador de compras – *follow-up***: acompanhar, documentar e fiscalizar as encomendas realizadas em observância aos respectivos prazos de entrega; informar ao comprador o resultado do acompanhamento; efetuar cancelamentos, modificações e pequenas compras conforme determinação da chefia.

8.3 Qualificação de compradores

Mesmo para aqueles mais novos na atividade de compras, já é evidente a importância dessa função e o quanto ela é interessante. Aos mais antigos no exercício do cargo deve ter ocorrido a diferença entre a função de comprador atual e o primitivo "colocador de pedido", que antes fazia somente a entrega de formulários preenchidos e assinados, para cuja decisão ou formalização em nada tinha contribuído e influído.

Atualmente, o comprador é um profissional muito experiente, e a função dele é tida e reconhecida como fundamental em uma empresa. O padrão atual exige que o comprador tenha ótimas qualificações e esteja preparado para usá-las em todas as ocasiões. Para conduzir eficazmente suas compras, deve demonstrar bons conhecimentos das características dos produtos, dos processos e das fases de fabricação dos itens comprados. Deve estar preparado para discutir com os fornecedores no mesmo nível de conhecimento.

O comprador ideal deve saber ouvir atentamente os argumentos apresentados pelo vendedor, para depois agir sensatamente. Muitas vezes, as razões e opiniões apresentadas pelo vendedor poderão ser contra-argumentadas, levando a negociação a representar um benefício para a empresa. Assim, uma agressividade bem orientada, por firmeza de convicções, leva a bom termo uma negociação que, à primeira vista, poderia parecer de resultado inglório.

Imagem: Kronick | iStockphoto

Figura 8.3 *Negociação.*

Outra característica do bom comprador é estar perfeitamente identificado com a política e os padrões de ética da empresa, como, por exemplo, a manutenção do sigilo nas negociações que envolvam mais de um fornecedor ou até mesmo quando um só está envolvido.

As concorrências, as discussões de preços e a finalização da compra devem ser orientadas pelos mais elevados níveis. O intuito é obter dos fornecedores negócios honestos e compensadores, sem que pairem dúvidas quanto à dignidade daqueles que o conduziram.

Compradores com boa qualificação profissional fornecem às empresas condições de fazer bons negócios, pois o objetivo é comprar bem e eficientemente. Com isso, pode-se atender aos objetivos de lucro, uma vez que o departamento de compras é um centro de lucro. E será mais ainda um centro de lucro quando os fornecedores forem encorajados a enfrentar novas ideias e novos projetos, dispondo-se a aproveitar a oportunidade de fazerem novos negócios.

8.4 Operação do sistema de compras

8.4.1 Introdução

Um sistema adequado de compras tem variações em função da estrutura da empresa e em função da sua política adotada. A área de compras em empresas tradicionais vem a cada ano sofrendo reformulações na sua estrutura. De tempos em tempos, esse sistema vem sendo aperfeiçoado, acompanhando a evolução e o progresso do mundo dos negócios; no entanto, os elementos básicos permanecem os mesmos. Entre essas características, podemos destacar:

- **Sistema de compras a três cotações:** tem por finalidade partir de um número mínimo de cotações para encorajar novos competidores. A pré-seleção dos concorrentes qualificados evita o dispêndio de tempo com um grande número de fornecedores, dos quais boa parte não teria condição para fazer um bom negócio.
- **Sistema de preço objetivo:** o conhecimento prévio do preço justo, além de ajudar nas decisões do comprador, proporciona uma verificação dupla no sistema de cotações. Pode ainda ajudar os fornecedores a serem competitivos, mostrando-lhes que suas bases comerciais não são reais e que seus preços estão fora de concorrência. Garante ao comprador uma base para as argumentações nas discussões de aumentos de preço e nas negociações de distribuição da porcentagem.
- **Duas ou mais aprovações:** no mínimo duas pessoas estão envolvidas em cada decisão da escolha do fornecedor. Isso estabelece uma defesa dos interesses da empresa pela garantia de um melhor julgamento, protegendo o comprador ao possibilitar revisão de uma decisão individual. Não fosse só essa razão, pode-se acrescentar mais uma: o sistema de duas aprovações permite que eles estejam envolvidos pelo processamento da compra, uma vez que a sua decisão está sujeita a um assessoramento ou supervisão.
- **Documentação escrita:** a presença de muito papel pode parecer desnecessária, porém fica evidente que a documentação escrita anexa ao pedido, além de possibilitar, no ato da segunda aprovação, o exame de cada fase de negociação, permite a revisão e estará sempre disponível junto ao processo de compra para esclarecer qualquer dúvida posterior.

8.4.2 Solicitação de compras

A solicitação de compras é um documento que autoriza o comprador a executar uma compra. Seja para materiais produtivos ou improdutivos, ela é solicitada para um programa de produção, para um projeto que se está desenvolvendo ou ainda para o abastecimento geral da empresa. É o documento que deve informar o que se deve comprar, a quantidade, o prazo de entrega, o local da entrega e, em alguns casos especiais, os prováveis fornecedores.

8.4.3 Coleta de preços

A cotação é o registro do preço obtido da oferta de diversos fornecedores do material cuja compra foi solicitada. Não deve ter rasuras e deverá conter preço, quantidade e data do recebimento no departamento de compras; deverá ainda estar sempre ao alcance de qualquer consulta e análise da auditoria quando for solicitada. É um documento que precisa ser analisado com atenção; contém os dados completos do que se está pretendendo comprar, para que a cotação corresponda exatamente ao preço do produto requerido e não surjam dúvidas futuras por insuficiência de dados ou das características exigidas. Para uma melhor análise desses dados, eles podem ser transcritos em um mapa que é a cópia fiel das cotações recebidas, a fim de que se tenha uma melhor visualização. Existem casos em que a empresa utiliza a própria solicitação de compras para registro da coleta de preços.

Ao fazer uma cotação de preços para determinado equipamento ou produto, os fornecedores em potencial enviam propostas de fornecimento, que informam preço, prazo, reajustes e uma série de condições gerais que estabelecem. A empresa, por intermédio do comprador, fixa também diversas condições para o fornecedor. Vejamos algumas das condições mais usuais que são feitas pelos fornecedores:

1. As propostas ficam sujeitas a confirmação.
2. Os preços indicados são líquidos, para entregas na fábrica.
3. Em casos de atrasos na entrega das mercadorias sem culpa do fornecedor, as datas dos pagamentos permanecerão as mesmas, como se a entrega tivesse sido feita na data devida. Se as condições de pagamento, inclusive as relativas ao reajuste de preços, não forem observadas além da correção monetária, a ser calculada com base no índice conjuntural, publicado pela FGV, e proporcional ao atraso ocorrido, o comprador ficará sujeito ao pagamento de multa moratória de 1% ao mês sobre as importâncias devidas, sem necessidade de qualquer interpelação, judicial ou extrajudicial.
   O comprador não pode suspender ou reduzir os pagamentos baseado em reclamações não reconhecidas como procedentes pelos vendedores. Se, por ocasião do término da fabricação, não for possível o despacho do material, por motivos alheios à vontade do fornecedor, efetua-se o respectivo faturamento, incidindo a armazenagem por conta exclusiva do comprador.
   O pagamento inicial efetuado pelo comprador, mesmo sem o envio do pedido, traduz a concordância tácita do volume do fornecimento, das características técnicas e das condições constantes da proposta. Consistindo o pedido em várias ou diferentes unidades, assiste o direito de fornecer e faturar cada unidade separadamente. As duplicatas extraídas em conformidade com as condições de pagamento ajustados devem ser aceitas nos termos da legislação em vigor. Um eventual reajuste de preço deverá ser pago contra apresentação da respectiva fatura.

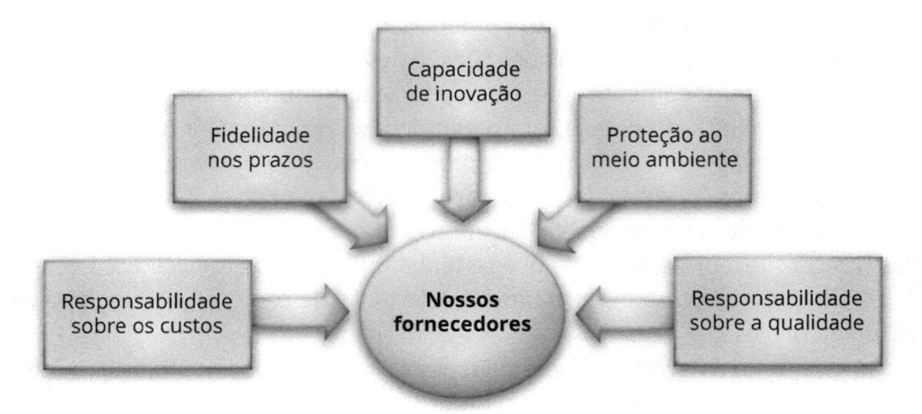

Figura 8.4 *Atributos dos bons fornecedores.*

4. Os prazos de fabricação são geralmente indicados na proposta em dias úteis de trabalho, de acordo com a programação estimada na data da proposta; portanto, para que tenha validade por ocasião da encomenda, os prazos devem ser expressamente confirmados. O prazo de fabricação deverá ser contado a partir da data do recebimento do sinal e da primeira parcela do preço de venda ou da data da confirmação, por escrito, do pedido de fornecimento, quando tal condição for expressamente aceita.
   O prazo, inclusive para efeito do cálculo do reajuste de preço, ficará prorrogado de tantos dias quantos forem os dias da mora no pagamento das prestações ajustadas ou nos casos de qualquer das seguintes ocorrências:
   - Informações, documentação e esclarecimentos pedidos ao comprador, a pessoas ou entidades indicadas pelo mesmo comprador, e não respondidos ou entregues no devido tempo;
   - Atrasos por motivos de força maior, tais como guerra, revolução, motim, perturbação da ordem, epidemias, inundações, incêndio, explosão, greves e, de modo geral, acontecimentos fortuitos, alheios à vontade, inclusive falhas de fabricação e impossibilidade na obtenção de matérias-primas.
5. Salvo o que diferentemente for estabelecido, a entrega do material é efetuada na fábrica. O material, uma vez pronto, total ou parcialmente, deverá ser retirado logo após o aviso. Na impossibilidade da retirada dele, por motivos independentes à vontade do fornecedor, reserva-se o direito de despachá-lo ao endereço do comprador, por sua conta e risco, ou de armazená-lo igualmente por sua conta e risco, mantendo-o a distância dele, sendo considerado entregue. Os vencimentos, para efeito de pagamento, são contados a partir da data do aviso de disponibilidade.

6. Exceções ou modificações dessas "condições gerais" somente serão válidas quando forem aceitas por escrito. Na existência de condições de compra estabelecidas pelo comprador, contrárias às condições gerais, prevalecem estas últimas.

8.4.4 Pedido de compra

O pedido de compra é um contrato formal entre a empresa e o fornecedor. Esse pedido deve representar fielmente todas as condições e características da compra aí estabelecidas. O fornecedor precisa estar ciente de todas as cláusulas e pré-requisitos constantes do pedido de compra, dos procedimentos do recebimento das peças ou produtos, dos controles e das exigências de qualidade, para que o pedido possa legalmente ser considerado em vigor.

As alterações das condições iniciais também devem ser objeto de discussões e entendimentos, para que não surjam dúvidas e venha a empresa a ser prejudicada com uma contestação pelos fornecedores envolvidos. O pedido de compra tem força de contrato, e a sua aceitação pelo fornecedor implica o atendimento de todas as condições aí estipuladas, tais como: quantidade, qualidade, frequência de entregas, prazos, preços e local de entrega. É importante alertar o fornecedor para a propriedade dos desenhos e marcas exclusivas da compradora e para as implicações legais daí decorrentes. Cuidados especiais devem ser tomados na negociação que envolva a encomenda e a compra de uma ferramenta específica, evitando-se que não venha a ser fornecida a terceiros.

Apresentamos um modelo de pedido de compra que poderá, dentro de certas alterações específicas, ser útil a qualquer tipo de empresa. São bastante normais atrasos nos prazos de entrega dos fornecedores, porém essa situação precisa, na medida do possível, ser evitada; o comprador deverá manter um acompanhamento constante desses prazos, comunicando ao fornecedor quando os atrasos passam a ser significativos. Por intermédio dos modelos de informes ou por e-mails, pode-se cobrar o fornecedor em três estágios.

É bastante comum que no verso do pedido de compra cada empresa registre as suas condições de compra, que são características especiais da estrutura de cada empresa e da sua política de compras. Essas condições poderiam ser de maneira geral as seguintes:

1. As mercadorias deverão ser entregues absolutamente dentro do prazo combinado. A não observância da presente cláusula garante-nos o direito de cancelar este pedido de compra, em todo ou em parte, sem qualquer prejuízo de nossa parte.

	Pedido de compra	
	Nº	FL.
Fornecedor:		Cód. Fornecedor
Endereço:		

Pela presente autorizamo-lhes o fornecimento abaixo descrito observadas as condições constantes no verso.

IT	Quantidade	Unid.	Código	SC	Descrição	Preço Unitário $	IPI %

ET	ES	EM

Importa o total deste PC em $

Embalagem	☐ incluído	☐ devolver	☐ acrescer	
Frete	☐ incluído	☐ retiramos	☐ a pagar	☐ frete $
Transportadora				

Data de Vencimento Parcelas					
Valor das Parcelas					

Data da entrega:	NP	Cód. Fiscal Nº	Prazo de Entrega	dias

OBS.:

IMPORTANTE O número desta Ordem deve constar da Nota Fiscal e da Fatura	____________ de ____________ de 19_____

Figura 8.5 *Modelo de pedido de compra.*

São Paulo, / /

À

REF.: PEDIDOS DE COMPRA PENDENTES DE ATENDIMENTO – 1º AVISO

Prezados Senhores:

Quando efetuamos uma concorrência para a aquisição de um pedido, um dos fatores ponderados é o PRAZO DE ENTREGA.

É com descontentamento que vemos os Pedidos de Compra a seguir arrolados, confiados a V. Sas, pendentes de atendimento já há 7 (sete) dias:

P.C. Nº ITEM Nº PRAZO DE ENTREGA.

Na eventualidade de uma destas pendências já ter sido atendida, queiram informar-nos:

a) número e data da Nota Fiscal;
b) transportador, data e número do conhecimento e/ou do manifesto.

Certos de que seremos prontamente atendidos, subscrevemo-nos,

Atenciosamente,

CHEFE DE COMPRAS

C.C.: Cadastro de Fornecedores

Figura 8.6 *Modelo de carta e cobrança – 1º aviso.*

2. Todo material fornecido deverá estar rigorosamente de acordo com o nosso pedido no que se refere a especificações, desenhos etc., e sua aceitação é condicionada a aprovação de nossa inspeção. Em caso de rejeição, será colocado à disposição, por conta e risco do fornecedor, até sua retirada. Qualquer despesa de transporte, relativa a materiais assim rejeitados, correrá por conta do fornecedor.
3. Reservamo-nos o direito de recusar e devolver, à custa do fornecedor, qualquer parcela de material recebido em quantidade superior àquela cujo fornecimento foi autorizado pela presente.
4. A presente encomenda não poderá ser faturada por preços mais elevados do que aqueles aqui estabelecidos, salvo prévia modificação e posterior consentimento de nossa parte.
5. Não serão aceitas responsabilidades de pagamento referentes a transportes, embalagem, seguros etc., salvo se especificamente autorizados pela presente.

São Paulo,   /   /

À

REF.: PEDIDOS DE COMPRA PENDENTES DE ATENDIMENTO - 2º AVISO

Prezados Senhores:

É esta a segunda vez que nos dirigimos a V. Sas, solicitando providências no sentido de atenderem nossos Pedidos de Compra a seguir arrolados, confiados a V. Sas. após concorrência na qual o PRAZO DE ENTREGA foi um dos fatores ponderados:

P.C. Nº	ITEM Nº	PRAZO DE ENTREGA	ATRASO

Devemos alertar V. Sas. para o fato de que ocorrências dessa natureza, além de nos causarem transtornos, em nada contribuem para o bom relacionamento que deve existir entre Fornecedor e Cliente.

Na eventualidade de uma dessas pendências já ter sido liquidada, queiram informar-nos:

a) número e data da Nota Fiscal;
b) transportador, data e número do conhecimento e/ou do manifesto.

Sendo o que se apresentava, subscrevemo-nos,

Atenciosamente,

CHEFE DE COMPRAS

C.C.: Cadastro de Fornecedores

Figura 8.7 *Modelo de carta e cobrança – 2º aviso.*

6. Qualquer débito resultante de pagamento por parte do fornecedor sobre transportes, embalagem, seguro etc., quando autorizado, deverá ser corretamente documentado na fatura correspondente ao fornecimento feito.
7. Fica expressamente entendido que o fornecedor será considerado estritamente responsável por qualquer obrigação ou ônus resultante da venda ou fabricação de qualquer dos itens deste pedido de compra que viole ou transgrida qualquer lei, decreto ou direitos de patentes e de *copyright* ou marcas registradas.
8. Não assumimos qualquer responsabilidade por mercadorias, cujas entregas não tenham sido autorizadas por um pedido de compra devidamente aprovado ou que, de qualquer modo, não estejam de acordo com os termos e condições supraestabelecidas.

São Paulo, / /

À

REF.: PEDIDOS DE COMPRA PENDENTES DE ATENDIMENTO - 3º AVISO

Prezados Senhores:

Pela terceira vez dirigimo-nos a V. Sas. para lhes solicitar a entrega dos materiais constantes dos Pedidos de Compra que a seguir arrolamos:

P.C. Nº	ITEM Nº	PRAZO DE ENTREGA	ATRASO

Como já lhes informamos anteriormente, esses atrasos deterioram o bom relacionamento Cliente-Fornecedor, não só pelo fato em si, mas pelos prejuízos que dele decorrem e que, muitas vezes, elevam-se a cifras que superam o próprio valor dos materiais reclamados.

Depositamos em nossos fornecedores uma irrestrita confiança, tanto no referente à qualidade do material adquirido (que confirmamos pelo Controle de Qualidade) como no tocante ao preço (que confirmamos pelas concorrências) e ao prazo de entrega.

Suas enérgicas providências para sanar as irregularidades anteriormente apontadas são necessárias para que possamos continuar depositando em V. Sas. a confiança granjeada com seus atendimentos anteriores.

Na eventualidade de uma dessas pendências já ter sido atendida, queiram informar-nos:

a) número e data da Nota Fiscal;
b) transportador, número e data do conhecimento e/ou do manifesto.

Sendo o que nos apresentava, subscrevemo-nos,

Atenciosamente,

CHEFE DE COMPRAS

C.C.: Cadastro de Fornecedores

Figura 8.8 *Modelo de carta e cobrança – 3º aviso.*

9. Garanta a possibilidade de novos pedidos respeitando o estabelecido nos itens acima. Pedimos em benefício recíproco avisar-nos por telefone, telegrama ou carta sobre qualquer dilatação que venha a sofrer o prazo de entrega originalmente fixado ou sobre sua impossibilidade de cumprir qualquer das cláusulas acima.

A

N. Ref.:
S. Ref.:

Prezados Senhores:

Vimos pela presente informá-los das irregularidades observadas quando do recebimento do(s) material(is) constante(s) nos documentos acima epigrafados, pelo que solicitamos as devidas providências.

As irregularidades observadas são as seguintes:

1 — Diferença de peso, item(ns) ________ do Doc. Fiscal
s/ Doc. Fiscal [ ] nossa pesagem [ ]

2 — Diferença na qualidade, item(ns) ________ do Doc. Fiscal
s/ Doc. Fiscal [ ] recebida [ ]

3 — Diferença no preço unitário, item(ns) ________ do Doc. Fiscal
s/ Doc. Fiscal [ ] nosso PC [ ]

4 — Embalagem em desacordo com nosso Pedido de Compra
Recebida: ________________ Solicitada: ________________

5 — Material recebido com avarias, item(ns) , ________________ solicitamos reposição em ________ dias

6 — Material já fornecido anteriormente, item(ns) ________________
À disposição

7 — Condições de pagamento: Apresentada ________________
Contratada ________________

8 — Material em garantia. Cobrança indevida

9 — Frete ☐ Embalagem ☐ por conta de V. Sas. cobrança indevida

10 — Material recebido difere do solicitado, item(ns) ________ do Doc. Fiscal
Recebido: ________________
Solicitado: ________________
solicitamos a troca em ________ dias

11 — Material(is) fornecido(s) a mais ☐ a menos ☐

Com relação ao(s) item(ns) ________ solicitamos emitir
Nota de Crédito no valor total de R$ ________ (________________
________________) em nome da ________________

Atenciosamente,

Figura 8.9 *Modelo de carta-padrão de irregularidades.*

Ao receber um produto do fornecedor, podem existir algumas divergências entre aquilo que foi solicitado e o que efetivamente o fornecedor entregou, ou divergências com qualquer negociação combinada anteriormente constante no pedido de compra. Para evitar comunicações extensas e periódicas, lança-se mão de uma carta-padrão na qual estão englobadas todas as irregularidades que porventura venham a acontecer. Fornecemos, a propósito, um modelo que pode ser utilizado para esse fim.

8.5 A compra na qualidade correta

8.5.1 Controle de qualidade e inspeção

A qualidade de um produto define-se através da comparação de suas características com os desejos do consumidor ou com as normas e especificações de fabricação. Um produto pode ter alta qualidade para o consumidor e qualidade apenas regular para os departamentos técnicos que o fabricam. O objetivo do controle de qualidade é manter determinado nível de qualidade para um produto de acordo com a política da empresa, ou seja, de acordo com os padrões estabelecidos.

O nível de qualidade a ser alcançado e/ou mantido depende de uma série de fatores. A empresa, ao definir que o produto será fabricado de acordo com certas especificações de qualidade, deve ter realizado, previamente, uma análise de dois fatores básicos de um produto:

- **Aspecto interno:** as condições materiais, instalações, matéria-prima, pessoal e quais os custos para atingir ou manter determinado nível de qualidade. A medida de confiabilidade de um produto aceito como de boa qualidade em relação às especificações do projeto e do processo é que é a qualidade de fabricação.
- **Aspecto externo:** quais os desejos dos consumidores? Existem condições governamentais quanto à qualidade do produto fabricado? Ocorrem exigências para determinado tipo de mercado consumidor?

Após analisar esses dois aspectos e chegar a uma conclusão, a empresa terá determinado os seus padrões de qualidade que podem ser relativos aos mais variados aspectos.

Para conseguir manter esses padrões de qualidade, é necessário controlá-los, ou seja, é necessária a existência do controle de qualidade. Mas, ao fixar padrões de qualidade, surgirão problemas entre todos os elementos que dela participam, ou seja: especificações, produção, manuseio de materiais, compras e estocagem. O pessoal da produção estará interessado em custos; o de compras, em preços baixos; o de vendas, em satisfazer o consumidor da melhor maneira possível; o de projetos, em manter altos níveis de qualidade; e a direção da empresa, em resultados finais e que sejam mais lucrativos.

Além disso, aparecerão considerações técnicas a serem postas em evidência, ou seja:

Quanto mais altos os níveis de qualidade fixados, mais rígido será o controle, mais difícil a produção por quantidades e mais difícil o universo de fornecedores de matéria-prima disponíveis.

Em vista disso, os padrões de qualidade precisam ser práticos o máximo possível. Devem apresentar tolerâncias, ou seja, limites de qualidade dentro dos quais determinados produtos podem ser fabricados e aceitos pelo consumidor.

A inspeção tem como objetivo determinar se um produto deve ser aprovado ou rejeitado, levando-se em consideração os padrões de qualidade estabelecidos. A inspeção preventiva tem como intuito a determinação de tendências dos valores ou padrões estabelecidos. Sua importância reside no fato de que futuras especificações, métodos, custos e políticas de qualificação, no que se refere aos padrões de qualidade, serão afetados pelos resultados advindos da análise dessas tendências.

8.5.2 Segurança da qualidade

A definição da qualidade do material a ser comprado é determinada considerando o veredito final do departamento utilizador. Assim, as definições de qualidades relativas a artigos e equipamentos de escritório podem ser determinadas pelo usuário; esse mesmo procedimento serve para os demais tipos de materiais sem grande importância ao produto final.

A definição da qualidade deve ser expressa de tal maneira que:

- O comprador saiba exatamente o que está sendo desejado;
- O contrato ou o pedido de compra seja emitido com uma descrição adequada do que se deseja;
- O fornecedor seja devidamente posicionado das exigências de qualidade;
- Existam meios apropriados de inspeção e testes para serem utilizados, a fim de que se verifique se os materiais entregues satisfazem aos padrões de qualidade desejados;

- Os materiais entregues estejam de acordo com as especificações de qualidade aceitáveis para a empresa do comprador.

Um dos principais objetivos e finalidades de compras é a aquisição na qualidade adequada. A qualidade correta não significa a melhor qualidade disponível; por mais desejável que esta possa ser, ela terá de atender a determinadas exigências e deve estar relacionada àquela necessidade. *Qualidade correta significa melhor qualidade para determinado uso.*

Podemos afirmar que o objetivo real de compras é conseguir a qualidade adequada ao mais baixo preço possível. Existem determinadas utilizações para as quais os tipos mais inferiores e baratos de materiais são suficientemente adequados; nessas situações, a qualidade mais inferior é a qualidade correta.

Existem também ocasiões em que a melhor qualidade disponível no mercado nunca é suficiente; se é desse padrão que a empresa precisa, preço algum será alto demais. Toda necessidade de compra de material com qualidade específica reduz substancialmente a área de escolha, por eliminação de tudo aquilo que não se enquadra nos padrões solicitados.

8.6 Preço-custo

8.6.1 Custos

É muito importante para um comprador conhecer ou fazer uso da análise preço-custo e ter algum conhecimento básico de sistemas de custos, ou seja, saber como é montada a estrutura do preço de venda. Ele deve perguntar a si próprio:

- Como o fornecedor estabelece seu preço?
- Qual é a reação do mercado?
- Qual a reação do mercado com produtos concorrentes?
- Qual o grau de confiabilidade nas estimativas do fornecedor?
- Qual deve ser a margem em que atua o fornecedor?

É bom esclarecer uma posição muito importante:

- Por preço entende-se o valor que o fornecedor exige ao vender seu produto;
- Por custo entende-se o quanto ele gasta para fabricar esse mesmo produto.

Custo significa a soma de esforços que são aplicados para produzir alguma coisa. Como o termo *custo* é bastante vago e é aplicado de maneira bastante diversa, passou-se a usá-lo também em expressões mais específicas: custo de reposição, custo estimado, custo variável etc. Podemos classificá-lo de várias maneiras ou de vários tipos, como salário, aluguel, depreciação; pode-se classificá-lo também por função, produção, distribuição, venda etc.

Somente conhecendo o custo de fabricação poderíamos determinar o lucro real de um produto, incluindo nesse cálculo o valor dos estoques, compreendendo também os semiacabados, produtos em processo, e isso só é possível se tivermos determinado os custos dos componentes em seus diversos estágios.

A composição de custo é característica especial de cada tipo de empresa. Em geral, existem três grupos principais: custo de fabricação, custo de pesquisa e desenvolvimento e custo das vendas.

No custo de fabricação, são coletados todos os gastos necessários à produção, tais como: materiais aplicados no produto, incluindo as despesas administrativas, telefone, aluguel, seguros etc. Avalia-se esse custo somando-se os gastos com:

- Matéria-prima;
- Mão de obra direta;
- Despesas de fabricação (mão de obra indireta e despesas gerais).

As despesas gerais de fabricação são as despesas administrativas necessárias à operação da fábrica, não ligadas diretamente à produção. O custeio dessas despesas denomina-se despesas do período, pois estão relacionadas mais com o tempo que com o volume de produção. As empresas pequenas incluem essas despesas, parte como despesas de fabricação e parte como despesas de vendas. Considera-se ainda o custo da produção refugada, ou seja, o custo do material, mão de obra e despesas diretas aplicadas nas peças inutilizadas ou refugadas. Dependendo do procedimento, esse custo pode ser considerado custo de fabricação ou despesas gerais ou ser tratado como um elemento à parte.

Podemos considerar então duas categorias de custo:

- Custos fixos que não variam com a quantidade de produção;
- Custos variáveis que variam com a quantidade produzida.

8.7 Condições de compra

8.7.1 Prazos

Prever as necessidades de uma empresa consiste em calcular o que virá a ser necessário durante determinado período, quer seja para assegurar o funcionamento da linha de produção ou das vendas. No caso das empresas que trabalham por programação, esses prazos foram gerados de um programa de produção, e este, resultante de uma previsão de vendas.

Mesmo não sendo de responsabilidade de compras a definição dos prazos necessários para que os materiais estejam na fábrica, é de sua competência o esforço máximo para consegui-lo.

8.7.2 Frete

Atualmente, o frete já representa uma parcela bastante significativa no preço do produto e merece ser analisado separadamente. As condições mais frequentes são para preços "FOB" ou "CIF", ou seja, o transporte do fornecedor até a fábrica não está incluso no preço, que é o FOB. Ou então no preço de venda está inclusa a entrega, que é o CIF. Atualmente, é importante avaliar a diferença existente entre as duas situações, a fim de concluir e fechar a melhor condição. Dentro da análise de frete é fundamental verificar a modalidade de transporte que o fornecedor está utilizando e saber se existem alternativas mais viáveis.

8.7.3 Embalagens

Outro fator preponderante no preço do produto comprado é o tipo de embalagem em que vem acondicionado; deve-se sempre lembrar e verificar se não existe um preço elevado por causa da contribuição do fator da embalagem. A embalagem com que o setor de compras deve preocupar-se é com a embalagem de transporte, que trará o produto comprado do fornecedor até a fábrica, dando a ele total proteção, sem excessos ou sofisticação. Pode-se ter a embalagem de transporte dividida em duas categorias:

- As embalagens retornáveis (os cestos metálicos, caixas e engradados de madeira reforçados, contentores de metal ou de plásticos), quando planejadas adequadamente, têm longa vida de uso; geralmente levam a marca do fornecedor e, no caso de um não retorno ou de avaria, o valor da embalagem é debitado ao cliente comprador;
- As não retornáveis geralmente são construídas de madeira, papelão ondulado, plástico ondulado, sacos multifolhados de papel, tambores de fibra etc. Normalmente essas embalagens já estão inclusas no preço do produto, e qualquer modificação desejada será acrescentada no preço final de venda.

8.7.4 Condições de pagamento e descontos

Um dos objetivos de uma boa compra é conseguir as melhores condições de pagamento. Atualmente, existe uma tendência de padronização, que dificulta a ação do comprador, exigindo maior habilidade na tentativa de obter maiores e melhores prazos. É bom lembrar que esse fator é realmente de bastante valia para a empresa; também é bom levar em consideração o custo financeiro e que todos os benefícios das condições obtidas podem ser perdidos, caso as entregas não sejam realizadas dentro dos prazos determinados.

Toda negociação de compra e venda de algum produto ou serviço baseia-se na negociação de preços e, logicamente, na de descontos. Sem considerarmos descontos de característica ilícita, os descontos podem ser obtidos através de negociação de quantidades, prazos de pagamento legítimos, justos ou lucrativos.

Os descontos de pagamentos à vista já estão integrados totalmente em qualquer negociação, por todos os fornecedores. O que se precisa levar em consideração é o diferencial em percentual do preço à vista e do preço faturado em um número determinado de dias. Podem ocorrer situações em que existem vantagens substanciais para o pagamento à vista, e do mesmo modo as vantagens também valem para o pagamento parcelado. Quando o oferecimento de desconto estiver simplesmente vinculado à alteração das condições de pagamento, como regra simples de análise, deve-se verificar se o percentual oferecido de desconto é maior que as taxas de juros, em aplicações no mercado financeiro para remuneração de capital.

Os descontos para quantidades são aqueles em que há redução de preços em função do aumento da quantidade comprada. Esses descontos normalmente são de difícil análise, porque está envolvido nesse caso todo o dimensionamento de estoque da empresa. Se o comprador aceitar um desconto em função do aumento das quantidades adquiridas, pode correr o grande risco de, de uma hora para outra, ver os estoques da empresa demasiadamente elevados.

O que ocorre na realidade é que os compradores já recebem as quantidades efetivas que devem ser adquiridas, e quando existe uma oportunidade de descontos substanciais ou até mesmo dilatações do prazo de pagamento, em função de um aumento da quantidade, o departamento solicitante é consultado da possibilidade de fechar negócio ou não. Como regra, deve-se sempre comparar o volume total de descontos com todos os custos de estocagem da empresa para após isso verificar se o negócio é compensador.

8.8 A negociação

8.8.1 Introdução

Negociação não é uma disputa em que uma das partes ganha e a outra tem prejuízo. Embora elementos de competição estejam obviamente ligados ao processo, ela é bem mais do que isso. Quando numa negociação ambas as partes saem ganhando, podemos afirmar que houve uma boa negociação. Saber negociar é uma das habilidades mais exigidas de um comprador.

Como um bom negociador não nasce feito, é preciso desenvolvê-lo, participando de seminários, cursos e lendo a bibliografia especializada. Como seria um perfil do negociador ideal? Na verdade, não existe um modelo único e infalível, mas um conjunto de habilidades e técnicas desejáveis, todas passíveis de desenvolvimento e igualmente importantes. Existem especialistas que consideram impossível um indivíduo possuir todas as características necessárias a um bom negociador e defendem a importância da negociação em equipe, em que as deficiências de um seriam compensadas pelas qualidades dos outros. Um fator muito importante é o assunto ou o objeto negociado, pois é de importância fundamental que o bom negociador domine as características do bem ou do contrato negociado.

Foto: Rawpixel Ltd | iStockphoto

Figura 8.10 *Conhecimento interpessoal.*

Fundamental também é ter conhecimento interpessoal dos negociadores, ou seja, identificar qual é o estilo de cada um, suas forças e fraquezas, suas necessidades e motivações. No processo de negociação, a habilidade técnica tem merecido mais atenção do que a interpessoal, embora elas tenham peso igual no sucesso da negociação. De nada adiantará seguir corretamente as etapas que compõem o processo de negociação se o negociador não tiver identificado o seu próprio estilo e o do outro, e não souber criar um clima de boa vontade e confiança mútua.

Basicamente, qualquer processo de negociação obedece a seis etapas que precisam ser cumpridas com igual cuidado para que o resultado final seja positivo. Dificuldades não superadas em qualquer delas podem comprometer os objetivos estabelecidos. São as seguintes:

1. **Preparação**: nesta fase se estabelecem os objetivos que devem ser alcançados de forma ideal e os que a realidade permitirá atingir. Para isso é importante que se reflita a respeito do comportamento presumível do outro negociador e do que ele estará pensando a seu respeito. É muito importante que sempre se espere resultado positivo e que se consiga transmitir essa expectativa.
2. **Abertura**: esta etapa serve para reduzir a tensão, consolidar o objetivo, destacar um objetivo mútuo e criar um clima de aceitação. Uma conversa descontraída, com observações sobre o próprio local e perguntas sobre o companheiro de negociação, ajuda a reduzir a tensão. Depois, deve-se esclarecer muito bem que se está ali para resolver um problema, satisfazer uma necessidade, permitindo que o outro se predisponha a responder às perguntas que fará. É preciso ainda destacar os benefícios que serão obtidos no trabalho conjunto.
3. **Exploração**: aqui é importante verificar se a necessidade detectada durante a etapa da preparação é verdadeira, e isso só pode ser obtido por meio de perguntas objetivas, mas jamais ameaçadoras. Esse processo estabelece uma reciprocidade psicológica, em que cada pessoa tende a tratar as demais da mesma forma como é tratada por elas. Se estivermos interessados e preocupados com o outro, são grandes as chances de que ele também se interesse quando apresentarmos nossos produtos, serviços e ideias.

   Esta fase é muito importante, pois, uma vez obtida a anuência do outro, antes de detalharmos nossos produtos, serviços ou ideias, teremos alcançado 50% da ação final. Se, ao contrário, não houver concordância nessa fase ou o que tivermos para oferecer não resolver o problema do outro, a negociação não deve prosseguir. Será melhor deixar a porta aberta para nova oportunidade.

4. **Apresentação**: nesta etapa, deve ser feito o relacionamento dos objetivos e expectativas iniciais com as necessidades da outra parte. Quanto mais fornecermos condições para que o outro faça a ligação entre proposição, sentimento e necessidade, mais proveitoso será.
5. **Clarificação**: precisamos considerar as objeções levantadas como oportunidades para fornecer mais informações. Isso sempre demonstra interesse, pois, se ele não existir, o outro nem sequer fará objeções. O processo de clarificação consiste em ouvir atentamente as objeções; aceitar não a objeção em si, mas o sentimento ou a lógica existente por detrás dela e mostrar ao outro que a entendemos.
6. **Ação final**: é a procura de um acordo ou decisão. Vale a pena lembrar que as pessoas compram um produto ou uma ideia com ajuda, e não com empurrão, mas isso não quer dizer que elas tomem a decisão sozinha. O negociador que faz isso geralmente fracassa.

8.8.2 Características

É claro que a negociação pode ser facilitada se houver confiança no relacionamento dos negociadores. Gerar confiança é muito importante no processo, e existem alguns atos que devem ser evitados. O negociador não deve jamais selecionar comportamentos "dentro do figurino" porque são corretos, enfatizar relações profissionais (empresa × cliente, patrão × empregado), tratar o outro como cliente, empregado ou colega ou como pessoa que necessita de ajuda, preocupar-se em mudar, curar ou melhorar o indivíduo deficiente, concentrar-se em abstrações, generalidades ou princípios, concentrar-se em julgamentos morais e avaliação, concentrar-se nas limitações da outra pessoa, preocupar-se com punições e prêmios, empregar terminologia de medo, risco, precaução e conservação, concentrar-se em palavras, semântica e modo de falar.

A capacidade de considerar as necessidades alheias é tão importante quanto considerar as nossas; é fundamental na negociação levar isso em consideração, pois é ela que fará com que a outra parte se predisponha a dialogar conosco. É necessário também usar os quatro elementos fundamentais da confiança: credibilidade, coerência, aceitação e sinceridade.

Os cuidados e as estratégicas básicas para o êxito de uma negociação são os seguintes:

1. Comece sempre a negociação fornecendo e solicitando informações, fatos; deixe para depois os tópicos que envolvam opiniões, julgamentos e valores.

2. Procure vestir a "pele" do outro negociador, isso o ajudará a compreender melhor a argumentação e as ideias dele.
3. Nunca esqueça que um bom negócio só é bom quando o é para ambas as partes; logo, também as ideias só serão aceitas se forem boas para ambas as partes.
4. Procure sempre fazer perguntas que demandam respostas além do simples "sim" ou "não".
5. A dimensão confiança é importantíssima no processo de negociação; procure ter atitudes geradoras de confiança em relação ao outro negociador.
6. Evite fazer colocações definitivas ou radicais.
7. Nunca encurrale ou pressione o outro negociador. Sempre deixe uma saída honrosa; não obstrua todas.
8. Toda pessoa tem seu estilo de negociação e determinado tipo de necessidade e motivação; ao negociar, lembre-se dessas diferenças.
9. Saiba ouvir e procure não atropelar verbalmente o outro negociador.
10. Procure sempre olhar os aspectos positivos do outro negociador; observe suas forças, evite concentrar-se em suas características negativas de comportamento, em suas fraquezas, porque ele pode perceber.

8.8.3 Relacionamento com fornecedores

Um dos instrumentos mais eficazes no relacionamento do comprador e seus fornecedores é a confiança mútua. Quanto mais aberta e clara a negociação, maiores são as chances de boa compra. As informações de ambas as partes devem circular abertamente a fim de evitar que distorções eventualmente detectadas sejam corrigidas por meio de um diálogo construtivo. Da mesma forma que o comprador quer estar seguro de receber seus produtos pelo melhor preço e da melhor qualidade no prazo determinado, o fornecedor quer ter garantia de clientes fiéis e satisfeitos.

Retribuição justa pelo trabalho, otimização da produção e dos custos, pesquisa de novas alternativas, seriedade no relacionamento, competitividade, contratos corretos etc., quando tratados conjuntamente, só podem resultar em benefícios recíprocos. Existe sempre em qualquer empresa um potencial de economia, e o objetivo do departamento de compras deve ser reduzir os custos, garantindo a qualidade dos produtos.

Todos os fornecedores, independentemente do seu porte, devem ser considerados a fonte mais próxima de economias, pois é bem mais fácil criar condições para obter custos inferiores no abastecimento do que inventar substituições de materiais ou eliminar componentes, o que empobreceria o produto final.

Em médio prazo, pode-se ter melhor utilização do universo atual de fornecedores ou uma adaptação da sua participação no abastecimento em função dos preços. Se possuirmos dois fornecedores para uma mesma peça com preços diferentes, sendo o que cobra mais responsável por 70% do total de fornecimento e o que cobra menos, por 30%, a simples inversão desse percentual resultará numa economia importante. Selecionar poucos fornecedores para um mesmo item vai permitir que, produzindo em escalas maiores, eles tenham redução de custos e apresentem preços mais interessantes. Não adianta ter, por exemplo, 15 fornecedores de uma peça, pois cada um deles vai fazer uma quantidade mínima e os custos serão altos. O melhor é ter três ou quatro que garantam concorrência e produzam num volume tal que resulte na redução de preços.

O fornecedor, quando toma conhecimento dos resultados da sua avaliação, sente-se protegido; só os maus fornecedores não gostam de ser analisados. A identificação de problemas com um fornecedor não significa que ele será dispensado.

Uma medida bastante razoável é que a empresa tenha pelo menos dois fornecedores para cada peça e que nenhum deles seja responsável por mais de 60% do total de fornecimento, para evitar colapsos quando algum tiver um problema qualquer de fabricação. É claro que isso é muito teórico e acadêmico, e depende do produto, do fornecedor e do mercado. Quando um comprador escolhe uma fonte de fornecimento, ele o faz a partir de uma série de análises e conclusões que devem continuar existindo, e isso deve ser verificado regularmente.

A garantia de uma programação para determinado período de fornecimento é um dos elementos-chave do sucesso desse relacionamento. Se a empresa garante um volume sistemático de compra, o fornecedor poderá, a partir dessa segurança, fazer opções de investimento com maior tranquilidade, comprando equipamentos que reduzirão seus custos ou modificando seu processo. O risco empresarial do fornecedor estará diretamente ligado ao da empresa-cliente, e as vantagens recíprocas serão imensas.

? QUESTÕES

1. Como uma boa atuação do departamento de compras pode contribuir para melhorar a rentabilidade da empresa?
2. A função compra está diretamente vinculada ao objetivo da empresa. Justifique e exemplifique esta afirmativa.
3. Qual a atuação do departamento de compras em uma empresa? Cite cinco dos principais fatores.

4. Faça um exemplo de como seria dividido o departamento de compras, baseando-se numa empresa industrial que consome matérias-primas de quatro grupos distintos de produtos.
5. Como seria um critério de divisão ou grupo de mercadorias por comprador? Analise os critérios de características físicas e uso de fontes de suprimentos.
6. Faça a descrição de função de um comprador.
7. Como se inicia um processo de compras?
8. Quando deve ser utilizada a solicitação de compras?
9. O que fazer quando as condições do pedido de compra não são atendidas pelo fornecedor?
10. Que providências devemos tomar em relação a atrasos de entrega pelo fornecedor?
11. Por que é emitido um pedido de compra?
12. Quando o departamento de compras atinge seu objetivo na qualidade?
13. Por que o controle e a avaliação do recebimento de materiais são importantes?
14. Como pode ser realizada uma avaliação da qualidade do fornecedor?
15. Quando a técnica de negociação é proveitosa?
16. Para iniciar uma negociação, qual a primeira providência que o comprador deve tomar?
17. Cite duas condições básicas que uma empresa deve analisar antes da decisão pela fabricação de uma peça.
18. Quais são as vantagens de distribuir um pedido de compra entre vários fornecedores? É possível conseguir preços competitivos de somente um fornecedor?
19. Discuta as vantagens e as desvantagens da compra centralizada e da descentralizada. Exemplifique com alguns tipos de empresa que poderiam ter um ou outro sistema.

LEITURAS E PESQUISAS

CAXITO, Fabiano (coord.). *Logística*: um enfoque prático. São Paulo: Saraiva, 2011. Capítulo 8, p. 175.

Centro Universitário Católico Salesiano Auxilium – Curso de Administração – <www.unisalesiano.edu.br/salaEstudo/materiais/pd5128/material1.doc>.

Conselho Brasileiro dos Executivos de Compras – <www.cbec.org.br>.

Fundasul – Análise dos mercados empresariais e do comportamento de compra organizacional – <http://www.fundasul.br/download.php?id=358>.

Universidade Presbiteriana Mackenzie – aula sobre Logística Empresarial – <http://meusite.mackenzie.com.br/leitepr/AULA%20-%20GER.%20DE%20COMPRAS%20.ppt>.

BIBLIOGRAFIA

BACKER, Morton; JACOBSEN, Lyle. *Contabilidade de custos.* New York: McGraw-Hill, 1974.

BAILY, Peter; FARMER, David. *Compras*: princípios e técnicas. São Paulo: Saraiva, 1979.

BALEEIRO, Aliomar. *Direito tributário brasileiro* 13. ed. São Paulo: Saraiva, 2015.

CARVALHO, Contreiras de. *Doutrina e aplicação do direito tributário.* Código Tributário Nacional. Rio de Janeiro: Freitas Bastos, 1973.

COMBS, P. H. *Handbook of international purchasing.* Boston: Cahiers Books, 1971.

ENGLAND, Wilbur B. *O método de compras.* São Paulo: Brasiliense, 1973.

HEINRITZ, Stuart F.; FARREL, Paul V. *Compras*: princípios e aplicações. São Paulo: Atlas, 1979.

MANUAL *do Serviço de Materiais da Petrobras.* Editora Petrobras, 2010.

MARTINS, Petrônio Garcia; ALT, Paulo Renato Campos. *Administração de materiais e recursos patrimoniais.* 3. ed. São Paulo: Saraiva, 2009.

MERGULHÃO, Mário Lopes. *Formação e atualização de compradores.* São Paulo: FIESP, Departamento de Produtividade, 2006.

NOTAS de aula do curso de especialização em Administração de Materiais da FMU, no módulo Administração de Compras.

9 Glossário – Termos Usuais para Profissionais de Logística

O profissional de logística encontra nos manuais, em catálogos e em revistas especializadas alguns termos que são usados habitualmente em seu dia a dia. Vários são originários do inglês, e muitas vezes não existe uma tradução literal de seu significado. Vamos apresentar o significado mais aproximado do português e seus correspondentes em inglês quando for o caso, e vice-versa.

Esta amostra é um condensado dos termos mais usados. Existem atualmente para consulta vários dicionários de logística que são mais abrangentes e específicos para cada área de atuação.

A definição e o conhecimento desses termos é muito importante para os profissionais que atuam nos mais diversos setores da logística.

5S – Programa de gerenciamento participativo que objetiva criar condições de trabalho adequadas a todas as pessoas em todos os níveis hierárquicos da organização. A sigla 5S deriva das iniciais de cinco palavras japonesas: SEIRI, senso de classificação; SEITON, senso de ordenação/organização; SEISO, senso de limpeza; SEIKETSU, senso de padronização; e SHITSUKE, senso de disciplina.

ABC – *Activity Based Costing* ou Custeio Baseado em Atividades. Método contábil que permite que a empresa adquira um melhor entendimento sobre como e onde realiza seus lucros.

***ABC Classification* ou Classificação ABC –** Utilização da Curva de Pareto para classificar produtos em três categorias, usando critérios de demanda e valor. Itens do grupo A – Pouca quantidade, mas representam grande valor. Itens do grupo B – Quantidade e valores intermediários. Itens do grupo C – Muita quantidade, mas representam pouco valor.

Acuracidade – Grau de ausência de erro ou grau de conformidade com o padrão.

Acuracidade do Inventário (como Indicador de Eficácia) – É a quantidade de itens com saldo correto, dividida pela quantidade de itens verificados, vezes 100.

***Ad Valorem* –** Taxa de seguro cobrada sobre certas tarifas de frete ou alfandegárias proporcionais ao valor total dos produtos da operação (nota fiscal da carga).

***Alternate Feedstock* –** Estoque de abastecimento alternativo.

Análise Estatística – Serve de subsídio gerencial para analisar a frequência e a intensidade de qualquer item durante determinado período estabelecido.

APS – *Advanced Planning Scheduling* ou Planejamento da Demanda do Suprimento, programação, execução avançada e otimização.

Área de Expedição – É a área demarcada nos armazéns, próxima das rampas/plataformas de carregamento, na qual os materiais que serão embarcados/carregados são pré-separados e conferidos, a fim de agilizar a operação de carregamento.

Área de Quebra – É a área demarcada nos armazéns, geralmente próxima da entrada, na qual as embalagens, os produtos e os materiais recebidos são desembalados, separados, classificados e até reembalados de acordo com o sistema ou interesse de armazenamento do armazém/empresa.

Armazém ou *Warehouse* – Lugar coberto, onde os materiais/produtos são recebidos, classificados, estocados e expedidos.

Armazenagem – É a parte da logística responsável pela guarda temporária de produtos em geral (acabados, matérias-primas, insumos, componentes etc.). Pode ter uma variação de tipo de local físico, conforme característica e necessidade do produto, por exemplo, local coberto, local descoberto, local com temperatura controlada etc. Pode ter variação de tipo de estocagem, conforme característica e necessidade do produto, por exemplo, prateleira, gaveta, cantiléver, baia etc.

***Assemble to Order* –** Só é fabricado por encomenda.

Atendimento de Pedidos (como Indicador de Eficácia) – É a quantidade de pedidos atendidos prontamente, dividida pelo total de pedidos recebidos, vezes 100.

***Backflushing* ou Baixa por Explosão –** Baixa no estoque do grupo de peças e componentes utilizados na montagem ou fabricação de determinado equipamento ou produto.

***Backlog* –** Pedido pendente.

***Back Order* –** Pedido em atraso.

***Back Scheduling* –** Programação retrocedente.

***Back to Back* –** Consolidação de uma única expedição em um MAWB (*Master Air Waybill* – Conhecimento Principal de Transporte Aéreo), abrangendo um HAWB (*House Air Waybill* – Guia de Transporte Aéreo emitido por um expedidor).

Baia – Denominação utilizada nas indústrias para áreas via de regra abertas, destinadas ao armazenamento de insumos, geralmente a granel. São numeradas para localização, identificação e controle.

Bar Code – Código de barras.

***Benchmarking* ou Marcos Referenciais –** Processo sistemático usado para estabelecer metas para melhorias no processo, nas funções, nos produtos etc., comparando uma empresa com outras. As medidas de *benchmark* derivam, em geral, de outras empresas que apresentam o desempenho "melhor da classe", não sendo necessariamente concorrentes. A empresa tem que adaptar o modelo de acordo com o seu dia a dia (características próprias).

***Bigbag* –** Expressão popular utilizada para chamar os contentores ou contenedores flexíveis, geralmente feitos de sacos de polietileno.

Bitrem, Reboque ou VCC (Veículo Combinado de Cargas) – É o conjunto monolítico formado pela carroceria com o conjunto de dois eixos e pelo menos quatro rodas. É engatado na carroceria do caminhão para o transporte, formando um conjunto de duas carrocerias puxadas por um só caminhão. É muito utilizado no transporte de cana-de-açúcar.

B/L – *Bill of Lading* ou Conhecimento de Embarque.

Blocagem ou *Block Stacking* – Empilhamento simples sem uso de porta-paletes, no qual os paletes são empilhados diretamente no chão.

***Block Scheduling* –** Programação por Blocos.

***Block Stacking* –** Empilhamento dos paletes diretamente no chão.

***Bluetooth* –** Comunicação sem fio entre aparelhos.

***Boards* –** Primeiro nível da escala administrativa, tem a missão de proteger e valorizar o patrimônio, bem como maximizar o retorno do investimento.

Bombordo – Lado esquerdo do navio.

***Bonded Warehousing* –** Armazém alfandegado, no qual as mercadorias importadas ficam guardadas até que haja o desembaraço destas.

BPF – Boas Práticas de Fabricação.

***Brainstorming* (Tempestade de Ideias) –** Técnica de reunião em que os participantes expõem livremente suas ideias, sem censura, em busca de uma solução criativa para determinado assunto ou problema, uma campanha publicitária etc., com alguém estimulando a todos e anotando tudo falado.

***Break-even Point* –** É o ponto de equilíbrio ou nível de produção ou nível de volume de vendas a partir do qual o empreendimento ou negócio se torna rentável. Qualquer valor abaixo do ponto de equilíbrio significa prejuízo.

BSC – *Balanced ScoreCard* ou Indicadores de Desempenho Organizacional.

BTB ou B2B – *Business-to-Business* ou comércio eletrônico entre empresas.

BTC ou B2C – *Business-to-Consumer* ou comércio eletrônico de empresas para o consumidor.

***Budgets* –** Orçamento.

***Business Intelligence* –** Conjunto de *softwares* que ajudam em decisões estratégicas.

Cálculo de Necessidades – É o método de programação da produção, baseado na demanda derivada, ou seja, todas as peças, componentes, materiais e suprimentos que vão no produto ou serviço final.

Caminhões na Prateleira – Expressão utilizada no transporte rodoviário, para indicar a ociosidade na utilização de caminhões, ficando parados à disposição de uma eventual utilização.

Capatazia – É o serviço utilizado geralmente em portos e estações/terminais ferroviários, em que profissionais autônomos, ligados a sindicatos ou empresas particulares, executam o trabalho de carregamento/descarregamento, movimentação e armazenagem de cargas.

Carreta Baú – É uma carreta fechada.

Carreta Isotérmica – É uma carreta fechada, com isolamento térmico em suas paredes, que conserva a temperatura da carga.

Carreteiro – É o motorista que conduz o seu próprio veículo (caminhão) no caso do transporte rodoviário.

***Cascading Yield Loss* ou Acúmulo de Perdas de Rendimento –** É quando ocorre perda de rendimento em muitas operações e/ou tarefas.

Cavalo Mecânico – É o conjunto monolítico formado por cabine, motor e rodas de tração do caminhão. Pode ser engatado em vários tipos de carretas e semirreboques para o transporte.

Cegonha – Caminhão projetado e produzido para o transporte de carros, geralmente, de fábricas para concessionárias.

CEO – *Chief Executive Operation* ou *Officer*.

CEP – Controle Estatístico do Processo. Metodologia usada para o controle de dados de forma estatística para o aprimoramento contínuo da qualidade.

CFR – *Cost and Freight* ou Custo e Frete. Significa que o vendedor entrega as mercadorias quando elas transpõem a amurada do navio no porto de embarque e arca com os custos do frete relativo ao transporte até o porto de destino, mas fica a cargo do comprador o risco de perda ou dano às mercadorias após o momento da entrega pelo vendedor. Este termo pode ser usado apenas para transporte marítimo ou hidroviário interior.

***Chamber of Commerce* –** Câmara de Comércio, associação de importadores e exportadores com o objetivo principal de desenvolver o comércio entre si.

Chapa – É a denominação dada ao profissional autônomo que é contratado pelo motorista de caminhão para fazer o carregamento ou descarregamento da carga, na origem ou destino.

CIF – *Cost, Insurance and Freight* ou Custo, Seguro e Frete. Neste caso, o material cotado já tem tudo embutido no preço, ou seja, é posto no destino.

CIM – *Computer Integrated Manufacturing* ou Manufatura Integrada com Computadores.

CIP – *Carriage and Insurance Paid To* ou Transporte e Seguro Pagos Até. Significa que o vendedor entrega as mercadorias ao transportador designado por ele, mas o vendedor deve também pagar o custo de transporte necessário para levar as mercadorias até o destino nomeado, além de contratar seguro de transporte até esse ponto. Este termo pode ser usado sem restrição do modo de transporte, incluindo o transporte multimodal.

***Coach* –** Facilitador, instrutor; entidade (pessoa, equipe, departamento, empresa etc.) que atue como agregador das capacidades de cada elemento da cadeia (equipe, departamento, empresa etc.).

Cobertura Média ou CM – É a indicação de quantas vezes o estoque se renovou durante o período (n). CM = 12/Cr, ou seja, os 12 meses do ano divididos pelo coeficiente de rotação.

***Code Stitching* –** Tecnologia que permite decifrar e reconstruir os códigos de barras danificados ou truncados.

Coeficiente de Rotação – É a relação entre as retiradas de um estoque e o seu próprio estoque médio. Cr = saídas/estoque médio.

Compra Especulativa – É quando a compra pode se feita mesmo não havendo necessidade da aquisição, baseada em fatores como contratos, previsões de aumento de preços, incertezas da disponibilidade do material em um futuro próximo e políticas estratégicas.

Conhecimento de Transporte – Documento emitido pela transportadora, baseado nos dados da nota fiscal, que informa o valor do frete e acompanha a carga. O destinatário assina o recebimento em uma das vias.

Consignação – Prática utilizada no comércio, na qual o comerciante coloca à disposição no ponto de venda para pronta entrega produtos de fabricantes/terceiros, sem que faça a aquisição destes. Só se serão adquiridos se tiverem sido vendidos.

Consolidação de Cargas – Consiste em criar grandes carregamentos a partir de vários outros pequenos. Resulta em economia de escala no custo dos fretes. É preciso um bom gerenciamento para utilizar este método, pois é necessário analisar quais cargas podem esperar um pouco mais e serem consolidadas. Se ess método for mal executado, compromete a qualidade do serviço de transportes, pois gerará atrasos.

Consolidação de Exportação – Um agrupamento de empresas com o objetivo de juntar sinergias e aumentar a sua competitividade, reduzindo os riscos e os custos de internacionalização.

Contêiner – Equipamento de metal no formato de uma grande caixa, que serve para o transporte de diversos materiais, fazendo uma unitização de cargas, que, ao estarem acondicionados no seu interior, não sofrem danos durante o percurso nem em caso de transbordo para outros modais. São reutilizáveis e possuem quatro tamanhos principais de 30, 25, 20 e 10 toneladas.

Continuous Improvement **(Melhoria Contínua)** – Componente essencial no *Just-in-Time* e na Qualidade Total que reflete uma determinação inabalável para eliminar as causas dos problemas. É o oposto da mentalidade de "apagar incêndios".

Contract Logistic – Logística contratada. Operação delegada ao operador logístico.

Core Business – Relativo ao próprio negócio ou especialidade no negócio que faz.

Cost Drivers – Fatores direcionadores de custos.

Cota – Quantidade especificada e limitada para produção, aquisição, importação ou exportação. Os fatores para limitação são os mais variados.

CRM – *Customer Relationship Management* ou Gerenciamento do Relacionamento com o Cliente ou *Marketing One to One.*

Cronograma – É o estabelecimento sequencial das tarefas e trabalhos a serem executados, de acordo com datas estipuladas para cada um deles.

Cross Docking – É uma operação de rápida movimentação de produtos acabados para expedição, entre fornecedores e clientes. O produto chegou, portanto já deve sair (transbordo sem estocagem).

CRP – *Continuous Replenishment Process* ou Programa de Reabastecimento Contínuo.

CTD – *Combined Transport Document* ou Documento de Transporte Combinado.

Cubagem ou *Cubage* – Volume cúbico disponível para estocar ou transportar. Calcula-se o metro cúbico multiplicando-se o comprimento pela largura e pela altura.

Curva ABC – Demonstração gráfica com eixos de valores e quantidades, que considera os materiais divididos em três grandes grupos, de acordo com seus valores de preço/custo e quantidades, em que materiais da classe A representam a minoria da quantidade total e a maioria do valor total; da classe C, a maioria da quantidade total e a minoria do valor total; e da classe B, valores e quantidades intermediários.

Custo de Falta ou *Stockout Cost* – É o custo considerado pela falta de um item em estoque quando se recebe um pedido. Este custo pode ser variado, dependendo do fato de se perder um pedido total ou parcial, ou de se repor um item do estoque de forma urgente, ou de se alterar toda a programação de produção para fabricá-lo.

Custo de Obsolescência ou *Obsolescence Cost* – É o custo de se manter em estoque itens obsoletos ou sucateados. Geralmente, os itens obsoletos são componentes de equipamentos ou máquinas fora de linha de fabricação.

Custo de Oportunidade ou *Opportunity Cost* – É a taxa de retorno do capital investido que uma empresa ou pessoa espera ter, referente a um investimento diferente dos habituais ou normais que realiza.

Custo do Capital em Estoque (Materiais em Processo) – É o valor médio do estoque em processo vezes o custo do capital, dividido pela receita operacional líquida, vezes 100%.

Custo do Capital em Estoque (Matérias-primas) – É o valor médio do estoque de matérias-primas vezes o custo do capital, dividido pela receita operacional líquida, vezes 100%.

Custo do Capital em Estoque (Produtos Acabados) – É o valor médio do estoque de produtos acabados vezes o custo do capital, dividido pela receita operacional líquida, vezes 100%.

Custo do Pedido ou *Order Cost* – É o custo considerado somando basicamente as operações de fazer a solicitação de compra, acompanhar o atendimento do pedido, realizar o recebimento, inspecionar a chegada e a movimentação interna e efetuar o pagamento.

Custo Logístico – É a somatória do custo do transporte, do custo de armazenagem e do custo de manutenção de estoque.

***Data Warehouse* –** Armazenamento de dados.

***Deadline* –** Prazo-limite ou data final de entrega.

DDP ou *Door to Door* – *Delivered Duty Paid* ou Entregue com Taxas Pagas.

DDU – *Delivered Duty Unpaid* ou Entregue sem Taxas Pagas.

Defensa ou *Guard Rails* – Dispositivo que tem como objetivo a contenção de veículos que saem da pista. Podem ser metálicas ou de concreto.

Demanda – Busca ou procura de um produto ou serviço no mercado.

***Demand Chain Management* –** Gerenciamento da Cadeia de Demanda.

***Demurrage* ou Sobre-estadia –** Multa determinada em contrato a ser paga pelo contratante de um navio quando este demora mais do que o acordado nos portos de embarque ou de descarga.

DFM – *Design for Manufacturing* ou Projeto para Manufatura.

Diagrama de Fluxo – Representação gráfica das variações ou fluxo de materiais.

Distribuição – É a parte da logística responsável pelo transporte de cargas de forma pulverizada, para cada cliente ou ponto de venda.

Docas ou *Docks* – É o local intermediário onde as mercadorias ficam entre a expedição e os transportes (vários modais), a fim de facilitar e agilizar a operação de carregamento e descarregamento.

Downsizing – Redução dos níveis hierárquicos em uma organização com o objetivo de aproximar os níveis operacionais da alta direção.

DRP – *Distribution Resource Planning* ou Planejamento dos Recursos de Distribuição.

DSE – Declaração Simplificada de Exportação.

Dumping – É quando há subsídios e produtos a um custo menor do que o real de fabricação.

EADI – Estação Aduaneira Interior.

EAI – *Enterprise Application Integration*, que faz a integração de sistemas internos.

EAV – Engenharia e Análise do Valor.

ECR – *Efficient Consumer Response* ou Resposta Eficiente ao Consumidor.

EDI – *Electronic Data Interchange* ou Intercâmbio Eletrônico de Dados.

ELQ – *Economic Logistic Quantity* ou Quantidade Logística Econômica. É a quantidade que minimiza o custo logístico.

Embalagem ou *Package* – Envoltório apropriado, aplicado diretamente ao produto para sua proteção e preservação até o consumo/utilização final.

Empilhadeira ou *Fork Lift Truck* – Equipamento utilizado com a finalidade de empilhar e mover cargas em diversos ambientes.

Empowerment – Dar poder ao grupo/equipe ou estabelecimento de autonomia e responsabilidade às pessoas na tomada de decisões e ações.

Ending Inventory – Inventário Final.

EOQ – *Economic Order Quantity* ou Lote Econômico.

EPI – Equipamento de Proteção Individual.

ERP – *Enterprise Resource Planning* ou Planejamento dos Recursos do Negócio.

Estoque – É a parte da logística responsável pela guarda de produtos e uma das atividades de armazenagem. Geralmente, este termo é utilizado para produtos acabados. Pode ter uma variação de tipo de local físico, conforme característica e necessidade do produto, por exemplo, local coberto, local descoberto, local com temperatura controlada etc. Pode ter variação de tipo de estocagem, conforme característica e necessidade do produto, por exemplo, prateleira, gaveta, cantiléver, baia etc.

Estoque de Proteção ou *Hedge Inventory* – É feito quando excepcionalmente está previsto um acontecimento que pode colocar em risco o abastecimento normal de estoque e gerar uma quebra na produção e/ou nas vendas. Exemplos de acontecimentos que demandam um estoque de proteção: greves, problemas de novas legislações, período de negociação de nova tabela de preços etc.

Estoque de Segurança ou *Safety Stock* – Quantidade mantida em estoque para ocasiões em que a demanda é maior do que a esperada, quando a oferta para a reposição de estoque ou de matéria-prima para fabricação do produto é menor, quando o tempo de ressuprimento é maior que o esperado e/ou quando houver erros de controle de estoque que levam o sistema de controle a indicar mais material do que a existência efetiva.

Estoque em Trânsito – Refere-se ao tempo no qual as mercadorias permanecem nos veículos de transporte durante sua entrega.

Estoque Inativo – Refere-se a itens que estão obsoletos ou que não tiveram saída nos últimos tempos. Este tempo pode variar, conforme determinação do próprio administrador do estoque.

Estoque Máximo – Refere-se à quantidade determinada previamente para que ocorra o acionamento da parada de novos pedidos, por motivos de espaço ou financeiro.

Estoque Médio – Refere-se à quantidade determinada previamente que considera a metade do lote normal mais o estoque de segurança.

Estoque Mínimo – Refere-se à quantidade determinada previamente para que ocorra o acionamento da solicitação do pedido de compra. Às vezes, é confundido com o estoque de segurança. Também denominado ponto de ressuprimento.

Estoque Pulmão – Refere-se à quantidade determinada previamente que ainda não foi processada. Pode ser de matéria-prima ou de produtos semiacabados.

Estoque Regulador – É normalmente utilizado em empresas com várias unidades/filiais, em que uma das unidades tem um estoque maior para suprir possíveis faltas em outras unidades.

Estoque Sazonal – Refere-se à quantidade determinada previamente para se antecipar a uma demanda maior que é prevista de ocorrer no futuro, fazendo com que a produção ou o consumo não sejam prejudicados.

E-Procurement – Processo de cotação de preços, compra e venda *on-line*.

EVA – *Economic Value Added* ou Valor Econômico Agregado.

FEFO – *First-Expire, First-Out* ou Primeiro que Vence é o Primeiro que Sai. Serve para gerenciar a arrumação e a expedição das mercadorias do estoque de acordo com o prazo de validade.

FIFO – *First-In, First-Out* ou Primeiro que Entra é o Primeiro que Sai (PEPS).

FIO – *Free In and Out* ou isento de taxas no embarque e no desembarque. As despesas de embarque são do exportador e as de desembarque do importador. Nada de responsabilidade do armador.

Food Town – Local que reúne vários fornecedores de um mesmo cliente em comum.

Forecasting – Previsões de tempo.

Forjar – Termo utilizado em produção que significa aquecer uma peça de metal através do calor de maçarico ou brasa até ficar avermelhada, e depois utilizar uma marreta e bigorna como instrumentos para dar a forma desejada.

Fulfillment – Atender no tempo e no prazo. É o conjunto de operações e atividades desde o recebimento de um pedido até sua entrega.

Gargalo ou *Bottleneck* – Instalação, função, departamento ou recurso que impede a produção, pois sua capacidade é inferior ou idêntica à demanda.

GED – Gerenciamento Eletrônico de Documentos.

Giro de Estoque – Demanda anual dividida pelo estoque médio mensal.

Giro de Inventário – Receita operacional líquida dividida pelo saldo médio do inventário (vezes).

GPS – *Global Positioning System* ou Sistema de Posicionamento Global. Foi desenvolvido pelas Forças Armadas norte-americanas e é composto por um conjunto de 24 satélites que percorrem a órbita da Terra a cada 12 horas. Esse sistema permite que através de dispositivos eletrônicos, chamados *GPS Receivers* (Receptores GPS), possam ser convertidos os sinais de satélites em posicionamentos, permitindo assim a localização geográfica de qualquer objeto no globo terrestre com uma precisão em torno de 10 metros.

Gráfico de Barras ou de *Gantt* – É um gráfico com todas as atividades sequenciais de uma operação/projeto/produção, no qual para cada operação há uma barra com o tamanho de sua duração. Foi desenvolvido por H. L. Gantt em 1917.

Gross Weight – Peso bruto da carga. Inclui a carga mais a embalagem (ou invólucro).

GSM – *Global System for Mobile communications* ou Sistema Global para Comunicações Móveis.

Handling Charge – Despesas de manuseio ou movimentação de carga.

Housekeeping – Técnica para iniciar e manter os processos de qualidade e produtividade total em uma empresa.

IBC – *Intermediate Bulk Container* ou Contenedor Intermediário para Granel.

ICO – *Inventory Chain Optimization* ou Otimização da Cadeia dos Estoques.

Inbound **–** Dos fornecedores para as fábricas.

Incoterms **–** Sigla que identifica os 13 termos que padronizam a linguagem usada no mercado de exportação e importação. Foram instituídos pela Câmara de Comércio Internacional.

Índice de Flexibilidade – Representa a relação entre a média do lote de produção e a média do lote de entrega.

Insurance **–** Seguro. Contrato ou o risco assumido pelo segurador mediante o pagamento de um prêmio pelo segurado.

ISO – *International Standards Organization*. Esta organização estabeleceu normas e padrões técnicos seguidos internacionalmente.

Joint Venture **–** Associação de empresas, não definitiva, para explorar determinado negócio, sem que nenhuma delas perca sua personalidade jurídica.

Just-in-Time **ou JIT –** É atender ao cliente interno ou externo no momento exato de sua necessidade, com as quantidades necessárias para a operação/produção, evitando a manutenção de maiores estoques.

Kaizen **–** Palavra japonesa que significa processo de melhorias contínuas, com bom senso e baixos investimentos.

Kanban **–** Técnica japonesa com cartões, que proporciona redução de estoque, otimização do fluxo de produção, diminuição das perdas e aumento da flexibilidade.

KLT – *Klein Lagerung und Transport* ou Acondicionamento e Transporte de Pequenos Componentes.

Lading **ou** ***Loading*** **–** Carregamento de cargas ou embarque de cargas.

Landing **–** Desembarque de cargas ou pessoas.

Lead Time **–** Tempo compreendido entre a primeira e a última atividade de um processo.

Lean Manufacturing **–** Produção Enxuta ou manufatura enxuta.

Leilão Reverso ***On-line*** **–** Consiste em combinar com os fornecedores um horário em determinado endereço na Internet para que eles façam lances a fim de fornecer produtos previamente informados pelo requisitante. Quem tiver as melhores condições comerciais ganhará o pedido.

Leitura Omnidirecional – Tecnologia que possibilita a leitura do código de barras em qualquer posição, mesmo os de difícil leitura.

LLP – *Leading Logistics Provider* ou Principal Fornecedor de Serviços Logísticos.

Localização – Palavra utilizada em administração de materiais, que significa o local exato em que o material está estocado. É composto normalmente por código alfanumérico, que indica a sigla do depósito/galpão, corredor, coluna da estante e número da prateleira.

Localização Logística – É a forma de identificar geograficamente armazéns, depósitos, filiais, veículos, clientes etc. As formas mais comuns são por coordenadas de latitude-longitude, códigos postais (CEP, no Brasil) e coordenadas lineares simples ou malha, que nada mais são do que colocar um papel vegetal quadriculado sobreposto a um mapa, com numeração das linhas horizontais e verticais.

Logística – **(1)** É o sistema de administrar qualquer tipo de negócio de forma integrada e estratégica, planejando e coordenando todas as atividades, otimizando todos os recursos disponíveis, visando ao ganho global no processo no sentido operacional e financeiro. **(2)** É o processo de planejar, implementar e controlar eficientemente, ao custo correto, o fluxo e a armazenagem de matérias-primas e estoque desde a produção até o produto concluído, e as informações relativas a essas atividades, desde o ponto de origem até o ponto de consumo, visando atender aos requisitos do cliente (definição do *Council of Logistics Management*). **(3)** Entre os gregos, arte de calcular ou aritmética aplicada. Parte da arte militar relativa ao transporte e suprimento das tropas em operações. Lógica simbólica, cujos princípios são os da lógica formal, e que emprega métodos e símbolos algébricos (definições do *Dicionário Contemporâneo da Língua Portuguesa Caldas Aulete*). **(4)** Do francês *Logistique*. Parte da arte da guerra que trata do planejamento e da realização de projeto e desenvolvimento, obtenção, armazenamento, transporte, distribuição, reparação, manutenção e evacuação de material (para fins operativos e administrativos); recrutamento, incorporação, instrução e adestramento, designação, transporte, bem-estar, evacuação, hospitalização e desligamento de pessoal; aquisição ou construção, reparação, manutenção e operação de instalações e acessórios destinados a ajudar o desempenho de qualquer função militar; contrato ou prestação de serviços. **(5)** Transporte; armazenamento e abastecimento de tropas; organização de qualquer projeto; operação (definições do *American English Dictionary Collins Gem Webster's*).

Logística Empresarial – Trata-se de todas as atividades de movimentação e armazenagem que facilitam o fluxo de produtos desde o ponto de aquisição da matéria-prima até o ponto de consumo final, assim como dos fluxos de informação que colocam os produtos em movimento, com o propósito de providenciar níveis de serviço adequados aos clientes a um custo razoável (definição de Ronald H. Ballou em seu livro *Logística empresarial*).

Logística Reversa ou Inversa – No mercado, é considerada o caminho que a embalagem percorre depois da entrega dos materiais, para a reciclagem desta. Muitos profissionais também utilizam esta expressão para considerar o caminho inverso feito para a entrega, voltando para a origem, só que agora somente com as embalagens. Neste caso, trata-se de embalagens reutilizáveis ou retornáveis, que são mais caras e específicas/próprias para acondicionar determinados materiais. Ocorre muito no setor automotivo para o transporte, por exemplo, de para-choques, painéis etc.

Logística Reversa – O processo de movimentação de produtos de seu típico destino final para outro local para fins de elevar o valor ora indisponível, ou para a adequada disposição dos produtos (definição do RLEC – *Reverse Logistics Executive Council*).

Lote Econômico ou Lote de Mínimo Custo – Considerando que para avaliar o gasto total de compra de determinado produto ou grupo de produtos é necessário verificar o custo de aquisição, o custo de transporte e o custo de manutenção de estoque, e que quanto maior a quantidade adquirida, menor o preço do produto e do transporte e maior o custo de manutenção do estoque, consiste em verificar através de arranjos de simulação qual é o lote de compra que tem o menor custo total.

***Make or Buy* (Fazer ou Comprar) –** Processo de decisão da empresa em produzir determinado item ou adquiri-lo de um fornecedor externo.

***Make to Order* –** Fabricação conforme pedido.

***Make to Stock* –** Fabricação contra previsão de demanda.

Margem de Contribuição – É igual ao valor das vendas menos o valor dos custos variáveis e das despesas variáveis.

Marketing de Relacionamento – É um conjunto de estratégias que visam ao entendimento e à gestão do relacionamento entre uma empresa e seus clientes, atuais e potenciais, com o objetivo de aumentar a percepção de valor da marca e a rentabilidade da empresa ao longo do tempo.

***Marketplaces* –** Possibilitam que múltiplas empresas se comuniquem simultaneamente.

***Market Share* –** Parcela do mercado abocanhada ou participação no mercado.

MDM – *Master Data Management* ou, no Brasil, PDM – Padrão Descritivo de Materiais.

Medidas de Desempenho – São instrumentos utilizados para avaliar a performance de qualquer atividade logística. Podem ser relatórios, auditorias etc. Não podemos melhorar aquilo que não mensuramos.

***Memory Card* –** Cartão destinado a armazenar informações como se fosse a memória do equipamento.

MES – *Manufacturing Execution Systems* ou Sistemas Integrados de Controle da Produção.

***Milk Run* –** Consiste na busca do produto junto ao fornecedor, de forma programada, para atender sua necessidade de abastecimento.

Modais – São os tipos/meios de transporte existentes: ferroviário (feito por ferrovias), rodoviário (feito por rodovias), hidroviário (feito pela água), dutoviário (feito por dutos) e aeroviário (feito de forma aérea).

Movimentação – É a parte da logística responsável pelo deslocamento interno de produtos em geral (acabados, matérias-primas, insumos, componentes etc.). São utilizados vários tipos de equipamentos nesta operação, como empilhadeiras, tratores, veículos autoguiados, carrinhos em geral, guindastes etc.

MPS – Planejamento-mestre da produção.

MPT ou TPM – Manutenção Produtiva Total.

MRO – Manutenção, Reparo e Operação.

MRP – *Material Requirements Planning* ou Planejamento das Necessidades de Materiais.

MRP II – *Manufacturing Resource Planning* ou Planejamento dos Recursos da Manufatura.

MRP III – É o MRP II em conjunto com o *Kanban*.

Multimodalidade – É a operação de realizar o deslocamento de mercadorias entre a origem e o destino final, utilizando diversos modais de transporte, sob a responsabilidade legal e contratual de um único operador.

***Net Weight* –** Peso líquido da mercadoria/carga.

Nível de Serviço Logístico – Refere-se especificamente à cadeia de atividades que atendem às vendas, geralmente se iniciando na recepção do pedido e terminando na entrega do produto ao cliente e, em alguns casos, continuando com serviços ou manutenção do equipamento ou outros tipos de apoio técnico (definição de Warren Blanding).

Obsolescência de Inventário (como Indicador de Eficácia) – É a quantidade de itens obsoletos, dividida pela quantidade total de itens, vezes 100%.

OCR – Reconhecimento Óptico de Caracteres.

***Open Top Container* –** Contêiner sem teto, coberto com lona. É utilizado para cargas que tenham sua altura excedendo o tamanho de um contêiner tradicional ou então que só possam ser carregados pelo alto.

Operador Logístico – Empresa especializada em movimentar, armazenar, transportar, processar pedidos e controlar estoques, entre outras atividades. Fornece seus serviços com profissionais treinados. O serviço pode ser no próprio OL ou nas dependências do cliente. Tudo dependerá do acordo firmado.

Organograma – Gráfico da disposição estrutural e hierárquica de uma organização/empresa.

OTM – Operador de Transporte Multimodal.

***Outbound* –** Fluxos da fábrica para o concessionário.

***Outsourcing* –** Provedores de serviços ou terceirização. Tendência de comprar de terceiros tudo o que não faz parte do negócio principal de uma empresa.

Parcerização – Processo de conhecimento mútuo e aceitação pelo qual duas empresas devem passar para estarem realmente integradas, visando aos mesmos objetivos.

Patola – Braços que estabilizam o caminhão no chão, quando vai ser utilizado o sistema de elevação do guindaste acoplado à carroceria, para que aguente o peso, sem pender para nenhum dos lados (virar o caminhão). Também é utilizado em caminhões que possuem escada Magirus ou algum tipo de acessório pesado de elevação.

***Payload* –** Capacidade útil de carga em determinado veículo de transporte de qualquer um dos modais.

PCM – Planejamento e Controle de Materiais.

PCP – Planejamento e Controle da Produção.

PDCA – *Plan, Do, Check and Action*, ou Planejar, Executar, Verificar e Agir, ferramenta que implica a melhoria de todos os processos de fabricação ou de negócios.

PDM ou *Product Data Management* – É o gerenciamento de todas as informações e processos relativos ao ciclo de vida de um produto, sendo o período compreendido desde a concepção de um produto (projeto e produção) até sua obsolescência.

PDM – Padrão Descritivo de Materiais.

Pedido Mínimo – Muitas empresas estabelecem um lote mínimo para aceitar uma ordem de compra, visando economias de escala para o atendimento. Dessa maneira, fazem baixar os custos do processamento de pedidos, já que para atender a um mesmo volume de negócios seria necessário um número maior de pedidos.

Pé-direito – Altura de um pavimento de imóvel (galpão, armazém, edifício, casa).

PEPS – É a nomenclatura para o método de armazenagem, em que o produto que é o Primeiro a Entrar no estoque é o Primeiro a Sair, ou *First-In, First-Out* (FIFO).

***Picking* –** Separar os materiais e etiquetar, embalar etc.

Planejamento para Contingências – É planejar-se para alguma circunstância extraordinária que paralise a operação normal do sistema logístico. Estas contingências podem ser acidentes, greves, produtos defeituosos, paradas no suprimento etc. Para toda ocorrência prevista, deverá existir um plano de ação emergencial.

Ponto de Ressuprimento – Quantidade determinada para que ocorra o acionamento da solicitação do pedido de compra. Também denominado estoque mínimo.

Postponement – Retardamento da finalização do produto até receber de fato o pedido customizado.

PPCP – Planejamento, Programação e Controle da Produção.

Produto Logístico – Aquilo que uma empresa oferece ao cliente com seu produto é a satisfação. Se o produto for algum tipo de serviço, ele será composto de bens intangíveis como conveniência, distinção e qualidade. Entretanto, se o produto for um bem físico, ele também tem atributos físicos, tais como peso, volume e forma, os quais têm influência no custo logístico (definição de Ronald H. Ballou).

Proposta – É o documento com o qual o fornecedor oficializa sua oferta comercial e técnica de serviços e/ou produtos ao requisitante.

Provedor Logístico – Fornece serviços baseados nas áreas da logística.

QFD ou *Quality Function Deployment* – Literalmente, Desdobramento da Função Qualidade. Metodologia com base nas pessoas para determinar rigorosamente as necessidades e os desejos dos clientes.

QS 9000 – *Quality System Requirements.* Norma criada pelas três maiores empresas automobilísticas americanas: Ford, General Motors e Chrysler. Seu objetivo é a redução de sistemas paralelos de desenvolvimento de fornecedores pelas montadoras, com vistas a uma consequente redução substancial de custos. Exige-se a melhoria contínua.

Rampas de Escape – Utilizadas principalmente no transporte rodoviário, são dispositivos especiais, posicionados em determinados pontos das rodovias, projetados para permitir uma saída de emergência para veículos que apresentem falhas ou perdas de freio em declives íngremes, retirando-os do fluxo de tráfego e dissipando sua energia pela aplicação de resistência ao rolamento, desaceleração gravitacional ou ambas.

Reboque ou Bitrem – É o conjunto monolítico formado pela carroceria com o conjunto de dois eixos e pelo menos quatro rodas. É engatado na carroceria do caminhão para o transporte, formando um conjunto de duas carrocerias puxadas por um só caminhão. É muito utilizado no transporte de cana-de-açúcar.

REDEX – Recinto Especial para Despacho aduaneiro de Exportação.

Reefer – Navio ou contêiner frigorífico. Para navio, é o tipo com os porões ou cobertas devidamente isolados e equipados para o transporte de carga frigorífica ou perecível, como carne, frutas etc.

Reengenharia – Método usado para reprojetar e reformar sistematicamente toda uma empresa, funções e processos.

RFDC – *Radiofrequency Data Collection* ou Coleta de Dados por Radiofrequência.

RFID – *Radiofrequency Identification Data* ou Identificação via Radiofrequência.

RNTRC – Registro Nacional de Transportadores de Carga.

Road Railer – Carreta bimodal, que, ao ser desengatada do cavalo mecânico, é acoplada sobre um Bogie ferroviário e viaja sobre os trilhos.

RO-RO ou *Roll On – Roll Off* – Tipo de navio com uma rampa na popa ou na proa, por onde veículos (com carga ou vazios) são transportados. O acesso é diretamente do navio para o cais.

Rota ou Plano de Viagem – É o percurso escolhido para o transporte, por veículos, através de vias terrestres, rios, corredores marítimos e/ou corredores aéreos, considerando menor distância, menor tempo, menor custo ou uma combinação destes. Tudo isso conjugado a múltiplas origens e destinos.

Rotatividade – É a indicação do número de vezes que um estoque se renovou. ($Ra = Ca/Em$), onde Ca é o consumo total anual e Em é a média aritmética dos 12 estoques mensais.

Saldo Disponível – É a quantidade física em estoque, já abatendo a quantidade em estoque que está reservada.

Scanner – Aparelho ou sistema eletrônico que converte através de leitura ótica informações codificadas em numeração alfanumérica ou simbolização em barras.

SCE – *Supply Chain Execution* ou Execução da Cadeia de Abastecimento.

SCM – *Supply Chain Management* ou Gerenciamento da Cadeia de Abastecimento.

SCOR – *Supply Chain Operation Model* ou Modelo de Referência das Operações na Cadeia de Abastecimento. Foi criado pelo *Supply Chain Council* (USA), visando padronizar a descrição dos processos na cadeia de abastecimento.

SCP – *Supply Chain Planning* ou Planejamento da Cadeia de Abastecimento.

Sealing – O ato ou processo de fixar um lacre numa embalagem, mantendo a carga isolada até o seu destino. O lacre pode ser numa caixa, contêiner etc.

Semirreboque – É o conjunto monolítico formado pela carroceria com um eixo e rodas. É engatado no cavalo mecânico ou trator para o transporte, ou, ainda, passa a ser utilizado como reboque, quando é engatado em um *dolly*. É muito utilizado no transporte de cana-de-açúcar.

Setup – Tempo compreendido entre a paralisação de produção de uma máquina, a troca do seu ferramental e a volta de sua produção.

***Shipping* ou Expedição** – Departamento de uma empresa que, de posse da nota fiscal ou de uma pré-nota fiscal, identifica, separa, embala, pesa (se necessário) e carrega os materiais nos veículos de transporte.

Shipping Area – Área de Expedição.

Sidelifter – É uma carreta com guindaste próprio para autoembarque ou desembarque de contêineres.

Sider – Tipo de carroceria de caminhão que tem lonas retráteis em suas laterais.

***Sidetrack* ou Caminho Alternativo** – É quando se utiliza um percurso diferente do habitual ou previsto, por variados motivos (trânsito ruim, segurança etc.).

SIL – Sistema de Informações Logísticas, providencia a informação especificamente necessária para subsidiar a administração logística em todos os seus níveis hierárquicos. Para a alta administração, serve em planejamentos, políticas e decisões estratégicas; para a média gerência, serve em planejamentos e decisões táticos; para a supervisão, serve em planejamentos, decisões e controles operacionais; para o operacional, serve em processamentos de transações e em resposta a consultas.

Silo – Depósito impermeável para armazenamento de granéis com aparelhamento para carga por cima e descarga por baixo.

SKU – *Stock Keeping Unit* ou Unidade de Manutenção de Estoque. Designa os diferentes itens de um estoque.

SLA – *Service Level Agreement* ou Acordo sobre o Nível de Serviço.

SLM – *Service Level Management* ou Gerenciamento do Nível de Serviço.

SLM – *Strategic Logistics Management* ou Gestão Logística Estratégica.

Smart Tag* ou *e-Tag – Etiqueta inteligente que possui um *microchip* capaz de armazenar várias informações, como data de validade, lote de fabricação, descrição do produto etc. Os dados são transmitidos via radiofrequência a um equipamento de leitura.

SMS – *Short Mensaging System*.

Sobretaxa ou *Surcharge* – Taxa adicional cobrada além do frete normal.

Supply Chain Management – Gerenciamento da Cadeia de Abastecimento.

Tacógrafo – Instrumento destinado a registrar movimentos ou velocidades; tacômetro registrador.

Tacômetro – Aparelho que serve para medir o número de rotações por minuto do motor e, portanto, a velocidade de máquinas ou veículos; o mesmo que taquímetro.

***Tank Container* –** Tipo de contêiner de forma cilíndrica, fixado dentro de uma armação retangular, nas medidas de 20 e 40 pés. É utilizado para o transporte de cargas líquidas.

Tara – Peso de uma unidade de transporte intermodal ou veículo sem carga. Ao se pesar o total, subtrai-se a tara, chegando ao peso da carga.

Taxa de Valor Liberado ou *Released-Value Rates* – Taxa baseada sobre o valor do transporte.

***Team Building* –** Dinâmica de grupo em área externa, na qual os participantes são expostos a várias tarefas físicas desafiadoras, aludindo a problemas do dia a dia da empresa. Tem como finalidade tornar uma equipe integrada.

Tempo de Compra – É o período compreendido entre a data de recebimento, pelo departamento de compras, do pedido de compra (via papel ou sistema) até a data do fechamento do pedido.

Tempo de Fornecimento – É o período compreendido entre o fechamento do pedido de compras junto ao fornecedor até a data de entrega dos materiais no local combinado.

Tempo de Recebimento – É o tempo compreendido entre a chegada do material até sua liberação para estoque, após ter sido feita toda a conferência de quantidade, documentos, materiais (quebras, testes, se é o mesmo que foi solicitado etc.).

Tempo de Ressuprimento – É a somatória de todos os tempos, ou seja, o tempo do pedido de compra mais o tempo de compra, mais o tempo de fornecimento, mais o tempo de transporte, mais o tempo de recebimento. Compreende o fechamento do círculo, entre a requisição por parte do usuário final até o material estar disponível para utilização.

Tempo de Transporte – É o período compreendido entre a data de entrega do material no local combinado até sua chegada no local de destino.

Tempo do Pedido de Compra – É o período compreendido entre a requisição (via papel ou sistema) do usuário, até a aprovação final dos seus superiores, formalizando o documento (via papel ou sistema), que seguirá para o departamento de compras.

Terminal – Ponto inicial ou final para embarque e/ou desembarque de cargas e passageiros.

TEU (*Twenty Foot Equivalent Unit*) – Tamanho padrão de contêiner intermodal de 20 pés.

***Time to Market* ou Tempo até o Mercado –** É o tempo necessário para projetar, aprovar, construir e entregar um produto.

TKU – Toneladas transportadas por quilômetro útil.

TMS – *Transportation Management Systems* ou Sistemas de Gerenciamento de Transporte.

TQC ou *Total Quality Control* – Literalmente, Controle da Qualidade Total. Sistema criado em todas as fases de uma empresa de manufatura, da engenharia de projeto à distribuição, que busca assegurar "defeito zero" na produção.

TQM (*Total Quality Management* ou Gestão da Qualidade Total) – Foi criado em 1985 pela Naval Air Systems Comand para descrever o seu enfoque de gerenciamento ao estilo japonês para o aperfeiçoamento da qualidade.

***Trade-off* ou Compensação –** Na sua forma básica, o resultado incorre em um aumento de custos em determinada área com o intuito de obter uma grande vantagem em relação às outras (em termos de aumento de rendimento e lucro).

Transbordo ou *Transhipment* – Transferir mercadorias/produtos de um para outro meio de transporte ou veículo, no decorrer do percurso da operação de entrega.

***Transit Time* –** Termo utilizado no transporte marítimo, que significa o tempo que o navio gasta para completar uma viagem ou trecho/percurso.

Transporte – É a parte da logística responsável pelo deslocamento de cargas em geral e pessoas, através dos vários modais existentes.

Transporte Intermodal – É a integração dos serviços de mais de um modo de transporte, com emissão de documentos independentes, onde cada transportador assume responsabilidade por seu transporte. São utilizados para que determinada carga percorra o caminho entre o remetente e seu destinatário, entre os diversos modais existentes, com a responsabilidade do embarcador.

Transporte Multimodal – É a integração dos serviços de mais de um modo de transporte, utilizados para que determinada carga percorra o caminho entre o remetente e seu destinatário, entre os diversos modais existentes, sendo emitido apenas um único conhecimento de transporte pelo único responsável pelo transporte, que é o OTM – Operador de Transporte Multimodal.

***Truck* –** Caminhão que tem o eixo duplo na carroceria, ou seja, são dois eixos juntos. O objetivo é aguentar mais peso e propiciar melhor desempenho ao veículo.

***Turnover* –** Palavra em inglês, que na tradução quer dizer: rotatividade; movimentação; giro; circulação; medida da atividade empresarial relativa ao realizável a curto prazo; vendas.

UEPS – É a nomenclatura para o método de armazenagem, em que o produto que é o Último a Entrar no estoque é o Primeiro a Sair.

Unitização – É agregar diversos pacotes ou embalagens menores numa carga unitária maior.

VDM – Sigla utilizada no transporte rodoviário, que significa Volume Diário Médio de Tráfego. É obtido pelo número do tráfego anual dividido por 365 dias.

VLC – Veículo Leve de Carga.

VMC – Veículo Médio de Carga.

VMI – *Vendor Managed Inventory* ou Estoque Gerenciado pelo Fornecedor, que é quando o fornecedor em parceria com o cliente repõe de forma contínua o estoque do cliente, baseado em informações eletrônicas recebidas.

***Vorland* –** Significa o maior ou menor afastamento de um porto em relação às principais rotas de navegação ou sua área de abrangência marítima e, igualmente, influencia a escolha do armador.

VU – Sigla utilizada no transporte aéreo, que significa a velocidade que a aeronave atinge e não pode mais desistir de decolar. A partir desta velocidade, que varia de acordo com cada tipo de aeronave, a desistência de alçar voo poderá significar acidentes ou maiores riscos, pois os comandos (freios, reversos, *flap*) podem não ser suficientes para parar com segurança.

VUC – Veículo Urbano de Carga.

WMS – *Warehouse Management Systems* ou Sistemas de Gerenciamento de Armazém.

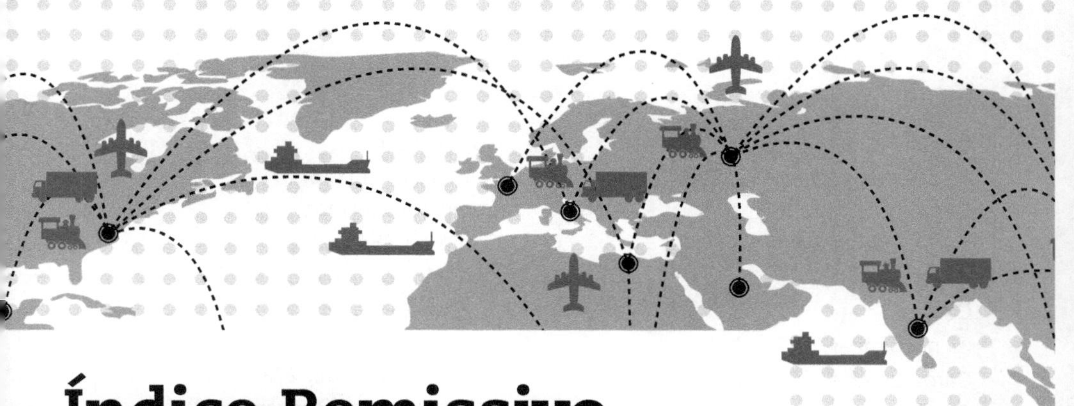

Índice Remissivo

D

E

F

G

H

I

L

M

N

O

P

Q

R

S

T

V

W